BEHAVIOURAL FINANCE

行为金融学

洞察非理性投资心理和市场

INSIGHTS INTO IRRATIONAL MINDS AND MARKETS

[英] 詹姆斯・蒙蒂尔 James Montier 著　黄朔 译

中国青年出版社
CHINA YOUTH PRESS

图书在版编目（CIP）数据

行为金融学：洞察非理性投资心理和市场 /（英）詹姆斯·蒙蒂尔著；黄朔译.
—北京：中国青年出版社，2020.2
书名原文：Behavioural Finance: Insights into Irrational Minds and Markets
ISBN 978-7-5153-5896-3

Ⅰ. ①行… Ⅱ. ①詹… ②黄… Ⅲ. ①金融行为－研究②股票投资－研究
Ⅳ. ①F830.2②F830.91

中国版本图书馆CIP数据核字（2019）第270104号

行为金融学：洞察非理性投资心理和市场

作　　者：[英] 詹姆斯·蒙蒂尔
译　　者：黄　朔
责任编辑：庞冰心　肖颖慧
文字编辑：张祎琳
美术编辑：张　艳
出　　版：中国青年出版社
发　　行：北京中青文文化传媒有限公司
电　　话：010-65511272/65516873
公司网址：www.cyb.com.cn
购书网址：zqwts.tmall.com
印　　刷：大厂回族自治县益利印刷有限公司
版　　次：2020年2月第1版
印　　次：2025年9月第6次印刷
开　　本：787mm × 1092mm　1/16
字　　数：242千字
印　　张：18.5
京权图字：01-2018-7057
书　　号：ISBN 978-7-5153-5896-3
定　　价：69.00元

BEHAVIOURAL FINANCE

目录

BEHAVIOURAL FINANCE

导论

一个人相信什么，他就是什么样的人。

——安东·契诃夫（Anton Chekhov）

未来属于群众。

——唐·德里罗（Don Delillo）

记得斯波克（Spock）①吗？那个一半人类血统，一半瓦肯人血统的舰队科学官。你是否还记得，斯波克总是无法彻底理解他的同事们富有感情的行为？在这个以逻辑为第一决策标准的科学官看来，他的纯人类血统的舰队同事们无可救药地不讲逻辑，时常被他们非理性的情绪驱使。

传统金融理论的世界充满了斯波克和他的同类。市场参与者们被假定为完

① 斯波克（Spock）为美国经典系列科幻电视剧、电影人物。该角色为人类与瓦肯人（Vulcan）的混血儿，任企业号（Enterprise）科学官。瓦肯人为剧中虚构的外星种族，该种族的特点是思考模式始终以合乎逻辑为优先。斯波克受到瓦肯人影响，解决问题时也一切从逻辑出发。后文中出现的柯克船长（Captain Kirk）、“老骨头”（Bones）和斯科特（Scotty）均为剧中的人类角色。——译者注

全理性。每个人都具有在眨眼间完全解决复杂动态最优化问题的能力。但你是否记得，有很多次柯克船长、“老骨头”和斯科特依靠着看似轻率的解决方案最终扭转乾坤，使半瓦肯血统的逻辑大师斯波克摸不着头脑？

这就是行为金融学的世界，每个人类的情感和逻辑都有着一席之地的世界。对于市场来说，心理因素与公司财务报表信息扮演着同等重要的作用。这使得传统经济学家们所珍视模型的基本假设变得不甚牢固，模型预测的结果也需要进行重检。

即使是我这样的怀疑论者，上述观点看上去也是言之有理的，毕竟如果东西没有坏，就不需要修理。如果传统金融学的模型能够切实反映市场的运行情况，并且能够有很好的预测效果，那么就不需要别的方法作为补充。

然而，传统金融学模型存在致命的缺陷。它们计算出的预测值甚至无法接近在实际金融市场中观测到的数据。我们将在第2章说明，即便是传统金融学中最基本的原则——套利——都不是无风险的。而无风险套利在传统金融学方法中是一个随处可见的假设。根据传统金融学观点，市场有自行平衡的机制，而这一机制的实际缺失，使得市场价格和基本面可能在很长一段时间都存在差异。

现在，我们需要知道，究竟是什么使得市场的实际价格偏离其基本面价值。答案非常简单，就是人类的行为。心理学家已经证明，人类的决策过程中包含了多个导致思考偏差的特征，因此决策过程远非纯粹理性的过程。这些特征几乎我们人人都有，使得市场上出现可预期的情绪波动。这些特征将在本书第1章详细介绍。

这进一步引发了两个问题。第一，为什么有效市场的研究方法会在教学中占据主导地位（特别是在英国）？第二，如果行为金融的研究方法能够很好地解释现实，为什么没有更多的人利用这种方法挣大钱？

理想的模式是，有效市场的观点应该作为一种基准，与其对照，我们可以研究市场的不完美之处。然而，经典理论已经在学术界根深蒂固。一旦一种观点成为学术界的圣经，就很难摆脱它的束缚。此时，不同观点会被斥为异端邪说，而不是被视作百家争鸣；提出不同观点会立刻遭受经典理论捍卫者的攻击，而非心平气和地评估经典理论是否有待完善。

有效市场的观点有个好处，就是能够与经济学家的各种工具契合。理性的代理人和最优化问题是体现经济学家价值的主要手段①。简洁、优雅甚至性感的数学公式与有效市场方法不谋而合，使经济学家兴奋不已。正如罗纳德·里根（Ronald Reagan）有一次评论道"经济学家一边观察现实，一边在想，这在理论中是否行得通"。

尽管在宏观经济学等领域，围绕着新凯恩斯经济学的一个共识已经开始显现②，金融学却仍保有着自己的独立王国。这看上去很奇怪，因为金融学无非是经济学的一个应用分支。有效市场观点和行为观点的争论如此激烈，甚至渗透到了计量经济学领域（详见第7章）。

行为金融在最近10到15年间，逐步拥有了一批坚定的支持者。在20世纪90年代末，一批聪明的年轻学者结合心理学原理，研究有限套利和金融市场，促进了行为金融的发展。他们的工作内容也越来越多地关注真实世界的投资者。

我的朋友和同事阿尔伯特·爱德华兹（Albert Edwards），曾用"冰川期"来形容股权投资回报率不明显高于债券投资回报率的时期（见第6章）。如果这个假设是正确的（我是这样坚信的），那么基金经理们应当寻求增加价值的替代方法。大多数行为金融研究都专注于解释横截面回报而不是时间序列回报，即如

① 原文为"面包和黄油"（bread and butter），一般用来比喻主要的收入来源。——译者注

② 值得一提的是，宏观经济学中经常提到关于粘性价格的假设，已经具有改良传统经济学的意味。约翰·罗伯茨（John Roberts，联邦储备委员会的成员）表示，经济数据更接近于具有粘性预期的特征（回顾预期，可能与锚定效应有关）而非粘性价格（Roberts，1998）。现代宏观经济学的领军人物之一——格雷戈里·曼昆（Greg Mankiw）近期合著了一篇论文（Mankiw和Riess，2001），指出使用基于有限理性（bounded rationality）理论的方法在理论和实证上都会有益。

何在某一个特定时期表现优于市场（增加价值），而跨越多个时期。本书引用的很多学术论文均包含针对净投资为零的组合或多空平衡的头寸（其实就是对冲基金，如果你更喜欢这个表述的话）的检验。在低通胀的环境下，绝对回报要比相对回报居于更重要的地位，寻求横截面维度的价值增加似乎具有相当的可能性。行为金融会帮助我们照亮这条道路。

这就引出了第二个问题，如果行为金融如此强大，以至于能够成为理解市场的典范，为什么没有更多的人在使用它？有效市场的支持者总是喜欢引用一项骇人听闻的数据，主动管理的基金有75%到90%的表现都比市场基准差。

当然，明眼人能够看出，主动管理基金的表现差并不能用来维护有效市场理论。这一现象可能（我们觉得不仅是“可能”，应当是“确实”）恰恰反映了投资者没有接受过行为金融的系统学习。从我个人经验来大体推测，基金管理集团目前仍处于逐渐对行为金融方法感兴趣的阶段。

▪ 本书的结构安排

本书的结构如下：第1章和第2章包含了理解后续内容的必要基础知识。第1章是关于心理学中判断和决策的课程，可能会对读者既有观念造成冲击。这一章特别指出了实证研究结果大多与心理学的发现一致。本章还尝试提供心理学知识在金融领域的应用，这样聚焦于实务的读者能够立刻从行为方法中获益。

第2章探讨了为什么有时金融市场中的套利交易会失败。甚至在最清晰的案例中，我们都能够发现明显违背一价定律（在没有信息和交易成本的前提下，同样的资产不应以不同的价格出售）的情形。套利的限制使得市场中的非理性持续存在。在一些模型中，非理性的代理人实际上占据了市场的主导地位。

一旦读者完成了前两章的阅读，书中剩下的章节就显得能够自圆其说。第

3章探讨了风格投资。本章围绕价值型和股票型两种风格展开，研究其与动量的关系，并说明理解心理偏差驱动的风格轮动是最佳的投资分析方法。

第4章专注于分析师相关工作，内容覆盖了从估值技术、公司收益分析到资本成本的衡量方法等多个方面。

第5章是为风险管理和组合构建相关人员设计的。本章的主题包括非对称相关性（半相关性）、估计方差-协方差矩阵，以及通过说明市场危机实际上是离群值而非分布的厚尾从而揭示风险价值方法的不足。从事资产配置工作的读者，也能够从本章找到下一章的必要背景知识。

第6章的内容致力于研究资产配置。本章研究了通过传统的战术（短期）和战略（长期）两方面资产配置技术选择股票或债券存在的问题。同时展示了基于行为理论的替代方法如何能够改进资产配置过程，例如纳入股票发行数据。最后，本章检验了一些来源于金融物理学领域（你也可能更愿称之为经济物理学）的、可用于预测金融市场危机的发现，这些发现使用结构性失败和地震模型预测股票市场危机的爆发。

第7章主要讨论了公司财务领域有关问题。大多数真实世界的公司财务行为（追踪股、分拆上市、股权发行的周期等）使得传统金融学的解释站不住脚。本章的行为分析方法引入了两个范式。首先我们介绍了假设经理人非理性但市场理性的模型，能够解释例如优序资本结构、分散化折价等特征。之后我们将模型的假设改为经理人理性但市场不理性，使用这个模型能够研究经理人试图利用市场的无效率发行新的股票（当然还有回购股票）。本章以非理性经理人和非理性市场交互作用的思辨作结。

第8章汇总了一些关键的衡量指标，有兴趣、希望继续研究行为金融的读者可以跟进这些指标。

读者可以选择自己最感兴趣的章节阅读。下面是根据潜在读者专业领域的不同，本书建议的阅读顺序：

基金经理：第一、二、三、四、六、七章

策略研究人员：第一、二、三、四、五、六、七、八章

资产配置人员：第一、二、五、六、八章

风险管理/组合构建人员：第一、二、五章

公司财务人员：第一、二、七章

分析师：第一、二、三、四、七章

BEHAVIOURAL FINANCE

第1章

心理学基础

在所有关于人的定义中，最糟糕的莫过于把他描述成一种理性动物。

——安特诺勒·法兰西（Atanole France）

很难见到会投资的理性人。

——约翰·梅纳德·凯恩斯（John Maynard Keynes）

人在投资时总会犯错。这一点我们在导论中已经提到了，因此这一论断未必会使你震惊。所以，让我们更进一步：投资者不止会犯错，而且会以一种可以预见的模式犯错。提及这一点，接受过经典理论教育的经济学者们往往会感到有点不舒服。然而，不可逃避的事实是，投资者的表现确实不像传统经济学家们所热爱的理性人。

一般而言，人们并不能像经典金融学教义一样，根据问题动态得出最优解。

他们一般会用经验法则（启发法[①]）来处理迎面而来的海量信息。人在处理经济问题时不会像瓦肯人[②]一样重视逻辑，为此，在被文献充分证实的基础上，行为金融学以心理学依据取代了理性人假设。

当然，与其他经济学家一样，我也养成了类似习惯：评价模型好坏不仅看假设是否合理，还要看模型预测的准确性。哪怕有一个经济模型的假设显然与现实相悖，但它只要能够成功预测人的行为，那么假设的问题就显得不是那么重要了。

第2章会给出一些例子，描述金融学传统方法的基本瑕疵。而在我们探索这些问题之前，有必要先对行为金融学的基本特征进行概览，想必也会使你有所收获。

■ 判断或认知偏差是事实存在的

偏差下的过度乐观

也许过度乐观是心理学问题中研究文献最多的一种。人们总是倾向于放大自己的能力。就像忘忧湖的小孩[③]一样，总是“高于平均水平”。例如，当被问及自己是不是一个好司机时，大约80%的人回答了“是”！当在一个满是学生的教室提问，是否认为自己的名次能够达到班级的前50%，平均约80%的学生给出

① “启发法”（Heuristics）在行为经济学或行为金融学范畴中，更强调认知偏差而非认知方法。因此其两个子类“代表性启发”和“易得性启发”也称为“启发”而非“启发法”。但在认知心理学范畴，“启发法”与“算法”（Algorithm）相对，更强调认知方法而非认知偏差，意义更加积极。事实上，正是由于人不具有无限的计算能力，因此不能依靠算法解决所有问题，必然在某些情况下依赖启发法。部分文献将“Heuristics”译为“经验法则”，对于行为经济学或行为金融学的理解并无影响，但实际上并没有追溯到该词的本源。——译者注

② 同导论中关于斯波克（Spock）的注解。——译者注

③ 忘忧湖（Lake Woebegone）是美国电台节目《原野良伴》（*Prairie Home Companion*）中的一处虚构地点，节目中经常提到这个地方的“女人强壮，男人英俊，小孩不一般（高于平均水平）”（women are strong，men are handsome，and all the children are above average）。——译者注

了肯定回答——当然，至少有30%的学生将在出成绩之后感到失望。

人之所以表现出过度乐观，是由于多种心理偏差，例如控制力错觉和自我归因偏差。人们通常都会被随机性欺骗。人们总是觉得自己掌控着局势，而事实上并非如此。自我归因偏差则是指这样一种状态：当出现好结果时，人们通常将其归因于能力；而出现坏结果时，则归因于运气不佳。这反映了“正面朝上我就赢，反面朝上不一定会发生”的赌徒心理。控制力错觉和自我归因偏差均会使人过度乐观。

偏差下的过度自信

人们不仅会时常表现出乐观情绪，也经常会过度自信。人们通常比他们自己想象的出人意料。在列支敦士登、菲施贺夫和菲利普斯（Lichenstein、Fischoff和Philips，1973）的一项关于过度自信的经典研究中，他们向被试提问事实性问题（例如“基多是厄瓜多尔的首都吗？”），并让对方估计答对的概率。被试在多种类型的问题上，都存在把他们回答正确的概率估计得过高的现象。

在人们确定自己是正确的情况下，大约也只有80%的结果确实如他们所料。在列支敦士登和菲施贺夫（Lichenstein和Fischoff，1977）的另一项实验中，他们发给被试12只股票的市场报告，并要求对方预测股票在未来一段时间的涨跌。只有47%的预测是正确的，但被试平均认为自己能够预测准确的比率为65%。

表现出过度自信的个体，一般不太擅长对自己的判断进行校准。有趣的是，某些特定人群更擅长自我校准，包括职业出版商和天气预报员！这两类人群都会在他们做出判断之后，收到常规性的反馈。这或许体现了面对显而易见的证据，人应当强迫自己保持谦逊——然而，具有类似条件的股票市场的预测者和分析师们，并没有受到保持谦逊的启发！

过度自信和过度乐观能够共同发挥作用。它们使得投资者高估自己的知识、对风险的理解和对局面的掌控能力。写到这里，我想到一句名言 ：“不要把头脑和牛市搞混了。”

过度自信和过度乐观可能有生物进化方面的根源。生物学研究表明，过度自信和乐观能够更容易在求偶中取得成功（我并不是在分享个人经验）。另外值得一提的是，这两类偏差可能正是人性的一部分——几乎在每一种语言中，形容乐观的形容词都相当于悲观形容词的五到六倍之多。

过度乐观与自信下的个人投资者表现

尽管目前只学习了两种心理特征，我们已经可以开始审视投资过程。大多数关于过度自信和过度乐观对个人投资者影响的检验，都是由奥戴恩（Odean）教授完成的。下面我们简要地分享一些他的发现。

奥戴恩（Odean，1998a）研究了一家折扣经纪人的10000个交易账户。他发现个人投资者卖出一只股票并立刻买入一只新股票的行为，能够与过度自信和过度乐观的预测很好地契合。个人投资者在第一年卖出的股票，回报高于他们买入的股票3.4%。当剔除非投机性交易（因流动性需求而卖出、为节税而卖出、因资产再平衡而卖出等）后，上述业绩差距升高到了5.07%。

奥戴恩（Odean，1998b）的另一项研究展示了，过度自信的投资者具有更高的证券交易周转率——也就是说，反复交易是过度自信的结果。巴伯和奥戴恩（Barber和Odean，2000）在一篇名字很形象的论文《交易有损财富》中阐明，尽管证券的周转率在增加，净利润却会随之减少（见图1.1）。

心理学研究表明，男性往往比女性更容易过度自信和乐观。而根据前述理论，过度自信的投资者会过度交易。那么，如果男性更容易过度自信，他们应当比女性更倾向于过度交易。巴伯和奥戴恩（Barber和Odean，2001）在其样本（1991年2月至1997年1月）中发现，男性的交易周转率比女性高45%（见图1.2）。

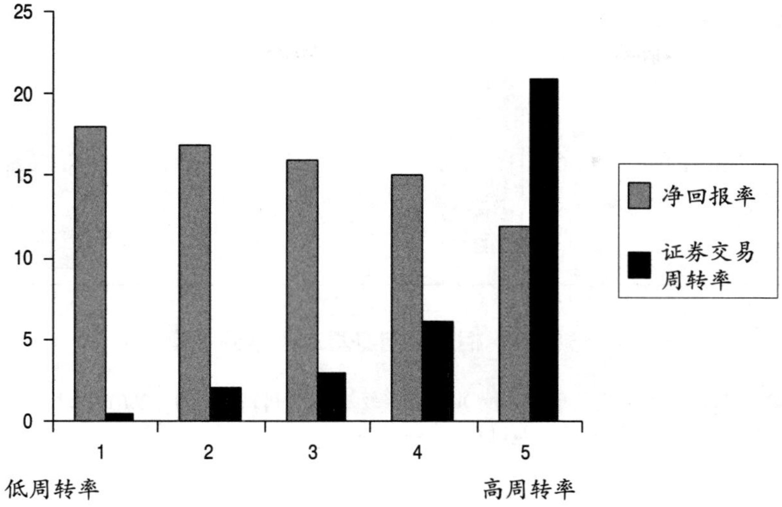

图1.1 证券交易周转率与净回报率（%）

资料来源：巴伯和奥戴恩（Barber和Odean，2000）。影印自布莱克威尔（Blackwell）出版社的版本。

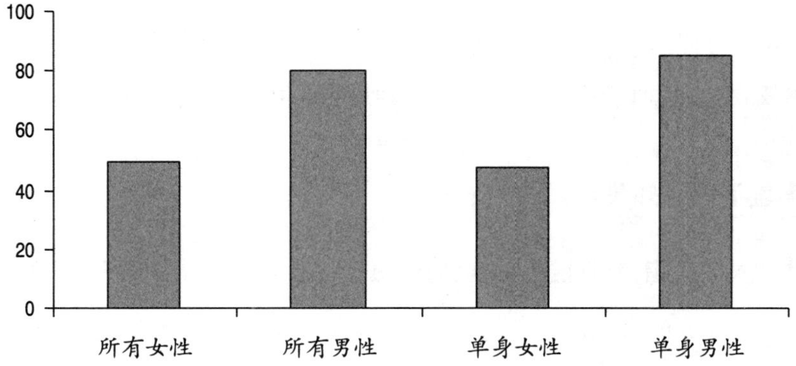

图1.2 分组证券交易周转率（%）

资料来源：巴伯和奥戴恩（Barber和Odean），经济学周刊，116：1（2001年2月），第261至292页。已获得麻省理工大学出版社版权许可（2001）。

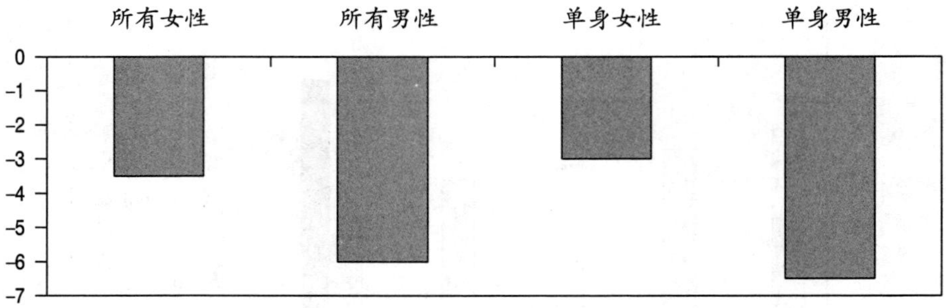

图1.3 分组的、相对于自身基准的净回报率（%）

资料来源：巴伯和奥戴恩（Barber和Odean），经济学周刊，116：1（2001年2月），第261至292页。已获得麻省理工大学出版社版权许可（2001）。

过度交易导致男性的年化净回报率降低2.5%，而女性的年化净回报率仅降低1.7%（见图1.3）。

奥戴恩在进一步的研究中揭示出，夫妻共有账户的交易观念较为温和。也就是说，男性的过度自信和过度乐观倾向似乎被其伴侣压制了。当用数据验证这一理论时，他发现单身男性的交易周转率要比单身女性高出67%，而年化平均收益率低3.5%。这样看来，单身男性应该找些别的事情来打发时间。

偏差下的认知失调

认知失调是指，当证据与自己的信念或假设不符时，人们所经历的心理冲突。人有着惊人的自我否定机制。他们会放弃或改变原有认知，恢复调和一致的状态，从而降低或逃避心理上的不适。

确认偏差

人们总是想找到能够支持自己观点的信息，确认偏差不过是这种常见现象的学术名称而已。对于不符合预定假设的信息，人们往往选择忽视；对于能够加强预定假设的信息，人们则会加倍重视（也称作“自我归因偏差”）。你是否也在面临挑战既有观点的新数据时，对自己说“没关系，这不过是一次特殊情况而已”？

保守偏差

保守偏差是指人们坚持既定观点和假设的倾向。一旦立场形成，人们很难摆脱既定观点。即使观点开始变化，也会非常缓慢（这导致对事件的反应不足）。

锚定效应

人们在做量化评估时，通常会被他人的建议影响。面对不确定性时，人们不会放过任何能够形成作为观点基础的线索①。特沃斯基和卡尼曼（Tversky和Kahneman，1974）在实验中，要求被试回答形式简单的数字型问题，如“非洲有百分之多少的国家已经加入了联合国？”同时，被试面前还摆放着一个数字从1到100的大转盘。显而易见，大转盘旋转后指向的数字，和问题的答案没有任何关系。参与者先被要求回答，先前问题的答案是高于还是低于大转盘的指向数字，之后再给出问题的答案。实验结果显示，大转盘指向的数字会非常明显地影响被试的判断——例如，在大转盘的数字指向10和65的情况下，非洲国家加入联合国数量的百分比预测均值分别为25和45。

股票市场的估值本来就是一件模糊的事情。尝试定义公允价值甚至是超越

① 原文为“grasp at straws”（抓住稻草），形容不放过任何线索。——译者注

赫拉克勒斯的伟业[①]。在缺乏坚实可靠信息的前提下，历史价格就成为今天价格的“锚”。在一篇见解深刻的论文中，斯塔特曼和费希尔（Statman和Fisher，1998）指出了道琼斯工业平均指数（DJIA）的问题。该指数剔除了股息影响；在1896年创设时，为40.94，而在1998年年末，达到9181.43。如果把股息的影响包含在内，该指数能够达到什么水平？

当我在一个会议上提出这个问题时，基金经理们猜测的最高水平，是1998年的两倍到三倍。斯塔特曼和费希尔指出，如果股息包含在道琼斯工业指数的计算中，该指数在1998年年末应当达到652230.87！

锚定效应中的盈余公告漂移

股市往往对基本面信息反应不足——无论是股息派发、股票发行还是盈余公告。例如，在美国，盈余公告发布后的60天内，盈余超预期最高股票的回报往往会比市场表现高出2%，即使该股票在公告发布前的60天内回报已经超过市场表现4%～5%（伯纳德，Bernard，1993）（见图1.4）。刘、斯特朗和徐（Liu、Strong和Xu，2001）关于英国市场也有类似的发现。

锚定效应中的远期贴水之谜

金融经济学的一个难题是（至少从经济学家的观点来看），他们最珍视的一些理论在现实世界中根本行不通。以外汇市场为例。当被要求描述汇率的变动趋势时，大多数经济学家要么依靠购买力平价理论，要么依靠无抛补利率平价理论（uncovered interest rate parity，UIP）。

① 原文为“labour beyond even Hercules”，赫拉克勒斯（Hercules）是古希腊神话中的英雄，神勇无比、力大无穷，完成了12项被誉为“不可能完成”的任务（12 Labours of Hercules），死后升入奥林匹斯圣山，成为大力神。作者使用“超越赫拉克勒斯的伟业”来形容公允价值难以获得。——译者注

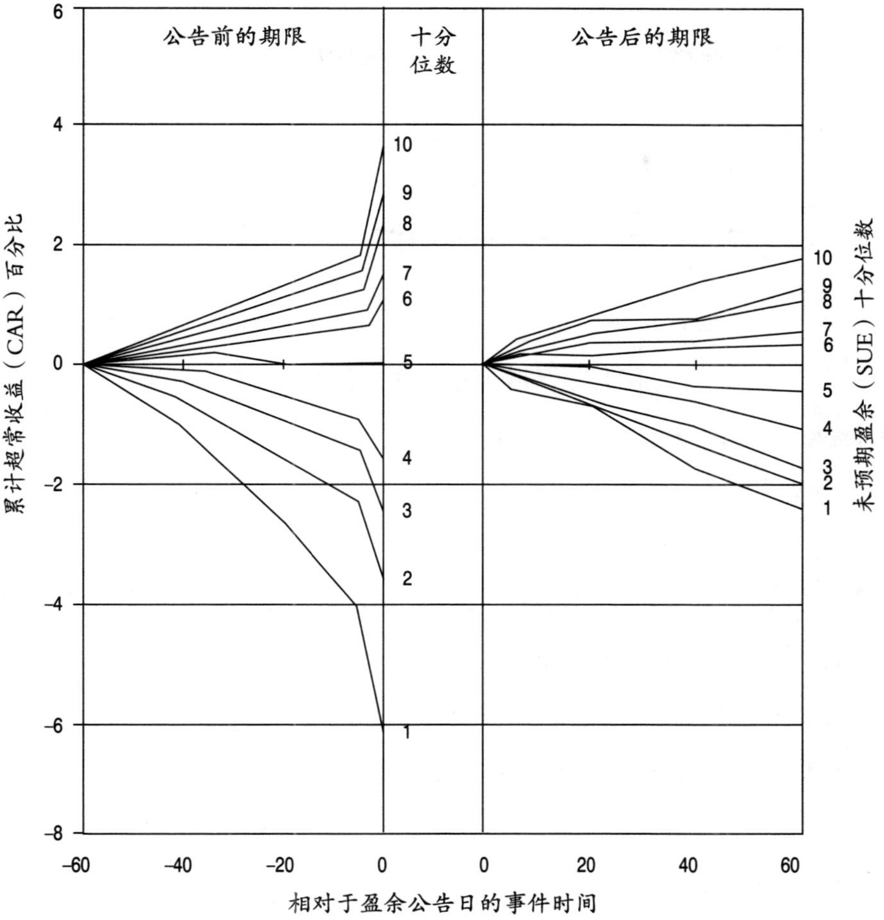

图1.4 盈余公告后的漂移

资料来源：伯纳德（Bernard，1993），整理自Russell Sage基金会。

UIP理论同样使用了一些基本经济法则，我们将在第2章中指出这些理论有严重的缺陷。如果投资者是风险中性的，并有理性的预期，那么市场对未来汇率的预测隐含在国际利率差中。例如，如果英国一年的远期利率是7%，而德国一年的远期利率是4%，那么利率差额就是3%。明年英镑预计下跌3%，否则，通

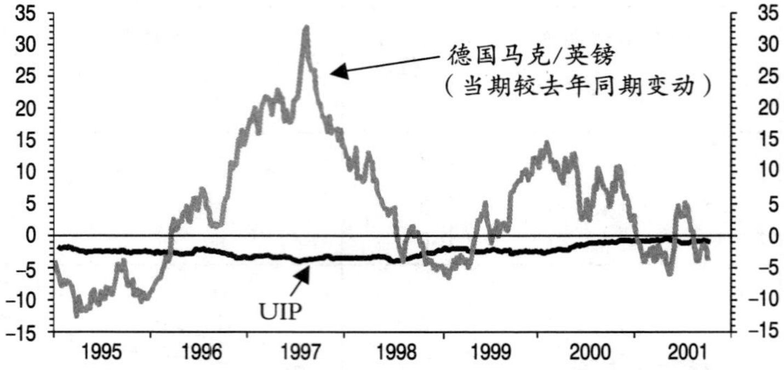

图1.5　利率平价——实证中的失败

资料来源：汤森数据服务（Thomson Datastream）。

过借入德国马克并买入一年期英镑远期，就可以获得无风险的利润（见图1.5）。

任何熟悉现实世界中的金融的人都会发现这种套息交易（carry trade）的机会。套息交易的存在表明，尽管外汇市场规模庞大、流动性强，但这种市场还远不够有效。为了检验市场有效性，经济学家们经常进行如下回归分析：

$$\Delta s = a + b(I - I^*) + e$$

其中，Δs为汇率变动，a为常数，b为估计的利率效应，$I-I^*$为利率差额，e为误差项。如果UIP理论接近于对现实的描述，那么b应该等于1。大量文献验证了这一假设，发现b始终小于1。事实上，b经常会小于零！75项已发表研究的平均系数为−0.9（Froot，1990）。

一个接近−1的系数很难被经济学家解释。这意味着，当英国利率超过外国利率一个百分点时，英镑倾向于会以每年1%的速度升值。UIP理论的失败不是一个孤立的现象。如表1.1所示，针对交易广泛的币种进行套息交易是有利可图的。特别值得注意的是，系数b在所有方程中都是负的！

经济学家倾向于给他们的无知起一个名字：风险溢价。传统经济学家指出，

表1.1 可获利的套息交易

兑美元	德国马克	英镑	日元	瑞士法郎
平均升值	−1.8	3.6	−5.0	−3.0
平均差异	−3.9	2.1	−3.7	−5.9
1975−1989	−3.1	−2.0	−2.1	−2.6
1976−1996	−0.7	−1.8	−2.5	−1.3

资料来源：科克伦（Cochrane，1999），经芝加哥联储许可后整理。

如果边际投资者[①]厌恶风险，外汇风险不能被完全分散，那么利率差异不仅反映了汇率的预期变化，也反映了风险溢价。如果维持理性预期的假设，那么$b \neq 1$意味着风险溢价与利率相关。$b<1$说明，利率差上升1%伴随着预期汇率下降不到1%。由于风险溢价等于利率差额减去预期汇率变动，这意味着风险溢价必须与利率差一起上升。

$b<0$的实证结果意味着利息差的增加与预期贬值的下降有关，因此风险溢价的上升更大。法玛（Fama，1984）指出，这意味着风险溢价的方差大于预期贬值的方差和利率差的方差。这也意味着预期贬值和风险溢价之间的协方差为负。

预期贬值与风险溢价之间的负相关具有一定的解释力——从逻辑上讲，更高的通胀可能与更大的预期贬值以及持有这些资产的风险增加有关。对风险溢价理论的信奉者来说，真正的挑战是解释为什么利率的变化会导致风险溢价出现更大的变化。到目前为止，还没有令人信服的证据来解释这种关系。

风险溢价理论的另一种解释是，投资者的预期并不是理性预期。格伦和吉齐茨基（Gruen和Gizycki，1993）用锚定效应来解释远期贴水（利率差）为什么

① “边际投资者”（marginal investor）指使用边际投资方式（与价值投资相对）的投资者。而边际投资方式假设，目前的股价已经充分反映了公司的信息。此时公司的正面和负面因素，都会影响股票价格。——译者注

不能恰当地解释随后的汇率变动。他们的模型描述了这样一种情况，即至少有一些投资者对利率差变化反应迟缓（他们“锚定”历史数据）。其他投资者是理性的、风险规避的，并且可能是流动性受限的。有了这两种类型的交易者，他们的预测就能与许多实证观察到的远期贴现之谜的要素相匹配。

只要名义利率的变化在一定程度上反映在实际利率的变化中，则上述模型就能够得出$b<0$。如果市场中存在锚定交易者，则并不是所有的利率差变化都会立即反映在汇率中。锚定投资者需要时间进行调整，因此我们可能会看到短期利率变化与汇率之间的负相关关系。

一种检验锚定模型的方法是在上面的回归中包含过去的远期贴现，这样就在模型中有效地纳入锚定的假设。如果把这些因素都考虑在内，b应该是正的并且接近于1。福鲁特（Froot，1990）提供了与这种方法相适应的证据。

锚定效应与估值

在房价领域，诺斯克拉夫特和尼尔（Northcraft和Neale，1987）说明了锚定可以影响估值（价格）。所有参与实验的人都被带到待售的房子前，被要求对房子进行长达20分钟的检查；并得到一份10页纸的材料，材料介绍了房子的情况，以及该地区其他房子的情况，包括面积、特点和价格。除了询问价格外，发给受试者的材料是相同的。

实验要求被试给出对估价价值、适当的挂牌价格、购买价格的意见，以及如果作为卖方他们会接受的最低报价。如果房地产经纪人最初的报价为119900美元，那么被试的平均预期估价为114204美元，挂牌价格为117745美元，购买价格为111454美元，最低可接受的卖出价格为111136美元。

如果房地产经纪人最初的报价为149900美元，被试的平均预期估价为128754美元，挂牌价格为130981美元，预期购买价格为127318美元，最低卖出价格为

123818美元。实际上，最初的报价会对被试的估值产生11%～14%的影响！

分析师的工作中充满了估值锚定效应的例子。例如，相对估值——使用行业平均指标来判断公司的相对地位。比方说，分析师通过市盈率判断A股看上去很便宜，而不管该行业的绝对市盈率是否“正确”。

事实上，我甚至听说一些分析师在使用现金流贴现模型（DCF）估值时，希望得出一个接近市场价格的数字。因此，许多基金经理对分析师的DCF计算结果表示高度怀疑。分析师们没有真正采用从下至上的工作方法来建立一个“真实”估值的模型。他们很容易就能“锚定”当前的市场价格——例如±5%。在分析师估值的背景下，克服这种偏差的一种方法是让DCF模型倒过来（一种所谓的反向工程DCF模型）。分析市场价格中体现的企业的隐含增长，然后与分析师自下而上的预测进行比较。然而，这种方法尚未得到卖方研究的广泛接受——尽管应该指出，这确实代表了买方研究人员工作方式的一种变化趋势。

代表性启发

启发法只是我们应对海量信息的经验法则。代表性指的是我们倾向于根据事件之间的相似程度而不是用概率来评估事件发生的可能性。

请看下面的例子：

琳达，31岁，单身，直言不讳，非常聪明。她主修哲学。作为一名学生，她非常关心平等和歧视等方面的问题。

琳达更可能是：

一名银行职员

或

银行职员同时又是女权运动的积极分子？

大多数人认为琳达更有可能是一位银行出纳员，并且积极参加女权运动。这是非理性的。从简单的集合理论中，我们知道两个集合的交集永远不可能大于其中一个集合。任何选择琳达作为银行出纳并积极参与女权主义运动的人，都犯了统计学家所谓的“忽略基准概率”的错误。他们完全忽略了一个事实，即银行柜员的数量远远多于从事女权主义运动的银行柜员数量——因此概率会建议我们选择第一个选项（见图1.6）。

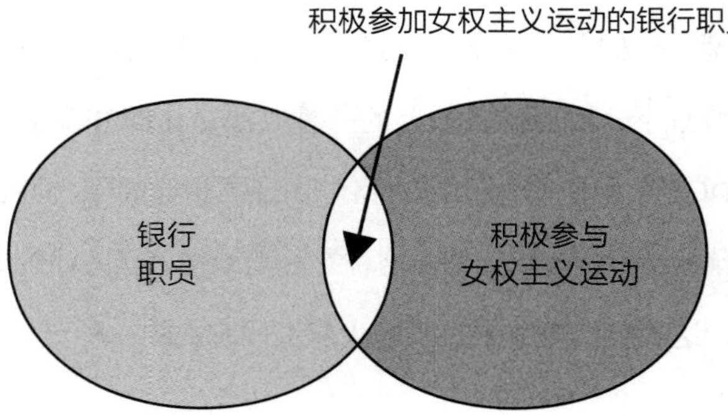

图1.6 文氏图示意

代表性的另一方面表现，常被称为“小数定律”（针对“大数定律”的戏称）。人们相信随机样本彼此之间具有相似性，而总体的相似性会比统计抽样理论所预测的更接近。

例如，考虑抛硬币得出下列顺序：

正反正反反正

和

正正正反反反

当被问及哪一种情况更有可能时，许多人会选择第一个，因为它看起来更像一个随机样本。然而，这两个序列的概率是相等的（0.56）。布卢姆菲尔德和黑尔斯（Bloomfield和Hales，2001）进行了一项实验，观察人们对预测随机游走的反应。每个被试者都收到一段随机游走数据，并被要求预测下一个阶段。布卢姆菲尔德和黑尔斯发现了两种状态——延续和反转。他们发现，人们倾向于对多次延续之后发生的变化反应过度，而对多次反转之后发生的变化反应不足。

代表性启发法在金融领域有着广泛的应用。例如，投资者在处理收益数据时，似乎是完全遵循“小数定律”的。如果任何投资者看到某公司在很多时期的收益良好，那么“小数定律”会使其相信这家公司收益增长迅速且很可能会在未来继续保持高收益增长。根据这种逻辑，该公司不可能处于“平均”水平，否则其收益应该显得“平均”才对。当我们在第3章研究影响风格投资的因素时，我们将进一步应用这种代表性启发的表现形式。

另一个代表性启发的实证例子是，我们经常误认为好公司的股票就是好股票（见索尔特和斯塔特曼，Solt和Statman，1989；舍夫林和斯塔特曼，Shefrin和Statman，1995）。在投资者看来，一家好公司就是一家成功取得高盈利的公司，而公司盈利又会带来更高的股票投资回报。另一方面，业绩不佳的公司表现为盈利不佳，因此股票投资回报率令人失望。投资者避开亏损的公司，更喜欢盈利的公司。然而，正如我们将在第3章中看到的，收益往往表现出“均值复归”[①]的特点，比如“好公司”的收益很可能降到平均水平，“差公司”也是如此。

反应过度与不足时的预测修正

对行为金融学的指责之一是，它有时预测出反应过度，有时则预测出反应

① “均值复归”（mean-reversion），指数据发展趋势（例如股票价格）总是围绕平均值上下波动，上升和下降的趋势不会永远持续，在运行中均会以很高的概率回归均值。——译者注

不足。法玛（Fama，1998）声称，反应不足和反应过度会相互抵消。因此，行为金融学面临的一个关键挑战，是解释为什么我们会看到反应不足和反应过度并存；进一步说，是我们什么时候会看到反应不足，什么时候会看到反应过度。阿米尔和甘扎赫（Amir和Ganzach，1998）检验了收益和分析师预测的变化。他们将变化定义为，未来收益与先前公布的收益之间的差异；将修正定义为，未来收益的预测值与先前预测之间的差异。

这种观点认为，乐观情绪、代表性启发和锚定效应都会影响分析师的预测。乐观情绪既影响预测的准确水平，也影响预测的极端程度。总体而言，它导致了过度乐观的预测，当预期修正为负面时，它也导致了过度温和的预测（反应不足）。代表性启发和锚定效应只影响预测的极值。代表性启发产生过于极端的预测，锚定效应导致过于温和的预测。

代表性启发和锚定效应相比，谁更能主导预测，取决于锚定点的突出程度。锚定点越突出，锚定效应起主导作用的可能性越大。相较于历史的公开收益数据，前期的收益预测结果更有可能成为一个突出的锚定点，哪怕只是因为最初为进行预测所投入的时间和工作。当然这是一种沉没成本。尽管理性人会忽略沉没成本，但从心理上讲，真实世界的人们其实很难忘记它。

表1.2清楚地表明，认知偏差能够在某些情况下相互抵消而达到平衡，但也同样能够使情况更加恶化。当分析师把先前的预测作为基础时，锚定的倾向更大。这导致对预测修正（自己过去的预测）的反应比对预测变化（先前公布的收益数据）的反应更小。

乐观情绪也会影响锚定点的突出程度。当收到积极的信息时，分析师们愿意离开之前的锚定点，以更积极的方式修改他们的预测。另一方面，当收到负面的信息时，分析师不太可能偏离既有锚定点。相比于对预测的正向修正，对预测的负向修正有更明显的反应不足（或更不明显的反应过度）。

表1.2　预期修正心理学

		预测误差	评论
收益（t）	↑反应过度 ↑乐观 ⊗预测	63%正面 37%负面	在上升阶段时，认知偏差在同一方向上起作用
	↑乐观 ⊗预测 ↓反应过度	50%正面 50%负面	在下降阶段时，认知偏差在相反方向起作用
	↑乐观 ⊗预测 ↓反应不足	48%正面 52%负面	在更新先前的预测时，认知偏差的力量是平衡的
预测（t−1）	↑反应不足 ↑乐观 ⊗预测	75%正面 25%负面	在调低自己先前的预测时，分析师试图尽量减少变动

资料来源：阿米尔和甘扎赫（Amir和Ganzach，1998）。

易得性偏差[①]

根据特沃斯基和卡尼曼（Tversky和Kahneman，1974）的观点，易得性启发是一种经验法则，决策者“通过想起实际发生例子的难易程度来评估一个事件发生的频率或概率”。在其他条件相同的情况下，这并不是一个坏的经验法则——常见的事情比罕见的事情更容易出现在脑海中。

然而，就像所有的启发法一样，它会让我们误入歧途。普劳斯（Plous，

① 本小节名称如果为“易得性启发”（availability heuristic），可与上一节名称“代表性启发”（representativeness heuristic）严格并列，因两者均为启发法的表现形式。不过，本书作者认为“易得性启发”和“易得性偏差”（availability bias）语义相近，下文也几乎是替换使用的。——译者注

1993）提供了一个很好的例子来说明实践中的易得性偏差：

> 在美国，哪一种情形的致死率更高——是被飞机部件坠落砸死还是被鲨鱼咬死？大多数人认为，死于鲨鱼袭击比死于飞机部件坠落的可能性更高。鲨鱼袭击造成的死亡事件肯定比飞机部件坠落造成的更受关注，而且此类事件更容易想象（部分归功于电影《大白鲨》）。然而，飞机部件坠落致死发生概率实际上是被鲨鱼袭击杀死的30倍。

另一个例子来自特沃斯基和卡尼曼（Tversky和Kahneman，1973）。他们曾进行以下提问："在常见的英语单词中，字母K更有可能出现在开头还是第三位？"在他们调查的152人中，有105人认为字母K更有可能出现在开头。然而，实际上，第三个字母为K的单词大约是以K字母开头的单词的两倍。出现这种结果是因为人们更容易回忆起第一个字母。

如何用易得性偏差选股

你如何从数千只股票中进行选择？因交易策略的不同，会对此产生种种限制，指数之外的额外风险要受到限制，流动性风险也经常被密切监控。然而，报纸可能会影响你对股票的选择，甚至令人震惊的经纪人消息也会产生影响。

我们更容易回忆起最近接收到的信息，无论是《金融时报》封面上的消息，还是宠物托管师发来的恼人电子邮件。伽达罗斯基（Gadarowski，2001）研究了股票收益与媒体报道之间的关系。他发现，媒体报道频率很高的股票在随后两年会表现不佳！要小心，发光的未必都是金子。

模糊规避

人们特别害怕面对模棱两可的状况。以实验为例，人们更愿意在知道一个装有100个球的袋子里有50只红球和50只蓝球时，打赌从中随机抽出的球是蓝色的，而不喜欢只知道袋子里有100个球，但蓝球和红球的数量是未知的。

这就导致投资者对自己不了解的股票非常谨慎，而偏见的另一面是对已知或熟悉事物的特别偏好。

分散化不足与熟知的需要

在马科维茨（Markowitz）于现代资产组合理论（Modern Portfolio Theory，MPT）中提出知名的分散化投资理论之前，莎士比亚就写过如下段落①：

> 啊，不，不，不，不，我听说他是个好人，我的意思是说他是个有身价的人。可是他的财产却还是有些问题：他有一艘商船开到特里坡利斯，另外一艘开到西印度群岛，我在交易所里还听人说起，他的第三艘船在墨西哥，第四艘到英国去了，此外还有遍布在海外各国的买卖。可是船不过是几块木板钉起来的东西，水手也不过是些血肉之躯，岸上有旱老鼠，水里也有水老鼠，陆地有强盗，水里也有海盗，还有风波礁石各种危险。不过话虽这么说，他这个人还算有些家底的。三千块钱，我想我可以接受他的契约。
>
> ——夏洛克，节选自《威尼斯商人》（第一幕第三场）

模糊规避意味着投资者的资产配置严重缺乏分散化，表1.3显示，401（K）

① 本段莎士比亚剧本译文引用通行的朱生豪译本。——译者注

表1.3　401（K）计划的资产配置（%）

股票型基金	46
自己公司的股票	18
平衡型基金	14
货币市场基金	9
债券型基金	8
稳定价值基金	3
生活方式基金	1
个别股票及债券	1
其他	1

资料来源：投资公司研究机构。

计划[①]中配置占比第二高的资产是本公司的股票！

贝纳茨（Benartzi，2000）引用了可口可乐公司的例子来说明极端状况。可口可乐公司的员工将不少于76%的退休金可自由支配份额投资于可口可乐公司股票。当被问及为什么员工会把那么多退休金投在自己公司的股票上时，关键的理由是该股票过去的表现不错（见图1.7）。

当然，上述配置可能仍然是合理的——即使它不符合MPT理论的原则。如果股票的表现持续良好，那么就有理由进行投资。贝纳茨（Benartzi，2000）验证了这一假设。他发现，过去回报率相对较低的股票在401（K）计划配置的股票中只占10.4%，而过去表现不错的股票则占近40%。然而，他也发现，是否配置了自己公司的股票与随后的整体回报无关。

可以肯定的是，分散化不足并非只是个人投资者的问题。在国际投资中也

① 401K退休计划是美国的一种由雇员、雇主共同缴费建立起来的基金式养老保险制度，资金可投资于股票、基金、债券、定期存款等金融产品，雇员可在一定程度上自主选择投资方式。名字的来源为美国1978年《国内税收法》新增的第401条K项条款。——译者注

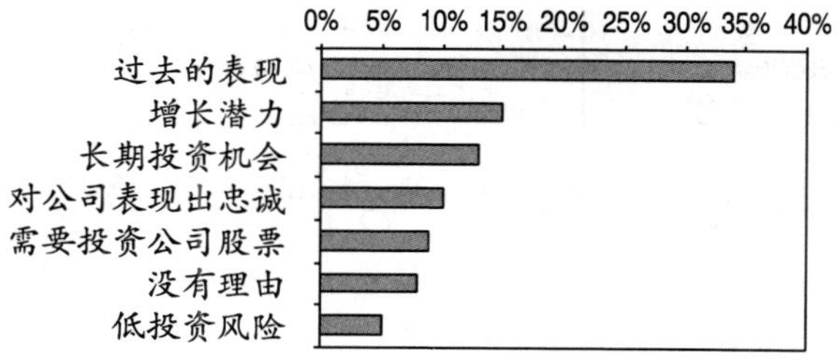

图1.7 投资雇主公司股票的原因

资料来源：ICI。

存在巨大的本土偏好。在美国、英国和日本，70%至90%的股票投资仍集中在国内（见表1.4）。

表1.4 养老基金在外国股票市场的配置情况

国家	%
加拿大	10.3
德国	4.5
日本	9.0
英国	19.7
美国	5.7

资料来源：国际货币基金组织（IMF）。

为什么投资者对自己的国家如此执着？早期的解释是基于资本管制和信息不对称理论。然而，在当今日益一体化的世界里，这些解释似乎不那么合理，因为全球性的投资银行提供着世界各地的研究报告。

投资者是否只是更喜欢投资熟悉的领域？投资者是否对本国市场过于乐观？

斯特朗和徐（Strong和Xu，1999）利用调查数据表明，基金经理对本国市场的乐观程度始终高于对外国市场的乐观程度。表1.5显示了1995年10月至1999年10月期间，基金经理多头和空头所占百分比轧差后的平均值（对投资者情绪的衡量基于一年的时间跨度）。投资于本国的数据显示在对角线上——针对美国市场，只有美国的基金经理群体一直在看涨，而最大的看跌基金经理群体来自英国。

表1.5 对本国市场的过度乐观

	基金经理			
股票市场	美国	英国	欧洲	日本
美国	7.2	−22.8	−3.2	−8.2
英国	14.8	30.7	20.9	−1.8
欧洲	38.2	44.6	57.7	18.4
日本	26.0	33.6	34.3	49.0

资料来源：斯特朗和徐（Strong和Xu，1999）。

以上源于心理学方法的研究表明，当人们感到能够掌控某一情况以及/或者非常熟悉被问到的问题时，过度自信和模糊厌恶就会降至最低。基金经理和我们其他人一样，都有同样的心理偏差和缺陷。

研究人员发现了更奇怪的现象，即使不出国门，本地偏好同样存在！科瓦尔和莫斯科维茨（Coval和Moskowitz，1999）发现，基金经理的投资组合中每10只股票中就有一只是因为公司与基金经理位于同一个城市而被选中。特别需要指出的是，这些公司往往是规模较小、杠杆率较高、产品竞争力有限的生产者——这表明，最接近它们的基金经理认为自己可能具有信息优势。

休伯曼（Huberman，1999）研究了“小贝尔公司”[①]股东的地域分布。这7家本地电话公司都在纽约证券交易所（NYSE）上市，它们的市值都很高——每家都超过150亿美元。投资者持有本地电话公司的股份，可能是为了对冲服务价格意外上涨的风险。然而，鉴于电信支出在费用中所占比例很小，这似乎不太可能。

持有更少的本地公司股票是更为理性的选择。本地电话公司的命运与当地的运营环境息息相关。当地投资者可能会受到与当地电信运营商类似的收入波动影响。因此，分散投资于非本地的电话公司可能是最佳策略。然而休伯曼发现，除了一个州之外，几乎在所有州，持有当地电话公司股票的人都要比其他地区持有该电话公司股票的人多。这是对有效市场理论追随者的又一次打击。

▪ 偏好错误，或者根本不存在无框架决策一说

狭窄框架效应

这也被称为框架依赖或心理会计[②]。实际上，我们都受到框架敏感性的影响。我们一般无法通过问题的询问方式洞察问题的本质（询问任何民调专家就知道了——你提出问题的方式对答案至关重要）。

① 小贝尔公司（Baby Bell）指，1984年美国司法部依据《反托拉斯法》拆分AT&T，分拆出一个继承了母公司名称的新AT&T公司（专营长途电话业务）和七个本地电话公司（即“贝尔七兄弟”），美国电信业从此进入了竞争时代。——译者注

② 本书此处内容存在不严谨之处：“框架效应”（Framing Effect），有时也被称为“狭窄框架效应”（Narrow Framing），由阿莫斯·特维尔斯基（Amos Tversky）和丹尼尔·卡奈曼（Daniel Kahneman）提出，指问题以不同的方式（即“框架”）表达出来时，有时人们的决策会根据问题表达方式而有所不同。而“心理会计”（Mental Accounting）（有时也译作“心理账户”），由理查德·塞勒（Richard Thaler）提出，该理论认为，人们无意识地将财富划分成不同的账户进行管理，不同的心理账户有不同的计算规则，而非以理性方式统一看待。——译者注

看看下面这两条线，哪个更长？

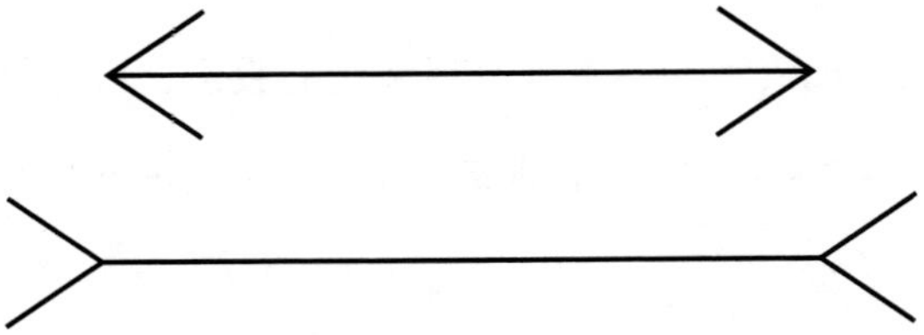

许多人回答说位于下方的线更长。然而，当我们通过添加垂直辅助线使问题变得简明时，两者长度相同的真实答案就显而易见了。

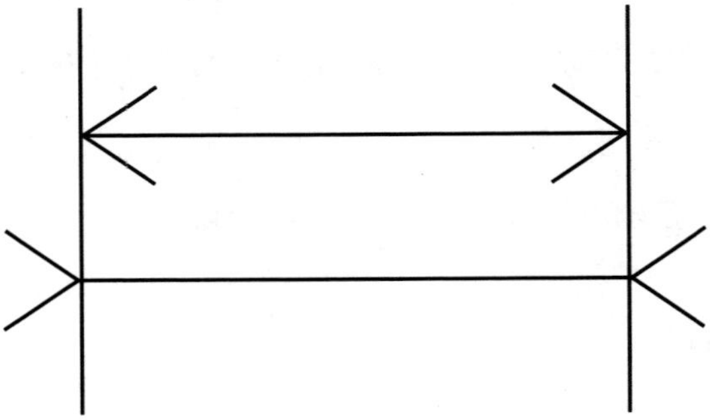

我们中有多少人会根据不同目的将自己的财富人为拆分？通过人为设定框架[①]，我们可以防止自己动用本想用于其他目的的资金。你会每月还清你的信用卡账单吗？如果没有，同时你在银行有存款，那么你的行为就是不理性的。毕竟，在信用卡公司收取28%～29%年息之后，即使特别幸运，你的银行存款也只赚了微不足道的6%的利息。

考虑一下这一对同时做出的决定：

① 本自然段讲述的内容其实是关于心理会计的，所以本段提到的“人为设定”的其实是心理账户。不过，下面的收益和损失的例子却是关于框架效应的。——译者注

第一组选择

（A）确定获得2400英镑

或

（B）有25%的概率获得10000英镑和75%的可能性一无所得

然后选择：

（C）确定亏损7500英镑

或

（D）75%的可能性损失10000英镑，25%的机会没有损失

当被问到这些问题时，大多数人会在第一组选择中倾向于（A）。尽管选择（B）的预期收入是2500英镑，额外的100英镑还不足以吸引人们抓住机会。对于第二组问题，大多数人选择（D），他们想要完全避免损失风险。

然而，如果你按照传统金融理论决策，你会将预期收益最大化或预期损失最小化，并按以下思路将问题整合到一起，上面的选择是否正确便一目了然：

选项A和D £2400−£7500 = −£5100

选项B和C £2500−£7500 = −£5000

现金流量还是盈利

投资者在处理报告收益时经常表现出框架依赖。在估值中，现金流贴现模型本应起决定性作用：

$$\text{DCF Present Value}=\sum[CF_i/(1+r)^i]$$

投资者应该关注的是现金流，而不是盈利。盈利是现金流和应计项目的加总：

盈利=应计项目+现金流

其中，应计项目=（流动资产变动–现金及现金等价物的变动）–（流动负债的变动 – 包括流动负债的总债务变动–应付所得税的变动）– 折旧及摊销。

因此，仅仅关注盈利，投资者不能透过报告深入研究现金流。斯隆（Sloan，1996）发现，构建净投资为零的组合，即做多应计项目低的公司，同时做空应计项目高的公司，能够每年获得超过10%的超额利润，并且在31年中的28年都能够获得正回报。

霍格和洛夫兰（Houge和Loughran，2000）更新和扩展了斯隆的研究。他们发现了类似的结果，不管是应计项目还是现金，无论形式（框架）如何，现金流越多的公司，股票表现越好（见表1.6）。

表1.6 现金流量与应计项目——原始回报率（年化百分比）

低应计项目	高应计项目
18.4%	10.2%
低现金流	高现金流
10.4%	18.6%

资料来源：霍格和洛夫兰（Houge和Loughran，2000），经劳伦斯·埃尔鲍姆协会（Lawrence Erlbaum Associates）同意重新整理。

为了避免读者认为这只是投资于价值型股票（往往有更多的现金流量）的另一种表现形式，表1.7显示了我们对风格和规模因素（详见第4章）进行调整后的结果。表格清楚地显示，调整之后股票表现的差异基本保持不变，低应计项目股票组合的表现优于高应计项目股票组合8%，高现金流量股票组合的表现高于低现金流量股票组合约10%。

霍格和洛夫兰扩展了斯隆的工作，提出了一种基于收益质量的交易模式。他们认为，收益低但现金流在收益中所占比例高的公司是高质量的收益生产者；

表1.7 现金流量与应计项目——风格和规模调整后的回报率（年化百分比）

低应计项目	高应计项目
2%	−6%
低现金流	高现金流
−6.2%	4%

资料来源：霍格和洛夫兰（Houge和Loughran，2000），经劳伦斯·埃尔鲍姆协会（Lawrence Erlbaum Associates）同意重新整理。

表1.8 收益质量交易组合

	低盈利	高盈利
低现金流	—	盈利主要由应计项目构成，意味着盈利质量不佳，应卖出
高现金流	以现金流为主的盈利意味着高盈利质量，应买入	—

反之，收益高但应计项目占主导地位的公司收益质量较差。构建买入优质收益公司股票、卖出劣质收益公司股票的净投资为零的组合，能够获得16%的平均年化超额收益率，且31年中有23年为正回报（见表1.8）。

预计财务报表和美国公认会计准则报表

投资者和分析师都更为关注企业想要报告的收益（预计财务报表），而不是它们被要求报告的收益（美国公认会计准则报表）。蒙蒂尔（Montier，2002a）的研究表明，对于标准普尔500指数（S&P 500）成份股来说，每1美元的预计财务报表上的收益相当于美国公认会计准则报表上的47美分。据估计，标准普尔500指数成份股公司中有8%的公司报告了亏损，而按GAAP准则报告，这一比例上升

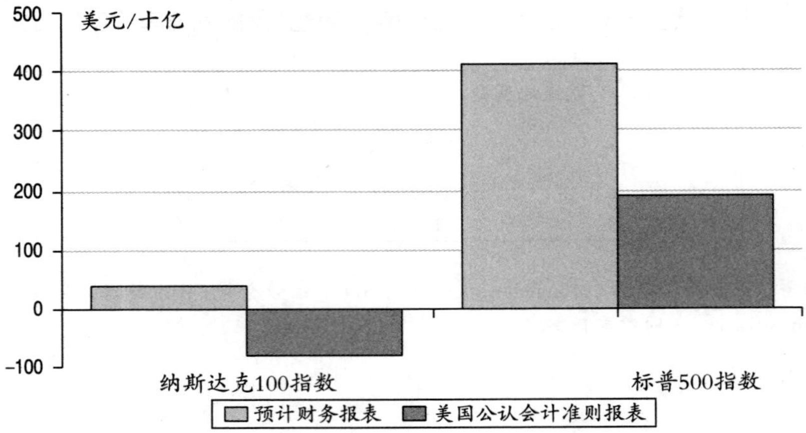

图1.8 预计财务报表和美国公认会计准则报表：2001年纳斯达克100指数（NASDAQ 100）和标准普尔500指数（S&P 500）

资料来源：DKWR。

至19%。难怪企业如此热衷于提供预计财务报表的收益（见图1.8）。

这是另一个狭窄框架效应的例子。美国公认会计准则报表和预计财务报表之间的关系一般可以这样来检验：

美国公认会计准则报表 = 预计财务报表 + 特殊项目 + 其他扣除

道尔、伦德霍尔姆和苏莱曼（Doyle、Lundholm和Soliman，2002）的新研究发现，投资者可以通过利用预计财务报表和美国公认会计准则报表的收益差异进行交易而获得可观的利润。图1.9显示了围绕盈余管理的净投资为零组合的潜在回报。结果不容忽视：即使是简单的模仿，投资者也可以在三年以内赚取高达15%的利润（在控制了规模和风格之后）。如果投资者将注意力集中在那些达到分析师预期或超出预期2%以内，并且扣除项目金额大于超出预期金额[①]（也就

① 原文为“exclusions were greater than surprise”（surprise即指超出预期的部分），而图1.9的标注为“扣除项目金额小于超出预期金额”（原文为“Exclusions–surprise<0”）。从原文看，两者似乎是矛盾的。——译者注

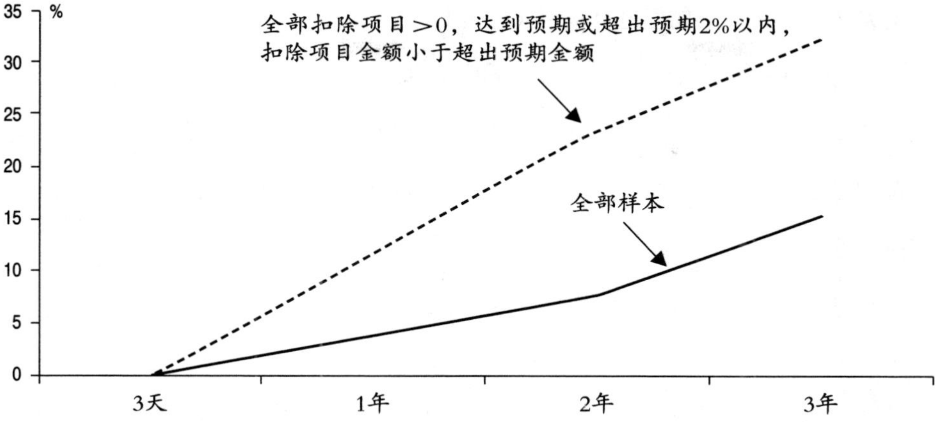

图1.9 预计财务报表与美国公认会计准则报表套利交易的异常回报

资料来源：道尔等（Doyle等，2002）。

是说，如果基于美国公认会计准则报表，公司不会达到预期）的公司上，那么回报率甚至会更高——三年内达到32%。

展望理论

展望理论可能是成功将心理学理论引入经济分析核心的代表。许多经济学家在处理问题时仍然采用预期效用理论，但是展望理论近年来已经有了很大的发展，甚至在一些主流经济学家的研究议程中已屈居第二。与心理学不同的是[①]，展望理论有坚实的数学基础——这更符合经济学家的口味。预期效用理论关注的是不确定性下应如何进行决策（一种规范性方法），与之不同的是，展望

① 实际上，心理学使用数学方法进行研究（最早可追溯至19世纪，大量使用数学方法为20世纪50年代之后），要早于经济学或金融学使用行为方法进行研究（最早出现于20世纪50年代，大量使用行为方法为20世纪70年代之后——就是在展望理论提出之后）。作者也可能是在用一种诙谐的口吻，未必是真的对心理学的近期发展缺乏了解。——译者注

理论关注的是实际上如何进行决策（一种描述性方法）。

展望理论由卡尼曼（Kahneman）和特沃斯基（Tversky）两位心理学家创立。他们希望建立一个简洁的理论，以解释他们（和其他人）在实证工作中发现的一系列与古典理性假设相违背之处。展望理论与预期效用理论存在一定程度的相似之处。

预期效用理论认为，期望效用是概率加权的效用总和：

$$\Rightarrow \sum p_I u(x_I)$$

展望理论同样假设人们会最大化“效用”的加权总和，但权重与真实概率不同，同时“效用”是由价值函数而不是效用函数决定的：

$$\Rightarrow \sum \pi(p_I) \mathrm{v}(x_I - r)$$

其中，π 是一个非线性加权函数，v（x−r）是价值函数评估的参照点——别担心这些新术语，下文会给出解释。

非线性权重

卡尼曼和特沃斯基（Kahneman和Tversky）指出，人们倾向于对相对不太可能发生的结果（但并非完全不可能）给予零权重，而对相对确定的结果（不确保一定会发生）给予百分之百权重。也就是说，人们表现得就像可能性极低的事情是不可能发生的，可能性极高的事情是肯定会发生的。一般来说，人们倾向于夸大真实的可能性（过度自信的实际应用）。

如图1.10所示，决策权重倾向于高估较小概率和较大概率事件，低估中等概率事件。在典型的加权函数中，位于对角线之上的部分表示较低概率和较高概率，在对角线之下的部分表示中等概率。

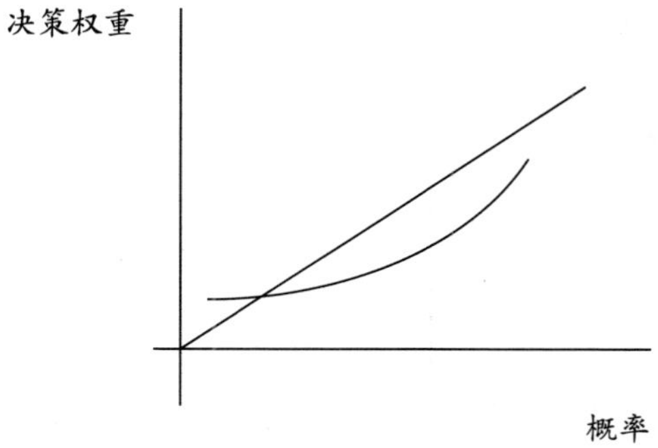

图1.10 非线性决策权重

隐含波动率的微笑曲线

无论是深度价外期权还是深度价内期权的价格都明显高于布莱克-斯科尔斯（Black-Scholes）期权定价模型的预测。这种趋势通常用隐含波动率微笑来表示。当不同的行权价格对应隐含波动率，横轴为行权价格时，曲线趋向于微笑的形状。

展望理论认为，人们会高估期权基础资产股票价格与行权价格背离的小概率，低估基础资产股票价格与执行价格保持一致的高概率。

价值函数

展望理论的另一个关键要素是，人们看重的是变化而不是状态。理性的人总是被假定试图最大化（预期的）财富效用。然而，在实证研究中，一个不可避免的结论是，人们对收益和损失的担忧远远超过对财富水平的关注。

图1.11显示了一个价值函数——这是展望理论与古典经济学效用函数的共通之处。但是请注意，它是定义在参照点（原点处的交点）周围的损益之上的。参照点是由个体的主观感受决定的，是所有比较的基准（现状）。

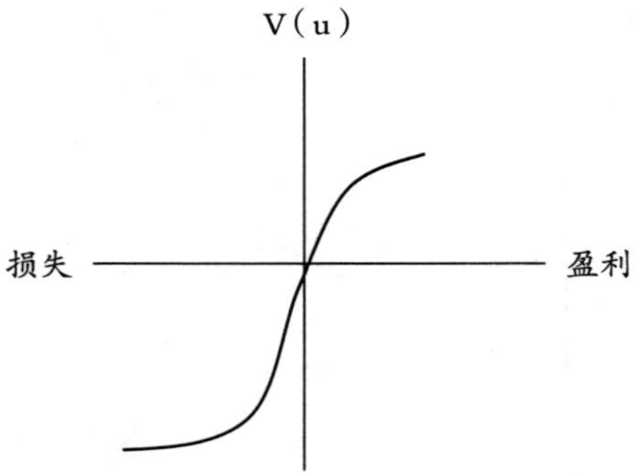

图1.11 典型的价值函数表现形式

特别要注意，参照点周围的风险偏好发生了变化（可以从数学术语反映出）。价值函数在个体面对收益时为凹函数，在个体面对损失时为凸函数。这意味着损失的价值函数比收益的价值函数更陡——这被称为损失规避。

考虑以下情况：

你参与了一个抛硬币的赌局，如果输了必须支付100英镑，那么为了使这个赌局足够有吸引力，赢家的奖金应为多少呢？

最常见的回答是介于200到250英镑之间。也就是说，从人们的感受来说，损失相当于盈利的2到2.5倍。事实上，我曾经问过以前的同事相同的问题，他们的回答如图1.12所示。

我重复实验的结果平均为200英镑左右。还有相当多的人需要大笔补偿才能下注——也许他们只是不相信战略分析师。值得注意的是，其中一位接受50英镑投注（即风险偏好者）的人正是一名策略分析师。

股权风险溢价

在20世纪的大部分时间里，美国股票的收益率比债券高出7%左右。长期

注1.1 价值函数的正式形式

价值函数衡量的是相对于参照点的损益：$v(x-r)$

价值函数在收益时为凹函数：$x>r$时，$v''(x-r)>0$

价值函数在损失时为凸函数：$x<r$时，$v''(x-r)<0$

损失规避：$x>0$时，$-v(-x)>v(x)$

收益：

$$x>0, y>0$$

$$v(x)+v(y)>v(x+y)$$

损失：

$$x<0, y<0$$

$$v(x)+v(y)<v(x+y)$$

混合：

$$x>0, y<0, x+y>0$$

$$v(x)+v(y)<v(x+y)$$

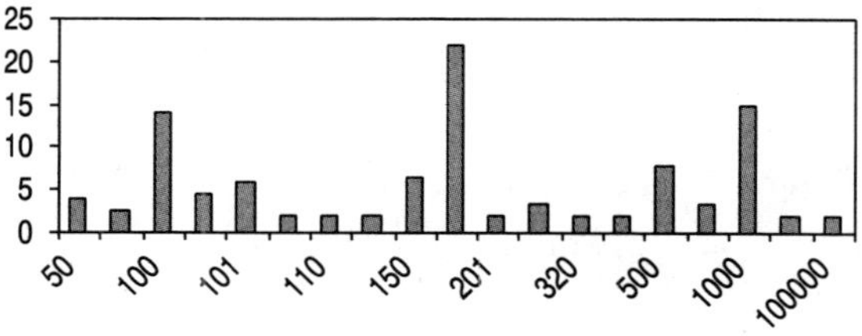

图1.12 股票经纪人的损失规避

以来，经济学家一直对这种反常现象感到困惑。尽管年度股票回报率比年度债券回报率更不稳定，但经济学家使用的大多数模型显示，股票风险溢价最高为1%～2%。为什么现实中股票需要这么大的风险补偿呢？

贝纳茨和塞勒（Benartzi和Thaler，1995）提出了基于展望理论的解释。面对不确定回报时，投资者可能并不厌恶风险，但更关心损失的可能性。相比于年度债券回报率，年度股票回报率更可能为负，而且由于这种厌恶损失的心理，投资者需要较高的风险溢价，才能说服自己持有股票。

需要注意的是，股票的年化回报率越高，就意味着随着时间的延长，股票累计回报率越有可能为正。这也正是在数据中观察到的。西格尔（Siegel，2000）指出，在20年的时间跨度内，美国股市的表现从未低于债券（见表1.9）。

表1.9 股票的长期表现

持有期限	时间范围	股票表现高于债券表现的比例（%）
1年	1871–1996	59.5
5年	1871–1996	72.1
10年	1871–1996	82.1
30年	1871–1996	100.0

资料来源：西格尔（Siegel，2000），由麦格劳–希尔出版社（McGraw Hill）同意整理得到。

因此，为了解释股票风险溢价，我们需要假设投资期限通常较短。这正是贝纳茨和塞勒所提到的投资者短视行为。他们基于实验数据估计不同持有期股票和债券的预期价值——假设损失厌恶程度为2.25倍，即投资者感觉损失的效用减少是他们获得的同等收益效用增加的2.25倍。贝纳茨和塞勒的研究成果显示，在一年的时间范围内，如果存在7%的股票风险溢价，股票和债券的预期价值大致相同（见图1.13）。

实际上，作为对耐心的回报，长线投资者可以获得7%的股权风险溢价。或许这可以让我们深入理解沃伦·巴菲特（Warren Buffett）等耐心的投资者何以

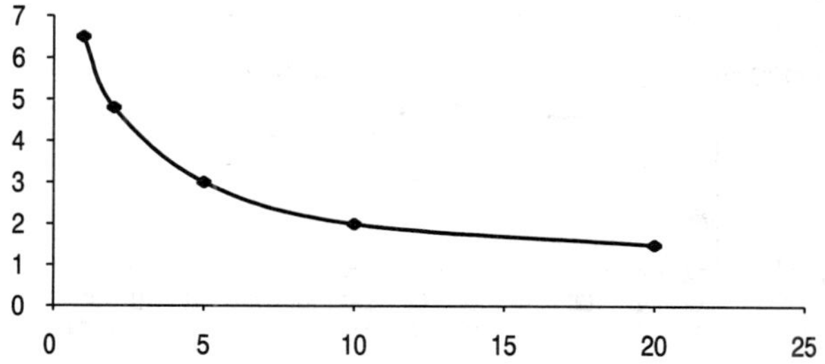

图1.13 投资期限与股权风险溢价（ERP）

资料来源：整理自贝纳茨和塞勒（Benartzi和Thaler，1995），《经济学季刊》（The Quarterly Journal of Economics），110：1（Feb 1995），pp.73（Fe，经麻省理工大学出版社（MIT Press）同意。

能够获得令人印象深刻的投资回报。

处置效应——股票、房产

舍夫林和斯塔特曼（Shefrin和Statman，1985）预测，因为人们对损失的厌恶远超对收益的偏爱，且人们愿意在面临损失的情况下孤注一掷，投资者一般倾向于继续持有已经亏损的股票（相对于他们的参照点而言）并将急于出售价格上涨的股票。他们称之为处置效应。

奥戴恩（Odean，2001）从一家经纪商那里获得了大约10000个账户的数据。每个账户的每次购买和销售都有记录。他发现，投资者持有下跌股票的中位数为124天，持有上涨股票的中位数为102天。奥戴恩还发现平均15%的收益是已实现的（即股票已卖出而获得现金收益，不是账面浮盈），而已实现的损失只有10%。一年中唯一不符合持有亏损股票倾向的月份是12月，当时投资者倾向于因减税目的而出售亏损的股票（见图1.14）。

机构投资者常常轻视奥戴恩的研究结果，认为该研究或许很有趣，但与机构投资者自身无关。然而，请记住，价格在很大程度上是由边际投资者决定的，

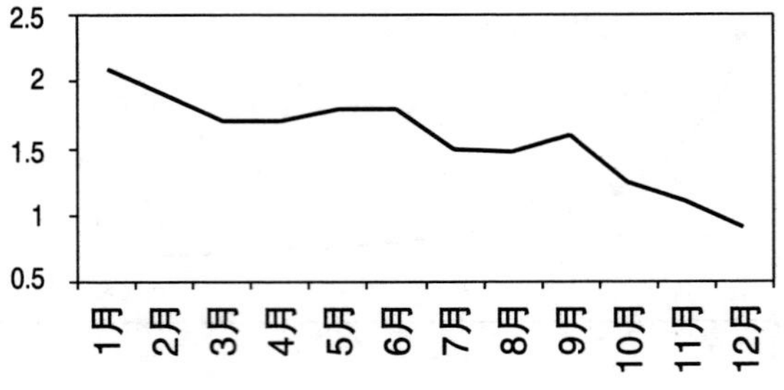

图1.14 处置效应

资料来源：奥戴恩（Odean，2001）。

因此即便私人投资者在规模上没有主导市场，他们的行为也很重要。

投资者经常辩解，他们持有亏损股票是因为预期股票会反弹（这是均值回归理论的基本观点）。在奥戴恩的样本中，未售出的亏损股票在随后一年的回报率仅为5%，而售出的盈利股票在出售后的回报率为11.6%。

杰尼索夫和迈尔（Genesove和Mayer，2001）检验了20世纪90年代波士顿市中心住宅市场的处置效应。他们发现，那些可能面临名义损失（负资产——以低于他们购买房产的价格出售）的业主往往会把售价定得过高。事实上，他们设定的预期售价较原始买入价高出25%～35%。由于定价过高，这些业主在出售房屋前不得不自己持有很久。

交易业务——专业人士厌恶损失吗

洛克和曼恩（Locke和Mann，1999）研究了芝加哥商品交易所场内交易员的行为。研究的交易员负责以下合约：美元兑德国马克、美元兑瑞士法郎、活牛期货及猪肚期货。这项研究覆盖了上述为期六个月活跃合约。这些经验丰富的市场专业人士也在出售他们的盈利合约，并继续持有亏损合约。由此看来，交易员们也不能免于损失规避和处置效应的影响。有趣的是，当洛克和曼恩将检验结果与交易业绩挂钩时，发现业绩最好的交易员是那些最不厌恶损失的人。也就是说，最优秀的交易员会卖出他们的亏损合约，同时持有盈利合约。

体现投资者心态的VIX指数

VIX指数①是四个看涨和四个看跌平价期权隐含波动率的加权平均值。VIX指数反映了期权交易员对未来30天标准普尔100指数（S&P 100）波动率的普遍预期。总之，该指数反映了一组市场专业人士的恐惧和贪婪（见图1.15）。

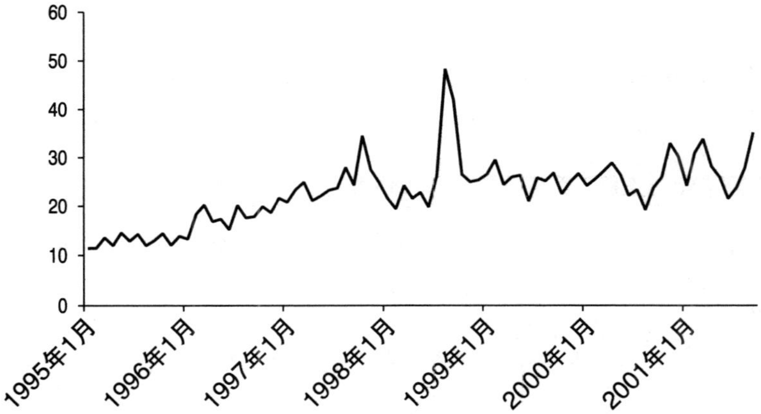

图1.15　VIX指数

根据标准金融理论，风险是对称的——这是一种奇特的说法，即上行和下行走势都是投资者不情愿遇到的情况。我本人实在想不出有多少基金经理像讨厌价格下跌一样讨厌价格上涨（当然，除了做空基金）。然而，对待风险态度的对称性是几乎所有标准金融分析的假设。如果VIX指数交易员遵循传统金融理论

① VIX指数是芝加哥期权交易所使用的市场波动率指数，体现了市场对未来30天市场波动率的预期。由于该指数广泛用于反映投资者的恐慌程度，又名“恐慌指数”。——译者注

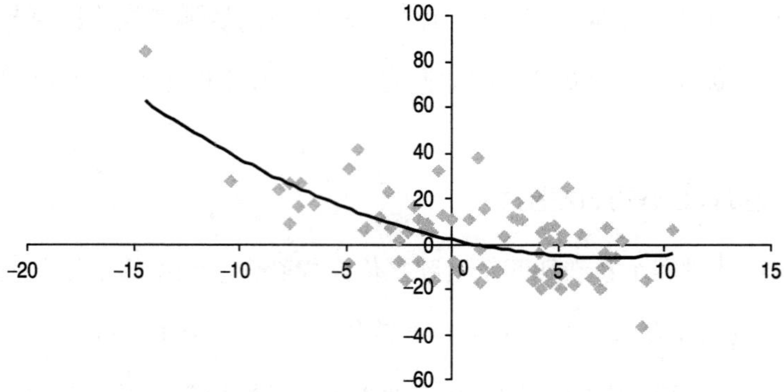

图1.16　损失规避与VIX恐慌指数

的预测，那么该指数将在市场大幅上涨或下跌时均同比例上涨。

为了深入了解VIX指数与同期市场走势之间的关系，图1.16绘制了月度标准普尔100指数（S&P 100）百分比变化与VIX指数百分比变化的关系。如果传统金融理论的预测是正确的，那么收益和损失应该会在VIX指数交易员中引发完全相同的反应。

然而，事实显然并非如此。市场基本面的波动与VIX指数交易员的定价之间存在高度非线性关系。标准普尔100指数环比下跌5%，对应着隐含波动率上升30%；而标准普尔100指数环比上涨5%，隐含波动率仅下降8%。

不仅这种关系呈下降趋势——损失导致波动性上升，收益导致波动性下降——而且亏损对交易指数波动性的影响远远大于收益。这违背了标准金融理论的预测——但恰好符合展望理论的预测。

动态展望理论

金融学并不是经济学中唯一能从对非理性的研究中获益的领域。事实上，越来越多的经济学家应用展望理论来探索传统模型中所蕴含的未解之谜。凯莫

表1.10　展望理论在经济学中的应用

领域	现象	概述	参考文献
劳动经济学	向下倾斜的劳动力供给曲线	纽约出租车司机完成每日收入目标后就不再继续接客	凯莫勒等（Camerer等，1997）
消费品	不对称的价格弹性	相较于降价，消费者对价格提升更为敏感	哈迪、约翰逊和菲德（Hardie、Johnson和Fader，1993）
宏观经济学	对坏的收入消息不敏感	消费者在收入不佳后不会减少消费	谢伊（Shea，1995）；鲍曼、米尼哈特和拉宾（Bowman、Minehart和Rabin，1999）
消费者行为	现状偏好	消费者倾向于不改变健康计划，选择默认保险计划	萨缪尔森和泽克豪斯（Samuelson和Zeckhauser，1988）；约翰逊等（Johnson等，1993）

资料来源：经许可由《现实中的展望理论》（*Prospect theory in the wild*）一书整理得到，作者凯莫勒（Camerer，2000），剑桥大学出版社（Cambridge University Press）出版。

勒（Camerer，2000）曾做过一个简短调查，是展望理论在经济学领域的极佳应用，表1.10展示了凯莫勒著作中的部分示例。

展望理论最初的设计只涵盖了一次博弈的情形，即没有重复博弈。该理论后来被扩展到动态环境下的决策。其中对于投资分析来说，最关键的要点是，对风险变化的感知依赖于先前的结果。

塞勒和约翰逊（Thaler和Johnson，1990）研究了人们如何在连续博弈中改变对风险的态度。他们发现，如果之前赢了钱，人们更愿意冒险。塞勒和约翰逊的解释是，如果损失发生在先前的收益之后，就不会那么痛苦；如果损失发生在先前的损失之后，就会更痛苦。他们的实验结果表明，在取得收益之后，风

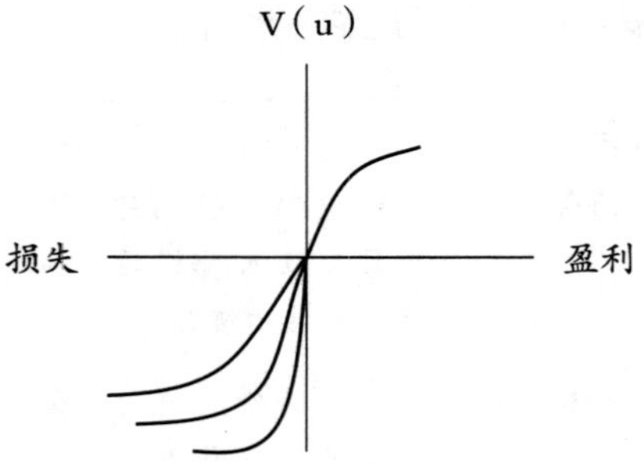

图1.17　价值函数的移动

险承担意愿上升了。这也被称为“赌场盈利效应”（house money effect）——赌徒们似乎更愿意把自己已经赢的钱（即“赌场上的盈利”）拿出来下注；如果一开始就已经赔钱，则不会那么敢于下注（见图1.17）。

隐含股权风险溢价和战术资产配置

动态展望理论具有很高的应用价值。它清楚地表明，对风险的感知取决于先前的回报。放在股票市场的分析框架中——当股票或市场表现良好，投资者接受风险时索取的补偿较低。这与我们观察到的市场隐含股权溢价情况一致。

我倾向于使用一种非常简单的方法来推导隐含股权风险溢价。取当前市场的股息率加上长期增长率（通常是名义GDP增长率）、减去当前10年期债券收益率。这种方法并不复杂，但能够迅速带给我们投资者风险承受周期的直观感受。

为了检验，我会构建一个“自下而上”的隐含股权溢价模型（ERP），方法与上面的计算相同，但用当前支付比率乘以分析师自下而上预测的长期盈利增长（来自I/B/E/S[①]），来替代名义GDP增长率。

从图1.18可以看出，在长期牛市时期，隐含的ERP确实会下跌。在此期间，投资者积累了大量收益。然后随着价格开始下跌，ERP开始上升，投资者的收益缓慢地受到侵蚀。事实上，如果你一直关注这一指标，你甚至可能在2000年初就发现了美国股市的峰值——当时的隐含股权溢价达到了1987年以来的历史低位！

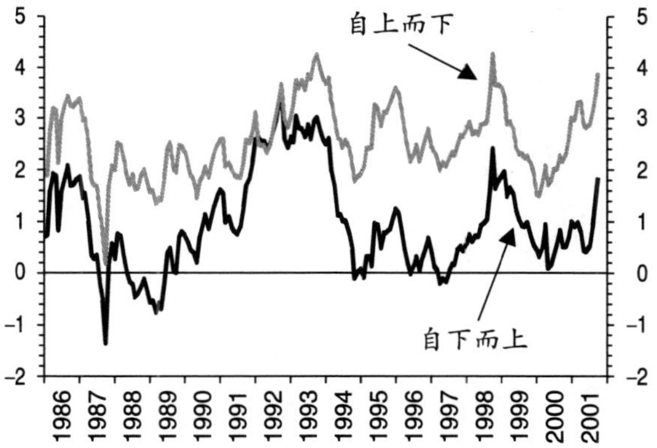

图1.18　隐含股权风险溢价

资料来源：汤森数据服务（Thomson Datastream）。

本章小结

本章简要介绍了投资者存在的心理偏差。读者可能也和我一样，觉得这些偏差听上去都是那么真实。有效市场理论的卫道士[②]可能会辩解，尽管所有这些

① 书中的“I/B/E/S”应指的是汤森路透（Thomson Reuters）的“I/B/E/S Estimates”数据服务。此外需要指出的是，2008年，汤森集团（Thomson）与路透集团（Reuters Group PLC）合并，成立汤森路透（Thomson Reuters）。本书英文原版出版于2002年，此时公司尚未合并，因此本书图表中提到的数据源仍根据原文，译为汤森数据服务（Thomson Datastream）。——译者注

② 原文为“high priest”，指宗教中的大祭司或大主教。此处用来比喻有效市场观点的捍卫者，同时暗指有效市场理论就像金融学中的宗教。——译者注

都很有趣，但却与有效市场无关——有效市场并不要求所有参与者都是理性的。相反，有效市场只要求一些人是理性的，会将非理性参与者赶出市场。此外，有效市场理论的狂热信徒认为，前述行为偏差导致的投资者反应过度和反应不足，最终会相互抵消。我们会在下一章看到，心理偏差确实影响价格，并在某种程度上，让套利成为一类高风险业务。

BEHAVIOURAL FINANCE

第2章

不完美市场和有限套利

传统金融学更关心两瓶8盎司番茄酱的价格是否与1瓶16盎司番茄酱的价格接近，而不是试图理解16盎司番茄酱为什么卖这个价格。

——劳伦斯·萨默斯（Larry Summers）

想让鹦鹉成为一名训练有素的金融经济学家，只需让它学会一个词——套利。

——斯蒂芬·罗斯（Stephen Ross）

与你有偿还债务能力的时间相比，市场的非理性能够持续更长时间。

——约翰·梅纳德·凯恩斯（John Maynard Keynes）

我们的想法一致并非最好，正因为意见不同才会有赛马。

——马克·吐温（Mark Twain）

套利是无风险的，这是传统金融研究方法的核心——即理性的投资者们会通过市场机制纠正错误定价。“无套利”（即所有可以用于套利的信息都已经被利用了）这一假设在传统金融领域的各个方面都有所体现：从期权定价到公司资本结构。然而，就像我们在前一章所提到的，大多数投资者会犯错。而这些错误并不是有效市场的偶尔失灵，而是由于投资者的内在心理偏差所导致的持久、广泛甚至在某种程度上可以预测的结果。

经济学家们喜欢使用一价定律（Law of one price），即同样的物品应具有相同的价格。例如，一盎司白银在伦敦的（用英镑计算）价格应该与其在纽约的价格一样。如果两地价格有差异的话，白银就会从一个城市流向另一个城市。当然，一价定律只有在没有交易成本和贸易限制的完全竞争市场才可能成立。研究国际贸易的学生们会花大量时间学习一价定律在他们的市场里不能成立的原因。但学习金融的学生却被频繁告知，金融市场的低交易成本和进入壁垒确保了一价定律是个合理的假设。

然而，正如我们所展示的那样，一价定律并不能很好地描述金融市场。在上一章的远期贴现之谜的案例中，我们展示了一价定律并不能描述外汇价格移动的路径。这一章将会讨论其他违反一价定律的例子，并且讨论这些例子对无风险套利的影响。

■ 番茄酱经济学

在研究一价定律在金融市场上折戟沉沙之前，我们先回到前面提到的劳伦斯·萨默斯（Larry Summers）的引言。他在引言之后说道："除了因为可追溯的交易成本的偏差以外，两夸脱瓶的番茄酱一直是一夸脱瓶的番茄酱价格的两倍。"确实，大多数番茄酱经济学家们都认为番茄酱市场效率性是实证经济领域最好的例证。

来简单看一个例子，某著名英国超市的网站显示出的某领先品牌的番茄酱价格结构。一瓶342克的番茄酱售价59便士，一瓶570克的番茄酱售价69便士。这些价格违反了一价定律，因为小瓶包装的番茄酱每10克是1.72便士，而大瓶包装里却是每10克1.21便士。以343克的番茄酱的价格为对照的话，570克的番茄酱应该卖98便士，所以实际的价格反映的错误定价程度高达43%!（见表2.1）

表2.1　一价定律在番茄酱市场中的失败

克	价格（便士）	相对重量	基于一价定律的价格	定价错误百分比
1140	155	3.33	197	27
885	125	2.59	153	22
570	69	1.67	98	43
342	59	1.00	59	0

这时有两个问题涌入我们的脑海里：套利者为什么不通过卖出被高估的342克的番茄酱然后买入被低估的570克的番茄酱来纠正错误定价呢？即使套利者因为某些因素被阻止这样行动的话，为什么还会有人购买被高估的342克的番茄酱呢？

当然，番茄酱零售市场并不是一个流动的市场，所以我们很难想象套利者是如何利用错误定价来进行套利的（至少得大费周折），并且也没有能够平仓的办法。比如说你买入相对便宜的570克的番茄酱，你要如何来构造交易的另一方呢？卖出342克的番茄酱呢？毕竟，超市是不可能从你手中买入342克的番茄酱的。

至于为什么有人要购买贵的番茄酱——可能是源于个人偏好的因素，由于某种原因，顾客更加偏爱买小瓶的番茄酱，可能因为它们放在餐桌上更好看？又或者容易放在冰箱里保存？

■ 有效性和一价定律

法玛（Fama，1991）将有效市场定义为，只是由于信息和交易成本而偏离完美的有效市场。我们前面所描述的番茄酱市场的错误定价程度虽然有43%，但是仍旧符合他所定义的有效市场。

如果交易成本不大，并且卖空在大多数情况下是可能的话，我们将很容易在金融市场里进行套利。我们接下来要描述的那些错误定价都偏离得严重，在考虑了交易成本的可能影响之后，仍然说明金融市场是无效的。

检验一价定律比检验市场有效性要简单。为了检验市场有效性，必须要有一个能够正确体现市场基本面价值的模型。法玛（Fama，1991）将检验市场有效性的问题称为“联合假说”问题——市场有效性本身是无法检验的，它只能和一些均衡模型，例如资产定价模型等同时检验。当检验一价定律的时候，并不需要基本面价值——我们不需要一个资产定价模型来知道同样的资产必须有同样的价值。

■ 股票市场

我的职业在很大程度上是和股权市场打交道的，这也是我们开始研究金融市场违反一价定律的领域。股权市场在违反一价定律方面也是臭名昭著的（我们随后解释原因）。

孪生证券

对于传统金融学来说，排除交易和信息成本之后，一个资产不能卖不同的价格，这是最基础的理论之一。在股权市场上，对一价定律的最明显的违反，就是所谓的孪生证券。孪生证券指在一家以上交易所上市的证券，为套利者创造了一个明显的应用一价定律的机会。

或许最著名的关于孪生证券的例子就是荷兰皇家壳牌石油公司（Royal Dutch Shell）。荷兰皇家石油公司（Royal Dutch）和壳牌石油公司（Shell）原本在法律上是独立经营的实体。在1907年，两家公司签订了一个合约，以60比40的股权比例完成企业合并。税后现金流和控制权也是按照这个比例进行分配。如果我们假设股权应该以现金流为基础进行估价，并且市场是有效的话，那么荷兰皇家石油的市场价值会比壳牌石油的市场价值大1.5倍（调整了不同币种差异）。

荷兰皇家石油和壳牌石油的股票流动性很强，至少在九家交易所上市。这两家公司同时在美国和阿姆斯特丹交易所上市。但大体上，荷兰皇家石油主要在美国和荷兰交易，壳牌石油主要在英国交易。

图2.1展示了荷兰皇家石油股价偏离理论平价的情形，偏离很明显——从-30%到+20%摆动，没有一个发达国家的金融市场交易成本可以解释这么大的偏差。

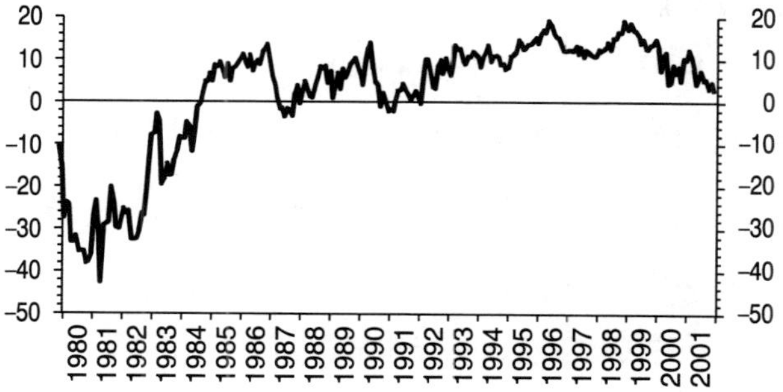

图2.1 荷兰皇家壳牌石油公司股价偏离理论

荷兰联合利华公司（Unilever N. V.）和英国联合利华公司（Unilever PLC）是另一个明显违反一价定律的孪生证券。荷兰联合利华和英国联合利华原本也同样是独立的公司。在1930年，他们制订了一个对等协议，主要目的是使两家公司能尽量成为一家机构。他们甚至规定双方派出执行董事会成员的数量都相同。对等协议中规定，每1英镑的英国联合利华股份相当于12荷兰盾的荷兰联合利华股份。英国联合利华的股价是每股5英镑，而荷兰联合利华的股价是每股4荷兰盾。所以，两个公司的每股盈利符合：1/5英国联合利华每股净盈利=12/4荷兰联合利华每股净盈利（以同一货币计价）。（见图2.2）

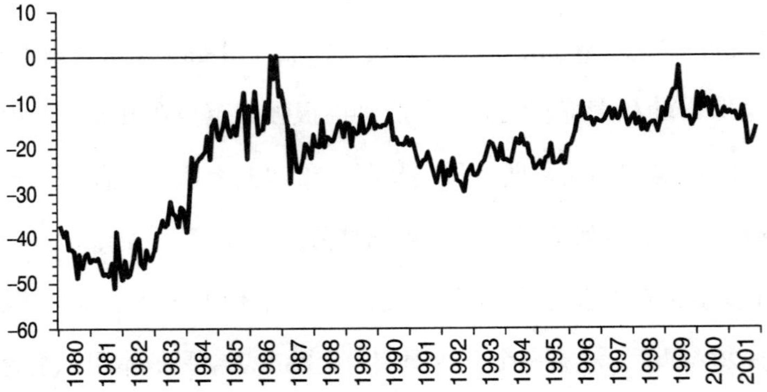

图2.2　英国联合利华公司和荷兰联合利华公司图表

资料来源：汤森数据服务（Thomson Datastream）。

联合利华的股票在8个交易所交易，而荷兰联合利华主要在荷兰、瑞士和美国交易，英国联合利华主要在英国交易。就像荷兰皇家和壳牌石油，荷兰联合利华和英国联合利华的相对价格低于符合一价定律的价格，偏离从−50%到0%之间变动。

荷兰皇家和壳牌石油及联合利华并非个例（见福鲁特和德博拉，Froot和Dabora，1999），还有许多孪生证券都显示出同样大幅偏离一价定律理论价格的偏差——史克必成公司（SmithKline Beecham）和戴姆勒·克莱斯勒公司（Daimler Chrysler）在违反一价定律的股票中也是脱颖而出。

为什么那些套利者们不行动起来纠正这些定价偏差呢？答案就是行为金融家们所说的“噪声交易者风险”。比如说，你把荷兰皇家壳牌石油按照−10%的价格水平进行交易的话，有些不够理性的市场参与者就会把偏差扩大到−25%。你一瞬间就会面临大笔保证金增补通知，接下来就会怀疑自己一开始的决策是否明智（先不说是否理智）。现实的问题是，这种情况下套利者并没有界限清晰的介入点——或者说不能保证套利交易形成一个闭环。没有什么能够使两只股票的价格回归到一价定律定义的“隐含均衡”上。

所以我们现在知道了为什么套利者不总是急于利用孪生证券的错误定价。但是为什么有人想要购买昂贵的股票？一个潜在的解释是基于投资过程本身的性质。

荷兰皇家石油是标准普尔500指数的成份股，但是壳牌石油不是。考虑到近些年荷兰皇家石油的股票交易价格相较一价定律的理论价格存在一个溢价，这说明一定存在一类投资者，出于某种原因他们愿意持有估值过高的股票——这些投资者当然是指数基金。它们的任务仅仅为追踪指数，所以相对估值异常在它们的世界中没有任何作用。稍后我们将会细述指数基金扮演的角色及它的影响。

股权分拆上市

当一个公司决定将自身特定的一部分划分出去时，分拆上市[①]就会发生。这种事情在最近几年越来越普遍——这是一个我们将会在第7章公司财务中讨论的

① 原文为“carve out”。本章中提到公司分拆上市时，还使用了“spin off”的表述。实际上，“carve out”与“spin off”略有区别：“carve out”中的分支公司会发行新的股票，母公司因此会获得现金流；“spin off”中的分支公司股份按母公司比例拆分，没有发行新股，母公司也不会获得现金流，有时也作“spin out”。为避免混淆，本章根据作者原意，将“carve out”和“spin off”均译作分拆上市。但在后面章节，作者特意并列进行区分时，将“carve out”译作“分拆上市”，将“spin off”和“spin out”译作“公司分立”。——译者注

事实。塞勒和拉蒙特（Thaler和Lamont，2000）在1995年到2000年间就高科技板块的分拆上市进行检验，找到了普遍市场错误定价的压倒性证据。

他们所检验的最引人注目的案例就是3Com公司与奔迈公司（Palm）。在2000年3月2日，3Com通过首次公开发行（IPO）出售了它在奔迈公司的一小部分股票。3Com公司保留了95%的份额，并宣布由于国税局批准的推迟，将在当年年底前分拆出剩余的份额。对于3Com公司投资者拥有的每股3Com公司股票，将获得大约1.5股奔迈公司股票。

例如，投资者直接购买150股奔迈公司股票，或是100股3Com公司股票——赋予获取150股奔迈公司股票或是一份3Com公司其他资产股票的权利。由于股票价格永远不可能低于零，根据一价定律就会形成一个简单的不等式：3Com公司股票价格至少是奔迈公司股票价格的1.5倍。

在奔迈公司股票首次公开发行的前一日，3Com公司股票以104.13美元收盘。当第一个交易日结束后，奔迈公司股票以95.06美元收盘，这意味着3Com公司股票价格至少为145.59美元。但实际上3Com公司股价跌至81.81美元，相当于市场将3Com公司中非奔迈公司的资产价格定为-60.78美元（经济学家称之为“负的自有价值”）。分析师们表示，3Com公司中非奔迈公司的业务可能在每股35美元附近，且在资产负债表上的现金和证券相当于每股10美元。这样一个负自有价值的存在毫无疑问地违反了一价定律。

这种情况并非国家机密。《华尔街日报》刊登了一则报道，在上市后的第二天即指出奔迈公司有潜在的套利机会。然而，如图2.3所示，3Com公司的负数的自有价值持续了两个多月！这就是资本市场中信息传播的速度。

不同于孪生证券问题，在股权分割的情况中，通常会有一个形成套利闭环的好机会。例如3Com公司与奔迈公司的案例中，3Com公司宣布在第一次公开发行之前，公司正在寻求美国国税局对整体方案的批准。美国国税局已经批准了

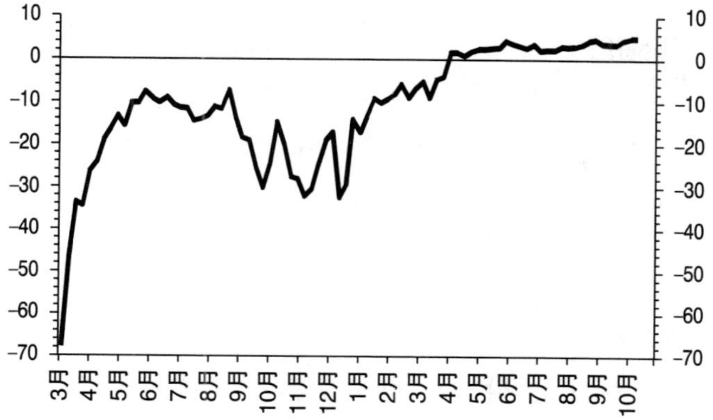

图2.3 3Com公司/奔迈公司——负的自有价值

资料来源：汤森数据服务（Thomson Datastream）。

大约500个类似的分拆方案，所以套利者似乎不太有必要担忧美国国税局拒绝该方案。

然而，套利者发现做空很困难——因为大部分的资金都掌握在私人投资者的手中。即使股票可以被借用，这样做也是很昂贵的。塞勒和拉蒙特详细说明了那些想要做空奔迈公司的套利者所付出的成本。

就像番茄酱市场的两个问题一样，上述的分析已经回答了第一个，即对一价定律的违背为什么没能促使套利者纠正错误定价。然而到目前为止，我们还没有提到第二个问题，即为什么会有人购买定价过高的资产（奔迈公司资产）?

也和番茄酱一样，唯一可能的答案就是一些投资者有奇怪的偏好——他们是不理性的，想要持有奔迈公司的股票而不管它相对估值较高。3Com公司和奔迈公司并不是个例。塞勒和拉蒙特发现，在他们研究的1995年到2000年之间的18项分拆上市案例中，有六项有类似的结果。有趣的是，塞勒和拉蒙特表示，在2000年前后样本存在明显的集群性，这表明投资者对特定类别证券的需求量异常高。当然，现在我们知道了，这个时期发生了互联网泡沫。这至少提醒了大家，对于股票市场的价格来说，情绪因素至少与基本面同等重要，甚至更重要。

即使一价定律不成立，有一条经济学法则依然成立——供求法则。正如塞勒和拉蒙特总结的那样：

> 股票价格在股票需求量等于股票供给量的位置确定。在奔迈公司的案例中，由于受到卖空的限制，股票出售的供给量无法满足股票需求量，一些投资者为了获得股票乐意支付的成本是不可思议的。类似的，如果一些投资者愿意为互联网股票竞出高价，但是没有那么多有勇气的投资者愿意通过卖空来满足需求，这样市场多头方就会将价格推高。

母公司之谜

母公司之谜与上述孪生证券以及股权分拆上市在细节上有很多关联。它指的是公司的市场价值低于其各部分公开交易总和的情况。例如，图2.4展示了费里伍德公司（Fayrewood）（英国上市公司的股票）的市场价值及它拥有51%股权的Computerlinks（德国新市场上市公司股票）市场价值之间的关系。可以清晰地看到，费里伍德公司的市场价值低于它持股的Computerlinks的市场价值。当然，可能会有一些重要的表外负债使得这种情形完全合理（如果我们正在讨论一种含有癌症风险的烟草股票），但这个案例并非这种情况。

我们不应该认为这种情况仅仅影响小公司。几乎没有人会怀疑市值2560亿美元的通用汽车（General Motors，GM）是世界上最大的公司之一，然而通用汽车持有它旗下子公司休斯电子（Hughes Electronics）的追踪股[①]，还持有上市公司商业一号（Commerce One）20%的股份。

① 追踪股是一种拥有母公司特定实体产生的现金流权利的独立股份。

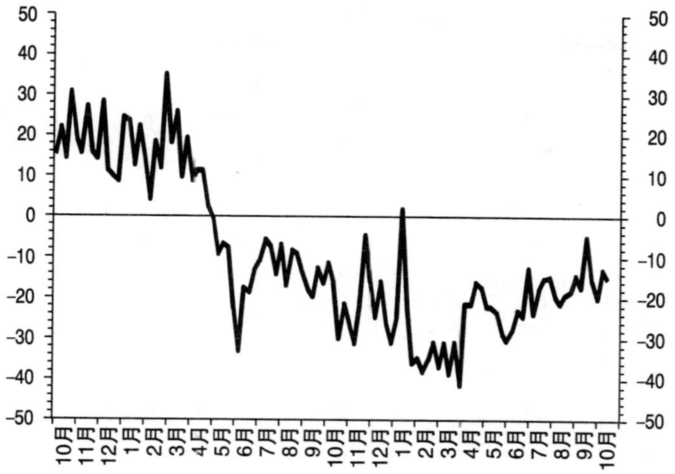

图2.4 Fayrewood公司/Computerlinks公司——偏离平价

资料来源：汤森数据服务（Thomson Datastream）。

休斯电子和商业一号活跃在极受欢迎的技术媒体和电信（Technology Media and Telecommunications，TMT）板块。通用汽车的其他业务则专注于财务公司，当然也在制造汽车。在1999年9月到2000年1月间，休斯电子的股价上涨97%，商业一号股价飙升413%。根据行业分析师的说法，2000年3月，通用汽车每股75美元的股价中包含来自休斯电子和商业一号约每股60元的价格，而通用汽车的核心业务价值仅为每股15元，或者说只是1.5倍的市盈率！尽管通用汽车的自有价值并不是负值，但是几乎没有人会质疑这是对一价定律的显著违背。

康奈尔和刘（Cornell和Liu，2000）检验了七个存在母公司之谜的案例（见表2.2），他们可以找到的唯一解释是，股票需求曲线向下倾斜。特别是，他们注意到由于可用于流通上市的股份通常很少，因此针对存在子公司的情形时，需求曲线的斜率会被进一步放大。母公司持有股份的规模庞大，意味着公众持有子公司股份意愿的微小变化将导致股价的巨大变动。

表2.2 母公司之谜

母公司	子公司	时期	母公司持有股份的最大百分比	日交易量（母公司）	日交易量（子公司）	R^2
Cordant Technologies	Howmeat International	1997/12–2000/05	84.6	149020	54501	0.1132
Flowers Industries	Keebler Foods	1998/01–	55	405311	231893	0.0385
The Limited, Inc.	Intimate Brand	1997/01–	84	935122	465351	0.6876
IPC Communications	Ixnet Inc.	1999/08–2000/06	73	42891	406601	0.4330
Medical Manager	Careinsite	1999/06–	72	466474	186950	0.5010
3Com	Palm	2000/03–	94.8	6750000	5110000	0.5312
Seagate	Veritas	1999/05–	41.6	2320000	5700000	0.4310

资料来源：康奈尔和刘（Cornell 和 Liu，2000）。

为了测试利用这种市场异象而进行套利的难易程度，康奈尔和刘将子公司回报与母公司回报、市场回报做回归分析——他们发现整体R^2较低，意味着不管母公司持有的股份有多少，构造合适的对冲组合都是困难的。这就解释了为什么错误定价无法被市场纠正，因为套利成本太高了。然而为什么有人会购买昂贵的资产仍然是个谜。唯一的结论就是这些股票的需求曲线向下倾斜。

米切尔、普维诺和斯塔福德（Mitchell、Pulvino和Stafford，2001）检验了1985年到2000年期间70多个类似案例（见表2.3）。他们发现，至少在26%的案例中，错误定价没有最终收敛。当改变相对错误定价需要以套利者的头寸受损为前提时，这种未能收敛的现象就会发生。米切尔、普维诺和斯塔福德发现，最常见的错误定价未能收敛出现在第三方支付溢价收购子公司。此时，套利者必须做空“昂贵”的子公司，很明显这对于无风险套利者的挑战太大了。

表2.3 收敛——可能存在

事件	出现次数	错误定价已消除	错误定价未消除
母公司将子公司股份分配给母公司股票持有者	12	12	0
第三方收购子公司	13	5	8
母公司收购尚未拥有的部分子公司股份	5	3	2
第三方同时收购母公司和子公司	7	4	3
第三方收购母公司	2	1	1
子公司收购母公司	2	2	0
母公司股票退市	8	4	4
母公司与子公司均退市	2	2	0
母公司和子公司的股价变化消除了错误定价	15	15	0
在2000年12月31日时未消除错误定价	4	–	–
合计	**70**	**48**	**18**

■ 其他市场

不要认为仅是股票市场违背一价定律，固定收益市场和外汇市场也可以见证这一经济学家最珍视的理论的失败。我们已经在前面章节的案例研究中展示了外汇市场违背一价定律的情形（见第1章）。现在我们转向其他金融市场暴露出的违背一价定律的案例。有趣的是，大多数固定收益领域的研究都是关于“完全性”（completeness）的讨论，而不是讨论市场效率或者对一价定律的违背，但其实是一回事。

封闭式基金

封闭式基金（投资信托）是由管理公司控制作为上市证券交易的组合资产。

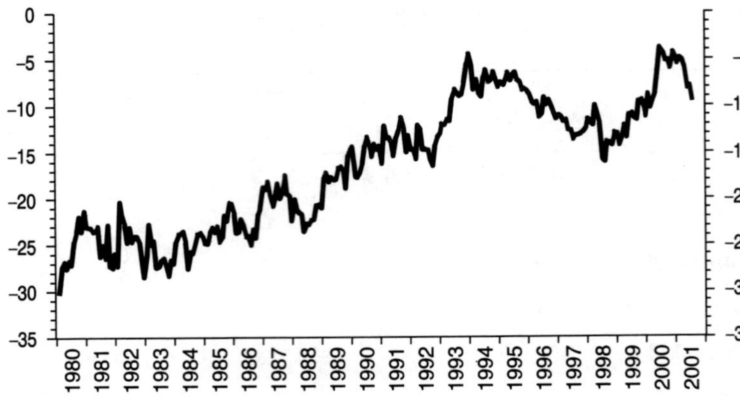

图2.5 资产净值的折价——英国封闭式基金

资料来源：汤森数据服务（Thomson Datastream）。

图2.5显示了英国上市封闭式基金资产净值（Net Asset Value，NAV）（标的资产价值）的平均折价。这张图清晰表明基金的价格以及资产净值在很长一段时间会偏离公司价值。

这并不是一个违背一价定律的纯粹例子，因为这两种价值存在偏差的一个可能解释是代理成本。基金组合管理人会根据他的服务收取费用，并产生一些其他费用，因此基金持有者的现金流不同于标的资产持有者的现金流。然而，正如施莱弗（Shleifer，2000）所示，实际价格与资产净值之间差别太大以至于无法用代理问题、税收负债或者潜在流动性不足的问题来解释。实际上，封闭式基金的持续性以及变化的折价是违背一价定律的另一个例子。

可赎回债券

理论上，可赎回债券价值应该低于其他因素相同的不可赎回债券，因其包含了一种只能损害债券持有者利益的嵌入式期权，也就是赎回债券的权利。朗斯塔夫（Longstaff，1992）发现一些可赎回债券的价格超过了其他因素相同的不可赎回债券组合。他所发现的错误定价程度是1.26%，按我们在股票市场观察的标准来看是微不足道的，但是依旧令人不安。

流动性溢价

朗斯塔夫（Longstaff，2001）通过将美国政府机构重建融资公司（Resolution Fuding Corporation，Refcorp）发行的债券与美国国债价格进行比较，考察了国债价格是否存在明显的流动性溢价（见图2.6）。在美国政府机构中，重建融资公司是独一无二的，因为其债券本金由美国国债担保，债券的全部票息由财政部担保。

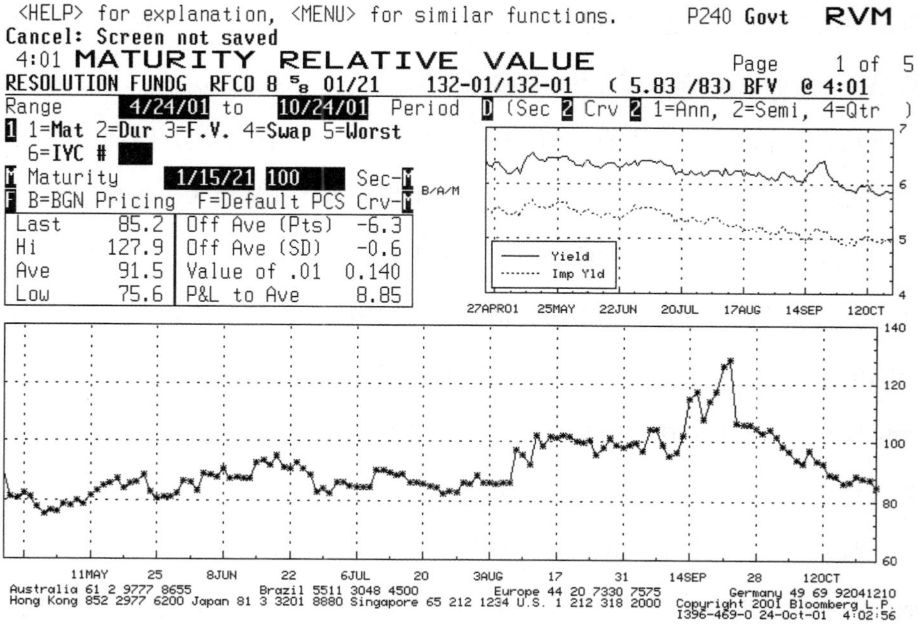

图2.6 重建融资公司——国债利差及流动性溢价

由于重建融资公司的债券实际上是由美国财政部担保，因此它们和美国国债拥有同等水平的信用。朗斯塔夫发现美国国债存在很高的流动性溢价，甚至可以超过部分美国国债价格的15%。他还找到了强有力的证据，证明这种流动性溢价与消费者信心变化、股票和货币市场共同基金的流动性以及外国持有的美国国债变化有关。这说明美国国债的受欢迎程度会直接影响它们的价格。

本息分离债券

本息分离债券（STRIPS）是将普通债券的本金和票息分离后，各自产生的零息债券。本息分离通常是为实现投资者用零息资产匹配未来负债的愿望。如果到期日与面值是相同的，那么从本金中剥离的现金流与从票息中剥离的现金流理应相同。

戴夫和埃尔哈德（Daves和Ehrhard，1993）指出，在本息分离债券市场中一价定律经常被违背。他们发现本金与票息形成本息分离债券的价格存在平均1.2%的差异，他们还发现价格差异经常能够高达2.7%。

基于本金的本息分离债券和基于票息的本息分离债券在流动性及它们在债券重组中扮演的角色方面存在差异。正如本息分离债券是由本金与票息剥离产生，所以它可能沿着相同的路径重组。在重组的过程中，本金形成的本息分离债券扮演着特殊的角色。为了重组债券，必须购买一系列与原始支付日期相对应的单张票息本息分离债券，然而它们并不需要从原始债券中获取。只要利息支付与原始日期相匹配，它们可以从任何债券中获得。相比而言，本金形成的本息分离债券必须从原始债券中获取。

戴夫和埃尔哈德认为本息分离债券的套利成本太高，以至于无法盈利。然而，一些投资者更愿意持有本金形成的本息分离债券，这大概是源于流动性的需求。

短期国债与长期国债

埃米赫德和门德尔森（Amihud和Mendelson，1991）及卡马拉（Kamara，1994）都发现高流动性的美国短期国债（T–bills）与较老的、流动性较差的美国长期国债（T–bonds）的价格存在显著差异，即使长期债券没有剩余票息支付且到期日与短期国债相同[①]。这些条件确保被研究的债券理应受到一价定律的约束，而不是像通常的新/旧发行债券交易那样，存在一个基本的风险因素（虽然很微小），即不同债券的期限不同。在上述前提下，债券的现金流始终是相同的——与斯科尔斯的定义相符（见下一节）。然而上述研究发现，与较新的、更具流动性的美国短期国债相比，较老的、流动性较低的美国长期国债有显著的溢价。实际上，这种溢价在一些较老的长期国债收益率中占10%。

新/旧发行债券交易

这大概是所有固定收益套利交易中最臭名昭著的交易，因长期资产管理公司（Long Term Capital Management，LTCM）的失败而广为人知。这一交易中包含了做空新发行（on–the–run）的长期债券，并使用之前新发行的——如今已是旧发行（off–the–run）的债券进行对冲。图2.7展示了长期债券收益率曲线。

正如所见，新发行的债券有很高的溢价（从图中看大约有12个基点）。然而，之前的新发行债券与之前的旧发行债券之间的利差只有3个基点。这表明了存在一种明显的价差趋同交易机会，在12个基点的利差时做空新发行债券购买旧债券，持有头寸直到下一个拍卖日期（六个月之后），在较小的3个基点的利差时平盘。

① 美国短期国债（T–bills）存续期不支付票息（Coupon），因此当某美国长期国债（T–bond）已无剩余票息支付，且到期日与某短期国债相同时，该长期国债的现金流与短期国债是相同的，那么根据无套利定价，两者价格也应相同。——译者注

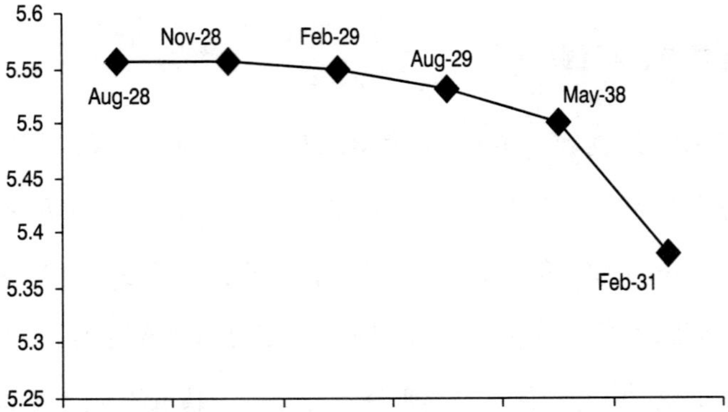

图2.7 长端收益率曲线

为了建立空头头寸，套利者必须在回购市场借入新发行的债券。这样一来，套利者就会针对空头头寸以回购利率收取利息①。当然，回购利率是由市场驱动的，所以如果借入新债券的需求非常高，回购利率将会低于其他市场利率。

上述现象用固定收益领域的术语来说，称为“特殊性”（specialness）。特殊性意味着新发行债券的持有者可以在市场上出借这些债券，并且获得相当于隔夜拆借利率与回购利率之间差额的额外回报②。对于进行趋同交易的套利者来说，新发行债券的低回购利率转化为了不可忽视的持有成本③。

克里斯纳姆塞（Krishnamurthy，2001）对这种趋同交易进行了深入研究。他

① 此处指叙做逆回购（Reverse Repo），即在借入债券的同时，拆出一笔现金给交易对手。逆回购实质上相当于以债券作为押品拆出资金，因此，借入债券的套利者会收到一笔以回购利率计息的利息。需要说明的是，美国回购市场上的回购交易以买断式回购为主，回购交易伴随着债券的所有权转移，因此回购交易能够实现融券的功能；而中国市场上的回购均为质押式回购，所有权未发生转移导致回购基本只能实现融资的功能，而不能实现融券的功能。——译者注

② 此处指叙做正回购（Repo），即在借出债券的同时，向交易对手拆入一笔现金。正回购实质上相当于以债券作为押品拆入资金，因此，借出债券的一方会付出一笔以回购利率计息的利息。拆入资金后，该市场参与者可再次将资金拆出，从而获得以拆借利率计息的利息。由于回购利率是有押品的利率，而拆借利率是无押品的利率，因此一般拆借利率高于回购利率。——译者注

③ 此处的持有成本实际上是一类机会成本：套利者借入债券后，只能够获得以回购利率计息的利息；但如不借入债券，则能够将用于借入债券的资金拆出，获得以更高利率计息的利息。——译者注

发现，尽管趋同交易时有发生，但平均利润接近于零。他总结道，仅仅长时间投入资本是不够的，拥有把控市场时机的能力，才能使交易有利可图。研究子样本时能够发现，在1998年秋天之前，押注于趋同是一种有利可图的策略；但是在那段时间之后，这一策略就不可行了。

■ 不完全替代品

到目前为止，我们一直都在假设市场存在完全替代品。这能够消除套利者的“基本面风险”，即认为市场是中性的。但是大部分套利机会根本没有完全替代品。

斯科尔斯（Scholes，1972）将近似替代品定义为，一种能够在世界各地产生与标的资产相似现金流的资产。这种近似对于套利来说至关重要，因为它创造了不止一种方式，能够在世界不同地区实现给定的现金流模式。斯科尔斯推断，为使套利运作良好，个股必须有近似替代品。如果是这样的话，套利者就可以卖出昂贵的股票，购买廉价的近似替代产品以获得类似的现金流。

然而，考虑到上述完全替代品违背一价定律的情况，不完全替代品能够避免同样的问题吗？罗尔（Roll，1988）发现，大盘股回报率变化的月度数据仅有35%能够由综合经济因素、同一板块其他股票的同期回报率以及上市公司特定新闻解释；对于日度数据，上述因素仅能解释25%的变化。换言之，在股票之间几乎没有替代性，只有不到四分之一的股票日波动可以被对冲。

指数构成股与股权需求曲线

如果套利交易有效，股权需求曲线应该是平坦的（完全弹性）。不能称为大事的事件不应该影响价格。从施莱弗（Shleifer，1986）的开创性工作开始，从指数中增加或删减股票已经被证明是检验完全弹性股权需求曲线假设的沃土。

当一只股票被从指数中移除时，它将会被另一只股票取代。指数通常依据规模、交易量、流动性或者行业分类等标准来构建。所有这些因素都是公共信息，而且没有任何一种因素包含关于股票未来前景或者表现的信息。

由于指数基金的任务是追踪相关基准，它们没有选择，只能购买纳入该指数的股票，因此，他们的购买行为代表了纳入该指数股票的需求曲线外移，而这与任何股票利好或者新的信息都无关。如果股票的需求曲线是水平的，那么一只股票成为指数构成股不应伴随任何价格上涨。毕竟该股票持有者愿意将股票出售给指数追踪者，然后以较低的价格购买相近现金流的产品。

然而我们观察到的并非如此，股票成为指数构成股创造了市场上的兴趣旋涡，并具有显著的价格效应。如表2.4所示，这种影响确实存在，并且随着时间的推移，公告日平均异常回报一直稳步提升。

表2.4　股票纳入标准普尔500指数的公告日回报

时期	纳入指数的股票数量	平均公告日异常回报	异常回报率大于0的占比
1976–1980	42	2.32	85
1981–1985	76	2.70	91
1986–1990	84	4.25	99
1991–1996	34	4.87	100

资料来源：沃格勒和祖拉瓦卡亚（Wurgler和Zhuravakaya，1999）。

沃格勒和祖拉瓦卡亚（Wurgler和Zhuravakaya，1999）进一步分析了股票纳入指数的价格效应。他们指出，替代性差的股票纳入指数构成时，会产生更大的价格效应。几乎不具备可替代品的股票纳入指数时，比有合理替代品股票的价格效应高出1.5个百分点。

考尔、马拉塔和默克（Kaul、Mehrata和Morck，2000）指出，可以通过改变

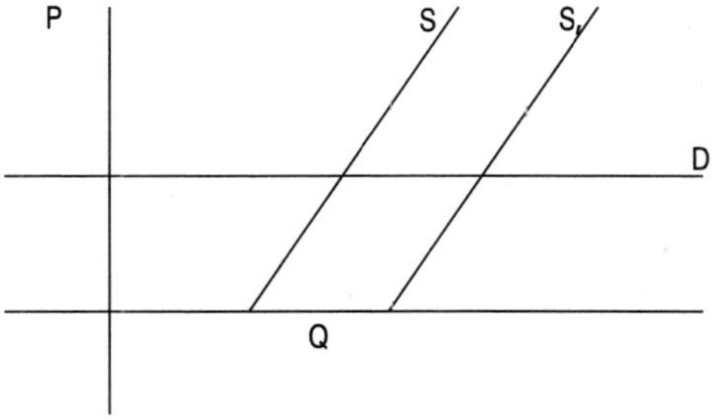

图2.8 供给曲线平移时追踪需求曲线的情况

供给这一明显事件来检验股票需求曲线的斜率。在缺乏新信息的情况下，如果需求曲线是水平的，供给曲线的移动不应该影响股票价格（见图2.8）。

当然，为了验证这一假设，我们需要找到一个事件，该事件不包含任何信息，但却可以改变股票的供给。考尔、马拉塔和默克使用了多伦多证券交易所（TSE）的指数调整作为这个事件。1996年11月，多伦多证券交易所重新定义了公众流通量①的计算方法，将股东持股量低于15%的标准提升至20%，并对股票指数进行了重新加权处理。这使得31只股票的指数权重因此而增加，但是它本身不含关于这些股票未来表现的任何信息及新闻。

考尔、马拉塔和默克发现，受影响的股票在这期间的异常回报率为2.3%。事实上即使交易量恢复到正常水平，也没有出现价格逆转，这清晰地表明股票需求曲线是向下倾斜的。

对这一领域感兴趣、有抱负的博士生可以看一看，像富时指数（FTSE）和明晟指数（MSCI）这样的领先指数供应商，发生类似的自由流通量加权方法改变时，会不会出现相似的情况。

① “公众流通量”（public float）又称“自由流通量”（free float），指市场上实际交易的股份数量，不包括控股股东、公司管理层、战略性股东等持有的长期不流通的股份，因此能够较为真实地反映市场上流通股份的情况。——译者注

■ 有限套利

根据传统金融学的假设，套利是由个体交易者使用自有资本、构造小额头寸开展的。在这些假设之下，价格偏离基本面的程度越大，套利行为就越积极，因为能够获得更高的潜在回报。

然而，正如我们反复看到的，套利的交易成本与信息成本都是不可忽视的，下面以股票借贷市场为例［参见德阿沃利奥（D'Avolio，2001）及吉齐、马斯托和里德（Geczy、Musto和Reed，2001）］。在典型的股权贷款中，借入方调出相当于他希望借入股票市值102%的现金押品，而后借出方通常会将收到的现金押品以市场利率投资（通常是联邦基金利率），之后返还部分利息。在美国，股票根据借款目的分为两类。大多数股票属于普通押品组（general collateral，GC）。由于供应过量，这些股票很容易借到，并且通常收费低至10到25个基点（利息返还率高达75%～90%）。与之形成鲜明对比的是，市场中有一些股票是特殊的。这些股票很难找到，德阿沃利奥发现这些股票平均收费3.2%（低返还率，平均为50%），尽管最高为82%！

特殊股票还存在额外的问题，即它们的供给可能会有明显的限制。在供给短缺的情况下，如果股票是借来的，而借出方想要拿回股票，那么套利者会发现想从另一位借出方找到替代品是很困难的。事实上，德阿沃利奥发现，在他的检验样本中，大约最昂贵的二十只股票中有十七只被召回。将样本范围进一步扩大后，仍有19%的特殊股票被召回。

德阿沃利奥调查了股票特殊性的决定因素，特殊股票更有可能是机构所有权比例较低且对基本面估值意见分歧较大的小盘股。

通过实证分析，他发现首次公开发行、动量较低的股票以及魅力股更有可能成为特殊股票，试图做空它们就会有很高的成本。吉齐、马斯托和里德证实了其中的大部分观点（见图2.9）。他们发现，平均首次公开发行的返还率为3.2%，在随后的六个月中下降到1%。他们还发现，做空成长型股票比做空价值型股票的成本高出5倍，比平均做空股票成本高出3倍。

套利者被迫在价值不定且难以把握对冲正确性的复杂市场中操作。事实上，套利者所面临的风险可以被分解为几部分：

1. 基本面风险
2. 融资风险/噪声交易者风险
   - 期限风险
   - 保证金风险
   - 抛空回补风险

现在让我们依次说明每一种风险。

基本面风险

指一种套利者可能对自己的头寸判断错误的风险。当我们面对不完全替代品时，这点尤为明显。假如你是一位套利者，由于发觉到一处相对错误定价，因此构建了股票A和B的套利组合。股票A随后宣布了一些利好消息，证实其相较于股票B具有更高的评级，套利头寸必然会以亏损结束。

很多我们在前文检验一价定律有效性时使用的案例，也存在基本面风险。例如，如果美国国税局不批准股份分拆，那么3Com公司/奔迈公司（Palm）的案例将会发生什么？在母公司之谜方面，米切尔、普维诺和斯塔福德（Mitchell、Pulvino和Stafford，2001）指出，基本面风险类似于在趋同之前发生终止交易的事件。在他们的样本中，不少于25%的用于检验的负自有价值交易未实现趋同就被终止，其中大部分是由第三方接管母公司或者子公司造成的。

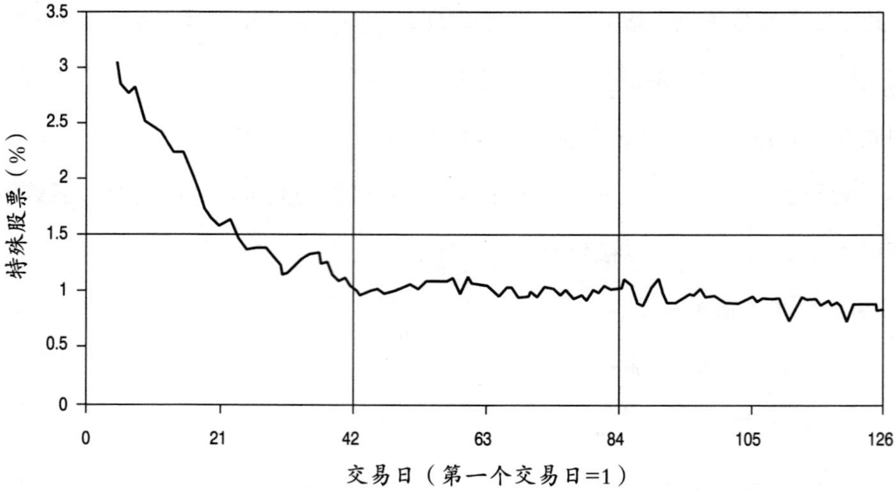

（1）展示了上市后的前180天的特殊股票时间序列。图上的案例基于我们研究样本中的110例IPO事件，其中股票贷款数据覆盖至其第126个交易日。第n个交易日的数值，指在当日被借出的特殊股票，其份额占全部IPO份额的比例。

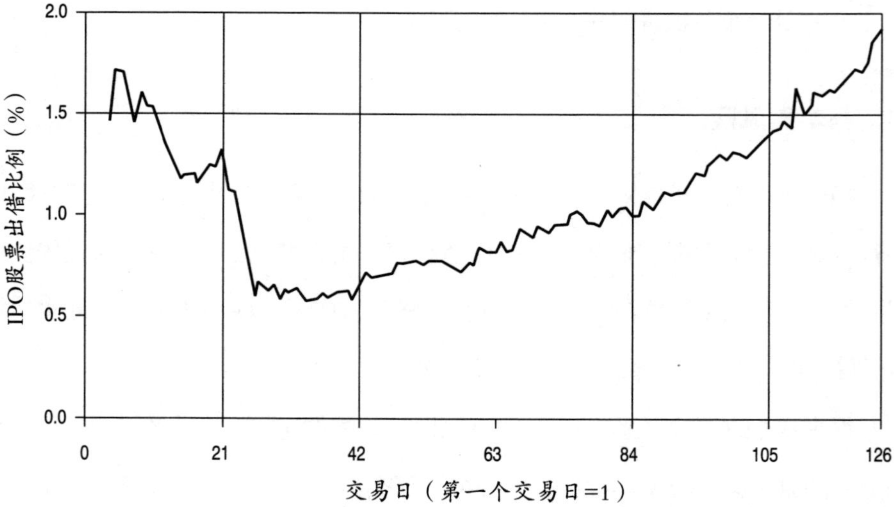

（2）展示了被借出IPO股票占整体IPO股票的比例。图上的案例基于我们研究样本中的110例IPO事件，其中股票贷款数据覆盖至其第126个交易日。第n天的数值，指的是在第n天借出股票的份额与所有IPO发行总份额（包括未借出的股票）的平均值。

图2.9　IPO的特殊费用

资料来源：吉齐、马斯托和里德（Geczy、Musto和Reed，2001）。

融资风险/噪声交易者风险

这组风险反映了一个事实：市场上存在非理性噪声交易者，它们可能会导致套利头寸向不利方向变动——作为一名套利者，你面临着构成头寸的资产转售价值的不确定性。我们可以将这些风险分解为三个独立的部分，来使其更加清晰。

期限风险

即使能够保证价格差异会趋同，它们也没有义务及时、平稳地做到这一点。增加趋同路径的长度，会降低套利者的回报率。在母公司之谜的情形中，这确实是一个不可忽视的问题。米切尔、普维诺和斯塔福德研究的数据中，最短时间期限是1天，中值是92天，最长是2796天。

米切尔、普维诺和斯塔福德提供了如下的数值案例：想要了解时间期限如何影响回报率，可以考虑一项预期在92个交易日内产生15%收益的投资。这意味着年回报率是47%。如果时间期限的终止天数从92天下降到46天，年回报率就能提高至238%。另一方面，如果终止时间延长到138天，那么年回报率就会下降到14%。

保证金风险

这可能是套利者有着最清楚的认知和理解的风险。当头寸变化对套利者不利时，他很有可能面临追加保证金的要求——根据所交易证券的新价值，套利者需要支付一定的金额。

在噪声交易者（非理性投资者）存在的前提下，这是一个针对套利者的明显障碍。如果头寸变化不利，尽管潜在回报率上升，他们也不得不减小敞口来满足保证金的要求。

事实上，朗斯塔夫和刘（Longstaff和Liu，2001）研究表明，在市场中套利是有可能的，但是确实有风险性；对于套利者来说，最佳策略就是针对其能够实现的头寸规模上限，构建一个小于上限的头寸，从而为潜在的保证金追加留出空间。

抛空回补风险

融资风险的第三部分涉及非自愿清盘的风险。在接下来的讨论中，我们将会研究委托—代理问题在套利中扮演的角色。但目前我们研究的，是一种套利者借入股票来做空的情形。当可获得的自由流通股规模很小时，股票借出者可能发现维持对套利者的供应水平是很难的。当股票所有者要求归还借出的股票时，套利者没有选择，只能提前对其头寸清盘。

委托—代理问题和套利

由于传统金融学关于套利的假设并不成立，我们需要进一步质疑关于市场结构的其他假设。我们仍然记得，传统金融学认为，套利者一般规模较小、数量众多并且使用自有资金。这一假设与专业套利的市场结构匹配吗？

实际上，套利者理所当然由一群数量相对较少、高度专业化的投资者构成。他们不仅使用自有资金投资，而且作为管理者代人理财。

在其他经济学领域，委托人和代理人的分离会动态影响市场已成为共识。在一个专业套利者管理其他人资金的世界中，我们可以观察到明显的信息与资金供给分离。这一观点最早在施莱弗和维什尼（Shleifer和Vishny，1997）[①]的开

① 在1998年事件发生的5年前，施莱弗和维什尼就有效勾勒出了美国最著名的对冲基金——长期资产管理公司（LTCM）的命运。

创性著作中提出。委托人与代理人分离对套利有三个重要影响。

首先，外部投资者（资金提供方）对套利者所从事的交易与市场特征一无所知。他们很难分辨优秀的套利者与糟糕的套利者。由于资金提供方是风险规避的，所以会控制提供给套利者的资金规模。因此，套利者在资本上是受限的。

其次，由于资金提供方对套利者的操作缺乏了解，他们倾向于靠过去的表现来评定套利者的能力，并在此基础上分配资金。所以，过去表现优良的套利基金在获取新的资金上没有困难，而过去表现欠佳的基金将很难筹集到资金。

最后，套利者的信息是高度专业化的，因此他们倾向于只在自己的专业知识范围内操作——即市场是细分的。外汇套利者倾向于专注外汇市场，债券套利者深耕固定收益市场，等等。

这些影响在极端情况下显得尤为重要。这表明上述结构中的套利在它最被需要的时候，恰恰无法发挥作用。当价格与基本面价值差异最大时，套利者的行动能力也是最受限的，而与此同时，套利的潜在回报率也处于最高位置。深谙投资的套利者知道这一点，但是资金供给方却不一定了解这一过程。事实上，从资金供给方的立场来看，他们可能已经目睹过一系列负的投资回报（由于噪声交易者风险，市场可能沿着套利者交易头寸的反方向变化，导致负的投资回报）。如果资本供给者根据过去的表现评判套利者，这种负回报将使他们质疑套利者的投资，并且有可能寻求撤资。即使这是极端情况，也很难说服投资者在面临负回报的情况下注入资金。

建议任何怀疑上述分析的人参考邓巴（Dunbar，2000）的研究。他谈到了长期资本管理公司（LTCM）在面对负回报时试图筹集更多资金遇到的困难。尽管不到一年前该基金还退还给投资者约27亿美元，这种困难还是发生了，因为委托人觉得投资该基金变得难以掌控。

如果套利者的资金不是来自股权而是债务，上述情况将进一步被恶化。套利者所持有的证券是贷款的抵押。然而，如果由于基本面风险或者噪声交易者风险而导致头寸变化对套利者不利，证券价值将会下降。这代表了对套利者资本基础的侵蚀，其杠杆率上升而借贷能力却下降。

这些情况限制了套利者尽可能最大限度参与市场的意愿。由于资金的撤出，套利者面临非自愿清盘的风险，进而造成了资产抛售①的可能。资产抛售描述了这样一种情况：当最优质的潜在买家（其他套利者）资源有限，且新的外部资金的进入受到严重限制时，套利者被迫清盘自己的头寸。在这种情况下，价格会跌至基本面估值以下。

非自愿清盘的风险有助于解释，为什么套利者在某些市场比在其他市场更普遍、更活跃。一开始套利者可能会被相对不稳定的市场吸引，毕竟这样的市场动荡会产生大量的错误定价来利用。

然而，套利者实际上会尽可能最小化他们所面临的整体风险。实现这点最容易的方式，就是专注于基本面风险水平不高的市场。例如，债券市场的公允价值相对容易计算，毕竟投资者所获取的定期收益（利息）在最开始的时候就定好了。与之相反，股票市场存在更大的基本面风险，在股票市场中，基本面价值几乎是大家猜出来的。

套利者通常也是专业人士。这种专一的投资方式意味着没有充分地分散化。即使高度分散化已经实现，随着市场的下跌，市场之间的相关性也会自动增加——在分散化被极度需要时，它却消失了。

分散化的缺失是长期资本管理公司（LTCM）事件的另一个标志。几乎每一项长期资本管理公司安排的交易，其潜在主题都是押注错误定价的趋同。以对冲基金的标准衡量，长期资本管理公司资产配置的分散化非常好——在资产类

① 原文为“fire sale”，指火灾后的大甩卖，此处比喻减价抛售。——译者注

别和地域方面都是如此。也就是说，长期资本管理公司的业务（原书为“LTM”，应为“LTCM”，估计为打字错误）不仅涉及股票和债券投资，其在美国、英国、日本以及其他各地的市场都很活跃。然而，当俄罗斯在1998年债务违约时，这一策略遭受了致命打击。恐慌在市场上蔓延，目瞪口呆的投资者纷纷寻求避难所。系统性的风险厌恶最终让长期资本管理公司屈服了。他们的趋同交易无一幸免——他们所覆盖的所有国家、所有资产种类突然出现了巨大的分歧，而不是趋同，长期资本管理公司痛苦地意识到这是一种未对冲的风险（可能无法对冲），之后只能黯然离场。

在长期资本管理公司收到初期的保证金追加通知时，其总部集中讨论了卖出哪些头寸以满足追加保证金的要求。根据洛温斯坦（Lowenstein，2001）的说法，长期资本管理公司首先选择的是卖出盈利能力最差的头寸。正如我们所知，这是另外一种错误。盈利性最差的头寸属于高度缺乏流动性的市场。当这些头寸被出售时，它们产生的波动只会加剧整体头寸的变化，甚至使其盈利交易无利可图。有意思的是，斯科尔特明确反对这种策略，他认为应该首先卖出盈利性最好的存量交易。如果公司听取了他的建议，这个故事可能会有很大的不同。

■ 正反馈交易

目前为止，我们集中精力分析了套利者知道错误定价的存在，但却不愿积极纠正价格的情形，因为他们担心噪声交易者的行为不可预测。换个角度，如果噪声交易者的行为不是随机的（这一相当普遍的特征已在第1章详细介绍），那么情况将有所不同。

弗里德曼（Freidman，1953）认为，投机者必须有稳定的交易模式，因为那些以不稳定方式行事的投资者平均来看是亏损的，并因此被市场淘汰。然而，如果一个市场里包含行为并不随机的噪声交易者，那么套利者利用其进行套利是理性行为。

具体而言，如果噪声交易者遵循正反馈法则，那么套利者就可以利用他们，并在此过程中出现不稳定的交易方式（见德隆等，1990）。正反馈投资者在股价上涨后购买股票，并在下跌后卖出股票。事实上他们表现出了追逐趋势的行为。

德隆等人引用安德烈亚森和克劳斯的研究作为证据，证明人们确实遵循正反馈交易法则。安德烈亚森和克劳斯向若干受过经济学培训的被试展示真实的股价图表。被试获得初始禀赋，并被要求在价格序列中每出现一个新的观测值时，就进行一次交易。这些人被告知，他们的决定不会影响价格。在一段时间的观测中，如果股价水平在一段时间内波动不大，被试倾向于追踪平均价格水平。当价格上升时，他们卖出股票；当价格下跌时，他们买入，然而，如果价格开始呈现出相对周期性的变化趋势，投资者就开始追逐这一趋势，即当价格上升时买入，当价格下跌时卖出。正如在第1章提到的，布卢姆菲尔德和黑尔斯（Bloomfield和Hales，2001）发现，在预测随机游走过程时，他们的被试倾向于对趋势行为序列反应过度。

如果套利者知道这一行为，他们就可以利用其进行套利。事实上，乔治·索罗斯（George Soros）也这样讲过。在他的著作《金融炼金术》（*The Alchemy of Finance*）中，他描述了20世纪60年代的相似情形。索罗斯指出，一些消息不灵通的投资者会对企业集团创造的收益感到兴奋。索罗斯认为，在这种情况下最好的策略，不是立刻做空企业集团然后等待调整（这种策略要直到20世纪70年代才能得到回报），而是购买企业集团的股票，期待其他消息不灵通的投资者继续进入市场。德隆等人展示了一个拥有正反馈噪声交易者环境的动态市场，结果看上去非常像股市泡沫。更多关于这方面的内容详见第5章。

■ 风险管理和有限套利

凯尔和熊（Kyle和Xiong，2001）、格龙布和瓦亚诺斯（Gromb和Vayanos，2001）以及丹尼尔松、西恩和齐格兰德（Danielsson、Shin和Zigrand，2001）等理论家的新一代模型已经开始模拟套利者面临财富限制的情况。这些理论上非常严谨的论文对风险管理过程具有至关重要的意义。

传统的风险管理过程倾向于暗中假设支配资产价格的统计关系是外生的（就收益率、协方差和相关性而言），并且可以根据历史数据估计得出。然而，我们现在已经清楚，这并不是一个合理的假设。交易模式可以并且确实会影响市场价格。套利者的交易头寸会面临风险，这一事实确保了上述观点的正确性。

为了看到潜在问题，我们只要再考虑一下长期资本管理公司的危机。长期资本管理公司并不是孤立的个体，许多与长期资本管理公司交易的公司持有相似的头寸。所以一旦产生市场波动，它们就会被放大，因为许多公司的风险管理系统闪烁着相同的危险信号。这必然导致大家争相退出市场，进而驱使市场价格远低于风险管理系统所设想的水平。风险经理需要投入时间来建立基于收益率、协方差及相关性具有内生性的模型。行为金融学为其提供了一些可能的方法，我们将在第5章探讨非对称相关性、半方差以及资产收益的分布。

■ 关于噪声交易者生存的问题

经济学家提出的标准化观点，是长期来看非理性交易者将会被赶出市场，因为他们总是赔钱。然而，正如前文的分析，有限套利以及正反馈交易的存在都导致噪声交易者可以存续很长时间。

为了真正评估长期噪声交易者发生风险的可能性，我们需要理解一点生物学内容。生物学的核心概念是进化——或者称为血统改进，如果你喜欢这个表述。进化生物学与金融有大量相似之处，例如改编自多因·法默（Doyne Farmer，2000）的表2.5。

表2.5 进化、生态与金融

生物生态	金融生态
物种	交易策略
生物个体	交易者
基因型	一种投资策略的功能表现
表现型	这种策略的操作（什么时候买入和卖出）
种群	资本
动物	投机者/套利者
选择	资本配置
突变和重组	新策略的产生

资料来源：改编自多因·法默（Doyne Farmer，2000）。

早期关于噪声交易者生存的研究，例如德隆等人（De Long等，1990），切入点为投资者的财富积累的过程，其中假设风险资产具有完全弹性，而且回报是外生的。在这些假设下，投资者的信念会影响他们对风险资产的需求但不会影响价格。根据这一模型，噪声交易者过度乐观且过度自信，最终导致对回报的高估和对风险的低估。综合上面的预期，噪声交易者持有了超过他们需求的风险资产，但最后得到相应的回报——即传统金融学中风险越高收益越大的理论，能够应用于噪声交易者，使其能够在市场上存活。

赫舒拉发和罗（Hirschleifer和Luo，2001）认为，过度自信的投资者会更积极地买入和卖出，并在最终通过利用流动性交易者获得比理性投资者更多的收益。在一个不完全竞争的股票市场，过度自信的投资者可以通过威慑竞争交易者来获利（凯尔和王，Kyle和Wang，1997）。

对于噪声交易者长期生存的最有力证据来自王（Wang，2001）。王使用进化博弈论来研究证券市场的人口动态变化。在他的模型中，财富积累的增长速度推动了进化过程，这是内生决定的。他发现，不管是信心不足还是看空情绪的投资者都无法在市场中生存。过度自信或者一味做多的投资者也不能长期生存下去。然而，那些“适度”过度自信或者做多的投资者可以生存。事实上，如果基本面风险足够大，这些“适度”过度自信的投资者可以实际主导市场。

我们可以从TMT[①]泡沫的角度来考虑王的发现。那些损失最多的是做空的市场参与者，他们必须忍受多年的悲惨表现，而那些预测科技股永远不会下跌的是看多的参与者。结果悲观的基金经理失去了资产管理的资格，而那些过度自信的私人投资者也已经被赶出市场——即进化理论发挥了作用。在科技板块繁荣时期，表现最好的投资者是那些推动泡沫的人，他们在市场下跌后不久就抛售资产，正是“适度”过度自信的投资者。

传统金融学再一次错误地假定，从长期来看非理性投资者无法持续下去。此外，正如凯恩斯所指出的，“从长期来看，我们都已经死了”。

■ 信息不完全

金融市场也容易出现信息不完全的情况。教科书中对金融市场的描绘，是一个信息被及时消化分析、价格随之调整的市场。如果这是真的，我就该失业了。幸运的是，金融市场在处理信息方面并不能被视作一台超级计算机。

---

① “TMT”是“Technology”（科技）、“Media”（媒体）和“Telecommunications”（电信）行业的简称。本书写作之前，美国刚经历了一场互联网泡沫的破灭。——译者注

关于癌症治疗的“遗憾故事”

这是一个休伯曼和雷格夫（Huberman和Regev，2001）提到的“非事件”对市场产生重大影响的典型案例。1998年5月3日星期日，《纽约时报》刊登了一篇关于英创远达公司（EntreMed）正在研究一种潜在抗癌新药的文章。英创远达公司股价由上一个周五收盘略高于12美元上升到85美元。该股随后在5月4日星期一的交易中下跌，收盘时跌至相当可观的52美元。3周之后，该股价格仍然高于30美元。

好吧，你可能会说，这一定是市场接受了新的信息。而这正是问题的关键所在。这并不是新信息：这一潜在突破早在至少5个月之前就已经被《自然》杂志报道，并且包括《纽约时报》在内的许多热门报纸上都有报道。尽管没有任何新消息提供给市场，但公众热切的关注导致了英创远达股价的永久性上涨。

极度困惑的投资者做出明显无知的选择

上述标题出自雷希斯（Rashes，2001）的一篇精彩论文。他检测了股票代码相似股票的集体走势，并发现股票代码的混淆会导致在没有新信息引入市场的情况下，仍然导致股票出现有趣的价格走势。

雷希斯的论文标题涉及他所研究的一个主要案例——MCI和MCIC。MCI通信公司（MCIC）是世界上最大的通信公司之一。从1996年底到1997年，该公司与几家公司进行了并购谈判，并最终被世通公司（Worldcom）收购。在这次收购之前，它在纳斯达克（NASDAQ）以股票代码MCIC上市交易。万通投资公司（Massmutual Corporate Investors）是在纽约证交所（NYSE）以股票代码MCI交易的封闭式基金。该基金将其大部分的资产投资于长期公司债券和可转换证券。尽管MCI和MCIC彼此之间没有任何关系，但是这两种股票之间存在非同寻常的协同关系。从1996年11月1日到1997年11月13日期间，MCI出现10000份或以上股票换手的24天中，有18天正是在MCIC并购计划的重大公告日当天或者数天之前！这个简单的事实说明，投资者总是会犯错。

理性资产定价理论并不排除投资者犯错的可能。然而，错误应当被套利者纠正。尽管偶尔犯错并不会排除交易者是理性的，但在雷希斯记录的其他5个案例中，股票代码的混淆造成了一些离奇的市场波动。正如雷希斯的评论，“如果这群微不足道的噪声交易者可以持续影响MCI的价格，人们就可以想象，如果一组相关噪声交易者对于一组股票的情绪发生变化时，将会发生什么”。

互联网公司和公司更名

最后一个关于信息效率低下的离奇例子，来自库珀、迪米特洛夫和劳（Cooper、Dimitrov和Rau，2001）的一项有趣的研究。他们研究了一些通过更改自身名字来包含“com”的公司（从而暗示自己与互联网有关联）。根据从美国证券交易所（AMEX）、纽约证券交易所（NYSE）和纳斯达克证券市场（NASDAQ）抽取的1998年6月1日至1999年7月31日的公司样本，他们发现，在一个公司宣布更名、把“com”纳入公司名称的5天之内，就会产生53%的异常回报。即使将事件窗口扩大至之后60天，也能观察到23%的异常回报。见表2.6。

或许最奇怪的是，库珀、迪米特洛夫和劳发现一些公司的核心业务与互联网无关，却决定更改名字来包含“com”，此类公司在公告宣布的5天之内产生23%的异常回报，甚至在将事件窗口扩大至之后60天能观察到140%的异常回报。这是一个在工作中应用代表性启发的好例子。由此可见，市场能够有效处理的信息就这么点儿。

表2.6 企业更名导致的异常回报

公司	事件窗口	
	[-2，+2]	[+1，+60]
所有	53%	23%
纯粹的互联网企业	36%	59%
更改名称以便更好地反映业务性质（一些互联网的前期业务）	105%	-31%
重新专注于互联网业务	14%	-2%
核心业务并非与互联网有关的公司	23%	140%

资料来源：库珀、迪米特洛夫和劳（Cooper，Dimitrov和Rau，2001）。

本章小结

在这一章，我们论述了传统金融理论的一些假设虽然看似无害，但事实上因与金融市场实际运行方式不同，而存在潜在风险。最基本的经济学法则之一——一价定律，在股票、债券和外汇市场中经常被违背。

套利者在试图纠正错误定价时会遇到困难，因为套利并不是没有成本的，更不用说是没有风险的。我们已经证实，当交易成本、信息成本、基本面风险以及融资风险被纳入考虑时，能够模拟一个更近似于真实世界的经济市场。这里进一步补充了对整个套利市场结构的理解。

我们还讨论了另外两个关键的领域。首先我们指出当噪声交易者的行为可以预测时（第1章表明人们犯错误是相当普遍的），套利者可能变得不稳定，从而进一步加剧错误定价而不是纠正它。我们也讨论了一个事实，与传统观念相反，噪声交易者或者不理性的市场参与者，不仅可以长期存活，甚至在某些情况中可能会主导市场。

在本书的其余章节，我们将会应用第1章列出的心理偏误、第2章的有限套利框架，来探索金融领域，包括股票估值、战术资产配置及公司财务在内的一些重要问题。

BEHAVIOURAL FINANCE

第 3 章

风格投资轮动

在非常重要的事情上，最重要的不是真诚，而是格调。

奥斯卡·王尔德（Oscar Wilde）

在一个非理性的世界里，再也没有什么比采取理性化的投资策略更能招致深重灾难的了。

约翰·梅纳德·凯恩斯（John Maynard Keynes）

在正式探讨风格投资之前，有必要指出一点：我们将逐渐走出传统经济学的领域。传统经济学告诉我们，对于任意一只想研究的证券，都可以通过两个参数将其充分且完美地描述出来——均值和方差。探讨风格意味着要跳出传统经济学所构建的框架。事实上，风格投资可以被视为心理会计的一种形式。我们给不同的证券贴上标签，从而将其区分、归类。

风格投资在机构投资者中越来越流行。实际上，一些买方机构根据自己的投资风格来定义自己。而所谓的价值型投资经理和成长型投资经理之间的战场也异常惨烈，其中失败的策略尸横遍野。正如本章将探讨的，坚守某一特定的风格[1]可能并不是最优的。事实上，风格轮动才是实现收益最大化的关键。

▪ MSCI数据

通常情况下，我们遵循行业标准来定义价值型和成长型。主要的指数供应商，例如MSCI（美国明晟公司），编制了价值型和成长型指数。这些指数通常可以按照这种方式编制：将所有股票按照市净率（股价与账面价值比）排名，然后分成两个相同的市值组合。排名靠前的一半被称为成长型，靠后的一半则被称为价值型。

这些指数远不够完美。然而，要想得到更准确的定义也困难重重。法玛和弗兰奇（Fama和French，1998）证实，在不同的测量方法下，均能够支持我们将在下文描述的基本结论。为了对结果进行复制，我们将沿用MSCI的数据。

▪ 价值型指数VS成长型指数

图3.1清晰地展示出，长期来看价值型指数跑赢了成长型指数。在全球层面，价值型年平均回报率要高出3.2%（1975–2000年）。在价值型基金经理们欢呼庆祝这些值得被铭记的胜利之前，数据清楚地反映出，也存在一段明显且相对较长的成长型股票跑赢价值型股票的时期（见表3.1）。

事实上，以美国股票市场的年收益水平来看，价值型只在大约60%的时期内跑赢了成长型，占全部时期不到三分之二。几乎所有国家股票市场都是这种情况。只有在日本，价值型才表现出明显的优势，其跑赢成长型的时间占到了

① 原文为"wedding oneself to a particular style"，直译为"与某一特定的风格结婚"，形容与某一特定风格捆绑的情形。——译者注

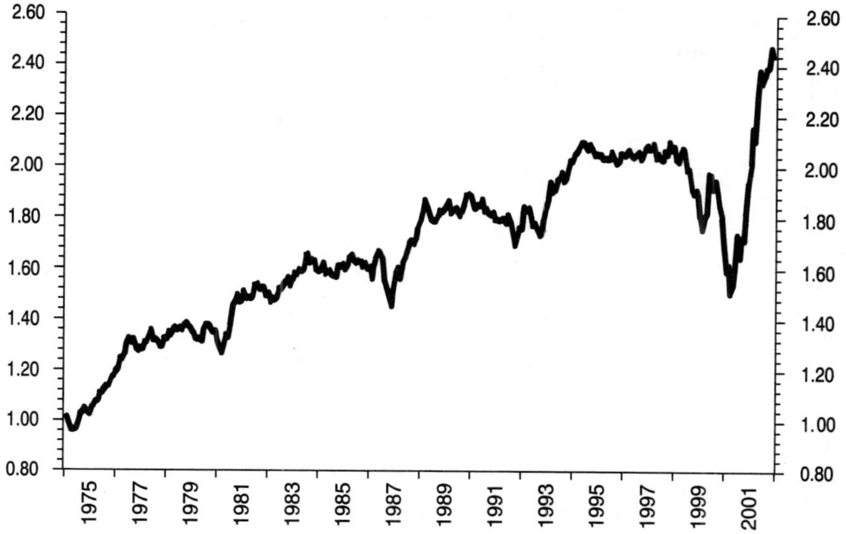

图3.1 全球价值型和成长型比较

资料来源：汤森数据服务（Thomson Datastream）。

表3.1 全球价值型和成长型比较（1975–2000年）

国家	价值型	成长型	差值
美国	16.1	15.3	0.8
日本	12.5	6.5	6.0
德国	14.7	13.0	1.7
法国	21.0	16.0	5.0
意大利	22.25	20.25	2.0
全球	16.0	13.0	3.0

资料来源：MSCI，汤森数据服务（Thomson Datastream）。

表3.2 价值型股票总收益率表现优于成长型年份数的百分比

国家	%
全球	64
美国	58
日本	76
德国	66
法国	64
意大利	48

约76%（见表3.2）。

■ 风格轮动转换的潜在回报

把握风格转换的时机所带来的潜在收益非常明显。例如，表3.3展示了挑选表现最佳的资产类别/股票风格，而非静态混合（买入并持有）的潜在收益。它显示了每季度从四种可能性中选择最优选项所带来的结果。当然，这一结果假设我们能够完美地把握转换时机——实际上这是"无法获得的圣杯"①，但至少能够显示出潜在收益的规模。事实上，风格择时可以产生与传统资产配置大致相当的业绩提升效果。

李维斯和利达科斯（Levis和Liodakis，1999）研究了英国市场上风格轮动所带来收益的潜力。他们假定投资者掌握完美的轮换预见策略，因此该投资者能

① 圣杯（"holy grail"）相传为"最后的晚餐"上耶稣使用的杯子。亚瑟王传说中，圆桌骑士团曾出发寻找圣杯，最终仅骑士加拉哈德找到了圣杯，但加拉哈德很快也随圣杯升入了天堂。作者使用"无法获得的圣杯"（"unobtainable holy grail"）形容完美把握所有风格转换时机是不现实的。——译者注

表3.3 美国市场上主动管理的潜在收益（1979—1994年）（年平均百分比）

最佳潜在资产配置	31.93%
股票、债券和现金的静态混合	13.2%
潜在收益	18.73%
最佳潜在风格配置	29.67%
威尔夏500指数（Wiltshire 500）	13.98%
潜在收益	15.69%

资料来源：第一麦迪逊顾问（First Madison Advisors）。

够选择表现最好的风格（他们的研究中只包含两种风格）。他们发现，在1968年到1997年间，这个天才投资者的年平均回报率为29.10%；即使每笔交易有100个点的交易成本，年平均回报率也有24.51%。与富时环球指数（FT−All）16%的回报率相比，这意味着高达19%[①]的潜在收益！

本章的其余部分将寻找在市场中驱动风格轮动的因素，以便我们可以尝试提高在价值型和成长型股票之间转换的择时能力。

■ 投资风格的生命周期

在我们探索风格轮动的背后驱动因素之前，有必要先简要分析一篇非常重要的文献。巴伯里斯和施莱弗（Barberis和Shleifer，2001）以投资者的行为是由相对回报（而非绝对回报）驱动的为前提，构建了一种模型。该模型基于两个关键假设。第一个假设是，资金流向历史表现相对较好的风格（又名优胜者偏好，正反馈交易）。风格可以是任何投资者分配投资的心理账户。也就是说，在接下

① 此处似乎系作者笔误，因根据前面数据，并不能计算出19%的潜在收益。——译者注

来的讨论中，小盘股/大盘股[1]、指数追踪型/主动管理型、价值型/成长型[2]或股票/债券都可以被视为一种投资风格。

从经验来看，这似乎是一个合理的假设。近期表现出色的风格确实能够吸引投资者。沙利和图法诺（Sirri和Tufano，1998）研究了1971年至1990年间690只股票共同基金的资金流入情况。他们发现，消费者倾向于根据基金先前的业绩表现信息做出购买决定，但并不对称的是，投资通常集中于前一段时间表现非常好的基金。沙利和图法诺的发现甚至得到了奥戴恩（Odean，2001）最新研究的支持。如图3.2所示，资金确实会流入近期表现良好的共同基金，且共同基金中表现最优的十分之一吸引了大量的资金流入。

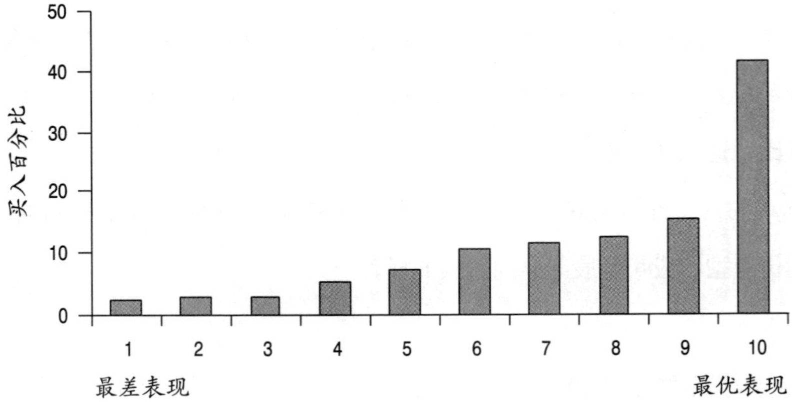

图3.2 涌向共同基金的现金流——追逐回报表现

资料来源：奥戴恩（Odean，2001）。

---

① 在本书中，作者一般会将“大盘股/小盘股”“市值”“规模”视作近似概念，经常替换使用。但作者提到的“市值因子”（SMB因子），则与前面概念有所差异，详见第4章。——译者注

② 在本书中，作者一般会将“价值型/成长型”“市值账面比”“市净率”（市净率又名“P/B”比率，实际上即为市值与账面价值之比）、“账面市值比”（实际上是市值账面比，也就是市净率的倒数）视作近似概念，经常替换使用。但作者提到的“账面市值比因子”（HML因子），则与前面概念有所差异，详见第4章。——译者注

第二个关键假设是，这些资金流动会对投资的相对价格产生影响。最受欢迎风格的投资价格被推高了——可能比基本面支撑的水平更高——而那些不受欢迎风格的投资价格则被压低。成功的风格所具有的良好表现，使得与之竞争的其他风格看上去相对较差。这又使资金进一步从表现相对较差的风格流向相对较好的风格。在经济学家所钟爱的专业术语中，这被称为“负外部性”。

为了反映上述效果，投资者可以分为两种类型：基本面分析派[①]和风格转换派。顾名思义，基本面分析派被每种风格背后的基本面因素所驱动。风格转换派则类似于动量交易者（如果你喜欢的话，也可以称其为正反馈交易者），购买最近表现优异的那些风格（趋势跟随者）。这一群体本质上具有适应性预期。而这种预期可以由第1章中提到的代表性偏差产生：一种曾经产生过几次高回报的风格可能会被认为是一种具有高实际平均回报的风格代表。适应性预期可能由机构自身的考虑产生，也有可能是精算师建议根据过去的表现任命基金经理，而这种做法纯粹只是因为事后向养老基金证明其策略合理性很容易。

上面的内容可能看上去像象牙塔中的学术探讨。然而，该模型实际上构建了与金融市场所能观察到的行为非常相似的模式，创造了参与到金融市场“真实”世界的人所熟悉的投资风格生命周期（见图3.3）。

风格的诞生有两种形式，一是风格本身针对基本面良好的证券，二是其他风格针对基本面不好的证券（通过对比显得还是这个风格好，即外部性）。基本面分析派的投资受此因素驱动而转移资金。与之相对，此后风格转换派的投资者开始观察基本面分析派的资金流动（或者更确切地说，资金流动导致价格效应），随后加入这个潮流。就这样滴水成河，新的风格开始被大家所关注，学者们开始撰写研究这种风格的论文，新的基金也来追随这种风格。一旦这种风

① 原文为“fundamentalist”，源于“fundamental”（基本面）一词；同时该词也有“基要派”（即信奉正统基督教的人）这一意思，使得该词还有一丝比喻的意味。——译者注

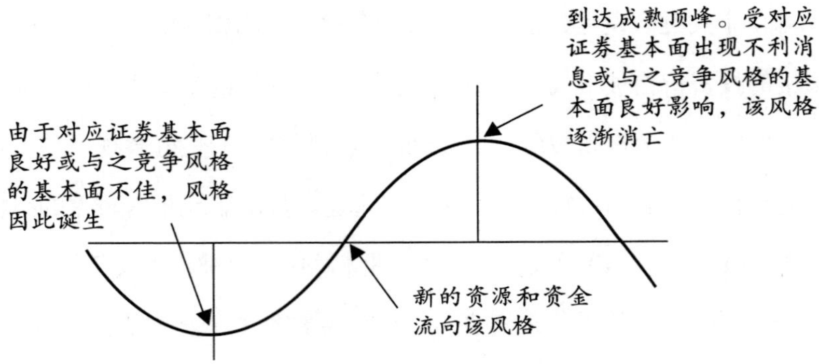

图3.3 投资风格的生命周期曲线

格牢牢嵌入投资者的心里，就标志着风格已经成熟。最终，消亡和衰败的日子也会到来，要么是关于某流行风格基本面的不利消息被报道，要么是相反状况，开始发掘出与之竞争的风格的基本面的好消息。

影响

这种模式对现实世界的投资者有几个戏剧性的影响。首先，一种风格的实际平均回报几乎无法明确。也就是说，由于转换派投资者的存在，我们永远无法确定价值型或成长型的长期表现是否优异。我们只能观察某一特定风格的整体回报值，但将其分解为受基本面分析派投资者驱动的部分（实际均值）和受风格转换派投资者驱动的部分是不可能的。

这反过来又对组合管理产生了重要的影响。这说明，哪怕是历史表现非常优异的风格，在潮流转向对它们不利时，暂时也会陷入质疑声中。对于过去十年左右从事投资的专业人士来说，这种情况已习以为常。

即使证券的基本面无甚关联，风格投资本身也可能会带来不同证券投资回报的共同变动。与有效市场认为风险和回报息息相关的观点恰恰相反，这些因素尽管与风险完全无关，仍然可能导致更高的平均回报。

示例：投资回报的共同变动

研究风格投资框架时，可以联系第2章的孪生证券之谜。以荷兰皇家和壳牌石油公司为例，我们在第2章已讲过，这两只股票具有相同的现金流，所以在有效市场中，它们达成交易的比例应该是固定的。然而，福鲁特和德博拉（Froot和Dabora，1999）研究表明，荷兰皇家石油公司的股票对美国市场的变化更为敏感，而壳牌石油公司的股票则与英国市场共同变化。当然，荷兰皇家石油公司是标准普尔500指数（S&P 500）的一员，因此它受到以标准普尔500指数作为风格的投资者现金流的影响（例如以标准普尔500指数为基准的指数追踪者和主动型基金经理）。同样，壳牌石油公司因其是富时100指数（FTSE 100）的成份股，会受到类似因素的影响。

欧洲股票市场从基于国别的分析向基于行业板块的分析转变，也可以在这种背景下解读。巴伯里斯和施莱弗的模型表明，这种转变将导致行业因素在投资回报中的重要性上升，而国别因素的相对重要性下降。罗文霍斯特（Rouwenhorst，1999）指出，当这种转变开始出现时，国别效应仍然占主导地位。然而，他最近的研究表明，现在行业风险也同等重要（如果不是更重要的话）。这清楚地表明，是资产配置策略的转变导致了投资回报结构的变化，而不是相反（见图3.4）。

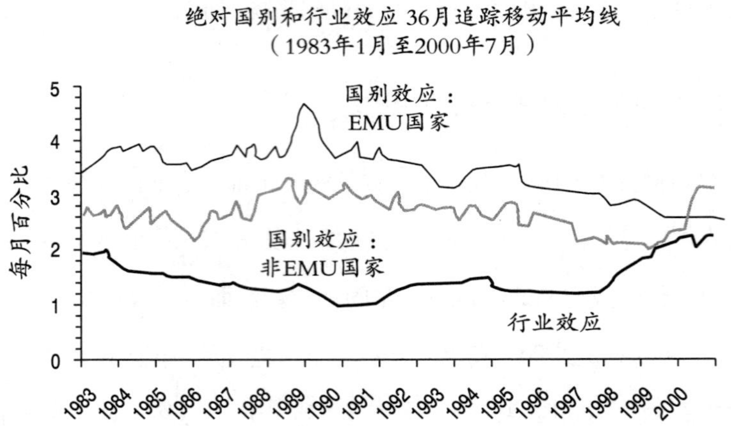

图3.4 EMU[①]国家欧洲货币联盟中国别和行业的相对重要性对比

资料来源：摘自罗文霍斯特（Rouwenhors，1999），投资管理和研究协会（Association for Investment Management and Research）。

示例：风格生命周期

本章剩余的大部分篇幅将用来探讨价值型和成长型股票的生命周期。在此之前，我们将继续使用非常重要的巴伯里斯和施莱弗提出的模型，研究一个历史上潜在风格生命周期的例子——小盘股投资。在班兹（Banz，1981）称小盘股的平均表现往往优于大盘股之后，小盘股投资风格开始起飞。还应该指出的是，小盘股投资的兴盛也是在经历了一段大盘股表现低迷的时期之后发生的。1973年至1974年期间，"漂亮50"[②]（用来征服世界的50只大盘股）开始展现颓势破灭，由于每只都没有达到预期的收益目标，因此陆续被投资者抛弃。其结果是，在

① 欧洲货币联盟（European Monetary Union，EMU），其主要目标是建立单一欧洲货币，即欧元。在该图来源的文献发表时，欧元正在试运行。——译者注

② 原文为"Nifty Fifty"，是美国股票市场特定阶段出现的一个非正式术语，用来指20世纪60和70年代在纽约证券交易所（NYSE）上市的50只大盘股。这50只股票成为70年代早期美国牛市行情的重要推动力量，甚至被称为"一次性抉择"股（即一旦买入这些股票，便再不用为投资理财而操心了）。——译者注

1975年至1983年期间，大量资金流入小盘股，使得小盘股交易量井喷，进而占据主导地位。

当然，从那之后，小盘股的表现又逐渐不如大盘股。大盘股占据主导地位与指数化的兴起在同一时期，同时投资者也越来越关注主动型基金经理的跟踪误差[①]最小化。冈珀斯和米垂克（Gompers和Metrick，2001）研究表明，机构投资者偏好大盘股，在过去20年中对大盘股的持仓量迅速上升。对与小盘股风格形成竞争的风格需求增加，可能是小盘股表现相对不佳的原因之一。

■ 价值型VS成长型：风险因素还是行为因素

在深入了解风格轮动的择时之前，我们需要评估价值型/成长型之间此消彼长关系的驱动因素，是基于行为因素还是基于风险因素。这一部分内容将在关于股票估值的下一章进行更深入的讨论。

有效市场假说的信徒试图让我们相信，只有风险是均衡定价中的唯一因素，因此价值型股票长期表现更优异的事实也必然源于对风险的度量。法玛和弗兰奇（Fama和French，1993）假设价值型溢价是对财务困境系统性厌恶的补偿。然而，价值型溢价似乎与经济困境的潜在因素具有强相关性，比如公司债券违约或破产的数量（格里芬和莱蒙，Griffin和Lemmon，2002）。

此外，图3.5显示的是明晟（MSCI）价值型和成长型指数的已实现（事后）年标准差。显而易见，两者的风险差异通常非常小。当然，由于互联网泡沫的破灭，成长型股票的波动性大幅上升（即样本的后半部分出现的飙升）。

另一种解释则认为，价值型溢价是由投资者行为偏差所导致的。或许是投

① 跟踪误差（tracking error），指组合收益率与基准收益率（大盘指数收益率）之间差异（即额外回报）的标准差。跟踪误差越小，基金收益跟基准之间的差异就越小；反之，误差越大，跟基准收益之间的差异就越大。——译者注

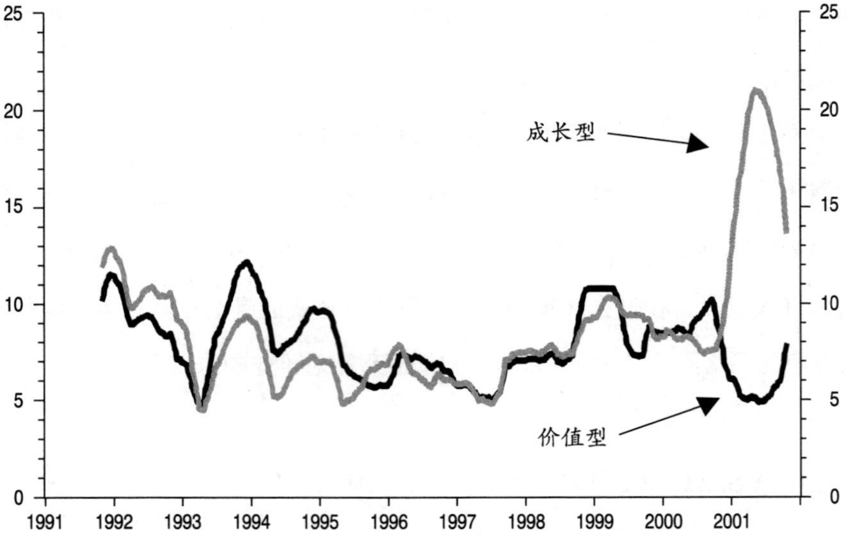

图3.5 价值型和成长型——年收益率标准差

资料来源：汤森数据服务（Thomson Datastream）。

资者在经济萧条时期对价值型股票过于悲观，而在经济繁荣时期对成长型股票过于乐观?

陈、卡尔塞斯基和拉孔尼修克（Chan、Karceski和Lakonishok，2000a）的研究表明，近来大盘成长型股票的主导地位似乎与其基本面表现无关。从各种衡量指标来看，大盘成长型股票的经营业绩与其历史业绩相比并没有什么不同，而实际上是由于与其竞争的风格的经营业绩相对不佳（见表3.4）。

在一个关键方面，成长型股票比价值型股票风险性更高。斯金纳和斯隆（Skinner和Sloan，1999）研究了美国价值型股票和成长型股票在1984年至1996年的盈余公告表现（见图3.6）。他们发现了“对高成长型公司令人失望的盈利水平表现出不对称反应的显著证据”。例如，如果一只价值型股票的收益率低于预期收益率5%，那么在接下来的一个季度里则会有−6%的超额回报率。形成鲜明

表3.4 美国价值型股票VS成长型股票：基本面

%	小盘成长型	大盘成长型	小盘价值型	大盘价值型
销售增长率				
1970–1998	14.7	10.2	8.1	8.0
1970–1979	15.2	14.3	10.9	13.4
1980–1989	12.5	8.9	6.6	5.8
1990–1998	16.5	7.5	6.8	4.8
折旧前经营收入增长				
1970–1998	13.8	10.6	12.5	7.1
1970–1979	13.6	14.0	14.3	10.5
1980–1989	11.1	8.4	11.2	5.1
1990–1998	17.0	9.3	12.0	5.5
股息增长率				
1970–1998	12.3	10.9	11.2	6.0
1970–1979	14.5	12.4	10.7	6.8
1980–1989	13.0	9.7	14.4	7.0
1990–1998	9.2	10.5	8.2	4.2

资料来源：改编自陈、卡尔塞斯基和拉孔尼修克（Chan、Karceski和Lakonishok，2000a），摘自投资管理和研究协会（Association for Investment Management and Research）。

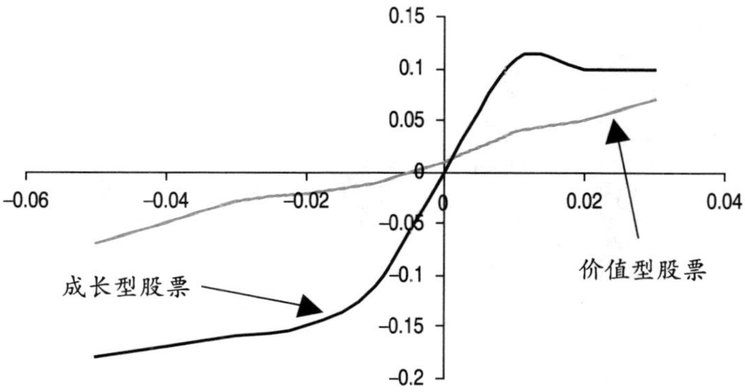

图3.6 盈利反应函数

资料来源：斯金纳和斯隆（Skinner和Sloan，1999）。

对照的是，同样低于预期收益率5%的成长型股票在下一季度的平均超额回报率为−15%。这不足为奇，毕竟购买成长型股票就是为了实现增长，而如果没有实现增长就会受到严厉惩罚。

斯金纳和斯隆的研究更进一步，“在控制了这一效应之后，再无证据表明成长型股票和其他股票之间存在股票回报差异”。换句话说，价值型股票的长期超预期表现实际上是由成长型股票逊于预期表现驱动的。

投资者可能认为成长型股票将在未来大获全胜，因此在20世纪90年代末，投资者根据预期回报率（而非历史业绩）对成长型股票进行重新评估。然而，完全相信短暂的未来收益而在近期历史上没有任何实例佐证，这看上去更像是基于盲目信念的冒进行为。

拉波尔塔（LaPorta，1996）为那些行为冒进的人提供了一些发人深省的发现。他聚焦于美国股票的大样本，并基于“I/B/E/S”的一致性长期增长预测对它们进行排名。拉波尔塔发现，拥有最高预期回报股票的实际回报远低于成长型预期最低的股票（见图3.7）。

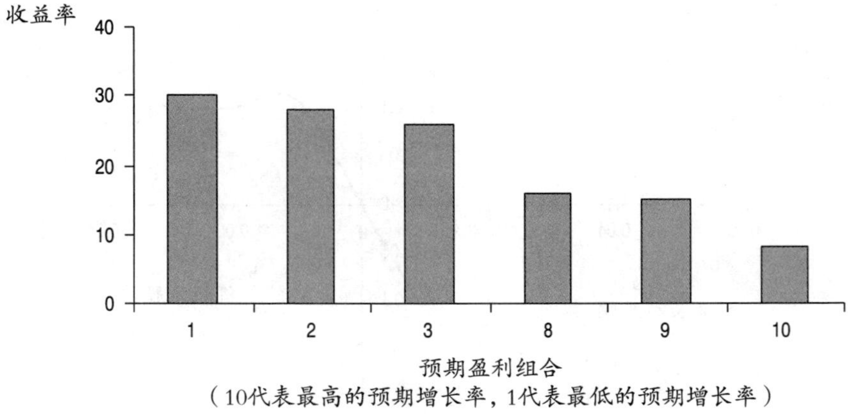

图3.7 高增长率=高失望度

资料来源：摘自拉波尔塔（LaPorta，1996），布莱克威尔（Blackwell）出版社。

陈、卡尔塞斯基和拉孔尼修克（Chan、Karceski和Lakonishok，2000b）也提出了一个类似的观点。粗略浏览表3.5即可发现，那些预期增长率最高的股票并没有实现最多的收益。与此同时，那些不受欢迎的价值型股票（低预期增长率）的表现却超出了分析师们过于悲观的预期。

表3.5 已实现的和预期的盈利增长率对比（%）

	1（低预期增长率）	2	3	4	5（高预期增长率）
“I/B/E/S”的长期增长预测中值	5.9	10.2	12.3	15.0	22.4
1年实现的增长	11.4	13.1	13.0	14.1	19.1
3年实现的增长	9.7	11.2	10.4	11.5	12.5
5年实现的增长	8.8	10.5	10.0	10.8	11.1

资料来源：陈、卡尔塞斯基和拉孔尼修克（Chan、Karceski和Lakonishok，2000b）。

陈、卡尔塞斯基和拉孔尼修克的研究并没有就此止步。他们的研究表明，只有非常少的公司经营业绩能够持久。他们调查了销售收入、折旧前营业收入和未付特殊项目前收入这三个损益表科目增长率高于中值公司的数量，之后将计算结果的百分比与预期随机百分比进行比较（例如，50%的公司在第一年应该高于中位数，等等）。

有趣的是，盈利能力更强的公司，经营业绩更持久。这本身就可能表明，管理者太过注重保持销售收入的稳定性（高销售率），而牺牲了盈利性。还应该指出的是，它表明市销率（P/S）是一个高度可疑的估值指标！

表3.6展示了陈、卡尔塞斯基和拉孔尼修克关于不同风格/行业的未付特殊项目前收入的工作成果。总的来说，未付特殊项目前收入的增长率似乎极其难以捉摸。因此，将希望寄托在成长型股票在长期内会有超常经营业绩表现的投资

表3.6 未付特殊项目前收入的持续增长率

（每年增长中值以上公司的百分比）

年份/风格	1	2	3	4	5	6	7	8	9	10
科技股	50.9	25.9	13.5	7.3	4.1	2.5	1.5	0.9	0.5	0.4
价值型	48.3	23.8	11.4	5.4	2.5	1.2	0.7	0.4	0.3	0.2
成长型	50.7	25.2	12.0	5.8	2.9	1.6	0.9	0.4	0.2	0.1
大盘股	46.7	21.9	10.0	4.7	2.2	1.2	0.7	0.4	0.3	0.2
中型股	49.4	24.9	12.4	6.2	3.1	1.6	0.9	0.5	0.3	0.2
小盘股	51.0	25.5	12.6	6.3	3.2	1.7	0.9	0.4	0.2	0.1
期望持续增长率	50.0	25.0	12.5	6.3	3.1	1.6	0.8	0.4	0.2	0.1

来源：陈、卡尔塞斯基和拉孔尼修克（Chan、Karceski和Lakonishok，2000b）。

者应当三思而后行——这种假设建立在非常不可靠的基础之上。

本节的目的是为了证明，有充分理由可以相信，市场对价值型和成长型股票的定价并非纯粹由风险因素驱动，情绪和心理在其中扮演更重要（主导）的角色。这一主题将在下一章（关于股票估值）中作进一步探讨，届时将给出关于价值型和成长型股票表现差异是基于行为因素基础的更严格证据。目前读者如果已经接受上述观点，我们便可以直接讨论风格轮动。

■ 三种不同的风格轮动

行为金融学有时被指责为形同精神分裂，因其一方面预测动量回报，另一方面预测反转效应。例如，杰格蒂什和迪特曼（Jegadeesh和Titman，1993，1999）的研究表明，在3至12个月的时间里，过去的赢家（过去有着正向价格变化或盈利动量）的表现优于过去的输家。然而，德波特和塞勒（DeBondt和Thaler，1985）及拉孔尼修克、施莱弗和维什尼（Lakonishok、Shleifer和Vishny，1994）研究表明，从长期视野来看（3年至5年），长期赢家（在过去的5年内拥有高回报率、高市净率或高销售/盈利增长率）的表现逊于长期输家（在过去的5年中拥有低回报率、低市净率或低销售/盈利增长率）。

行为金融学者近期进行的一系列研究，试图通过模型将这两种效应——短期动量和长期反转——结合到一个共同的框架内。其中包含了三项特别值得注意的研究。巴伯里斯、施莱弗和维什尼（Barberis、Shleifer和Vishny，1998）依靠保守偏差（锚定）和代表性偏差来模拟初期的反应不足和随后的反应过度。洪和斯坦因（Hong和Stein，1999）则研究信息观察者和动量交易者（与巴伯里斯和维什尼的生命周期模型显著相似，但洪和斯坦因没有建立外部性模型，其结果也并非基于相对业绩）这两种投资者的有界理性。丹尼尔、赫舒拉发和萨布拉玛尼安（Daniel、Hirschleifer和Subrahmanyam，1999a）凭借过度自信和自我归因偏差来分析动量反转。在他们的模型中，投资者首先估计一项投资的价值，然后判断其估值的准确性。由于存在自我归因偏差，投资者会更重视那些能够佐证其原始观点的信息，同时忽视否定其原始观点的信息。因此，他们对自己估值精确度的信心会逐渐增强，这就导致了动量效应（或者称为延迟的过度反应，如果你更喜欢这种说法）。

最近，实验经济学家将注意力转向了对可能同时导致反应不足和过度反应行为的研究。布卢姆菲尔德、利比和尼尔森（Bloomfield、Libby和Nelson，2000a）设计了两个实验，用于检验人们是否过度重视收益时间序列的旧元素（即过去的收益），从而对当前的收益变化和收益水平产生可预测的反应不足和反应过度。在第一个实验中，MBA学生们使用年化净资产收益率（ROE）信息来预测未来的年化净资产收益率，并据此决定他们在实验室市场中交易证券的价值。在第二个实验中，有经验的金融分析师使用季度收益信息来预测未来的季度收益。在这两个实验中，参与者都过于依赖前期的时间序列信息。由于对过去信息赋予的权重有误，导致了对收益变化的反应不足或对持续收益水平的过度反应。该研究为巴伯里斯、施莱弗和维什尼的风格轮动模型提供了支持。

布卢姆菲尔德和黑尔斯（Bloomfield和Hales，2001）进行了两项以MBA学生们作为参与者的实验，支持了巴伯里斯、施莱弗和维什尼（Barberis、Shleifer和Vishny，1998）关于投资者期望随机游走在惯性机制（在该机制中变化往往延续原有的变化）和反转机制（在该机制中变化是对之前变化的反转）中的预测。正如预期，投资者对多次延续之后的变化反应过度，对多次反转之后的变化反应不足。

布卢姆菲尔德、利比和尼尔森（Bloomfield、Libby和Nelson，2000b）的研究表明，当研究者只收到关于信息可靠性的噪声信号时，往往会对可靠信息（例如近期的盈利公告）反应不足，但对不可靠的信息（例如分析师的长期增长预测）反应过度。格里芬和特沃斯基（Griffin和Tversky，1992）的研究证实了这一发现。丹尼尔和迪特曼（Daniel和Titman，2000）认为，在基础数据的可视度较低的情况下，过度自信很可能会达到最高水平。因此，私人信息不会受到强烈的质疑。这表明过度自信的错误定价效应更容易出现在成长型股票中。

有趣的是，上面提到过的三种模型对风格轮动的特征给出了大致相似的预测。然而从实际撰写的文字来看，巴伯里斯、施莱弗和维什尼的模型似乎在实证支持方面略占优势。斯瓦米纳坦和李（Swaminathan和Lee，2000）给出了这些行为模型的图形表示（见图3.8），并称之为动量生命周期。

根据动量生命周期假说，股票可能遭受多次的反应不足和过度反应，以及投资者的偏爱和忽视。在图3.8的左边，是动量为正的股票（无论是盈利还是价格），这些股票是过去的赢家。动量为负的股票（无论是价格还是收益）被放在

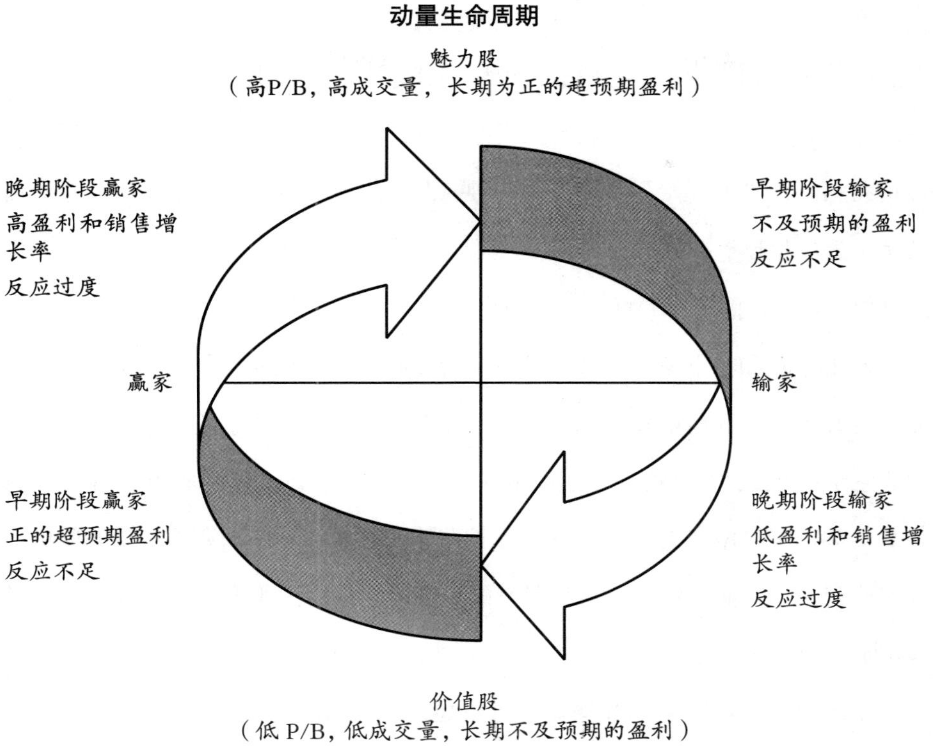

图3.8 动量生命周期

资料来源：斯瓦米纳坦和李（2000）。

图3.8的右侧，这些股票是过去的输家。

出现利好消息的股票会在周期中向上移动，逐渐成为当前受关注的股票，或者称为魅力股。随后，这些股票让市场失望，并出现较多的负面消息。令人失望的股票的跌势无法阻挡，最终受到普遍忽视。此时，它们往往成为价值股①，吸引了反向投资者的注意。

① 这里的“价值股”原文为“value stock”，与前文“价值型股票”的原文相同。一般而言，与“成长型股票”（growth stock）对应时，译为“价值型股票”；与“魅力股”（glamour stock）对应时，译为“价值股”。本书也采取这种译法。——译者注

左下象限和右上象限的特征是投资者反应不足。早期阶段的赢家经历了长期的公司盈利和股价下跌，但最近出现利好惊喜，股价也开始反弹。而早期阶段的输家有相反的模式——经历公司盈利良好、股价上涨的阶段，但随后因出现负面意外，股价开始下跌。在这两种情况下，投资者都倾向于反应不足（因其过于乐观和过于自信），他们认为自己的预测是正确的，认为目前的状况只不过是偶然现象，而事情的真相并非如此。

左上象限和右下象限的特征是投资者反应过度。晚期阶段的赢家具有长期业绩良好历史，盈利增长强劲。然而，投资者变得单纯过于迷恋这些股票——奢望它们是无敌的。因此，投资者的预期会越来越高，直到股价出现负面意外那一刻。晚期阶段的输家往往有着长期的盈利业绩不佳和令人失望的股价回报率的记录，因而投资者对这些股票的复苏能力变得过于悲观。因此，无论是晚期阶段的赢家还是输家，都过度估计了当前趋势的影响。

鉴于早期阶段的赢家和输家反应不足，晚期阶段的赢家和输家反应过度，可以预想，早期赢家的表现将优于晚期赢家，而早期输家的表现逊于晚期输家。斯瓦米纳坦和李提供了详细的分析数据来证实这些趋势在美国市场上确有记录。丹尼尔和迪特曼（Daniel和Titman，2000）发现了更进一步的支持性证据，从而检验早期阶段的赢家表现优于晚期阶段赢家（见图3.9）。他们发现，高动量、低市净率股票的表现显著优于低动量、高市净率股票。在此基础上构建的净投资为零组合具有非常好的表现，在34年中有31年创造了利润，年平均利润为12.5%，CAPM贝塔值为−0.258，夏普比率①为1.12。

从上述分析中可以得到的关键信息是，早期阶段的赢家和输家表现出回报的惯性——动量交易在这些象限中发挥作用。晚期阶段的赢家和输家往往表现

① 夏普比率（Sharpe Ratio），为投资组合的预期报酬率减去无风险利率，再除以投资组合的标准差，其目的是计算投资组合每承受一单位总风险，会产生多少的超额报酬。——译者注

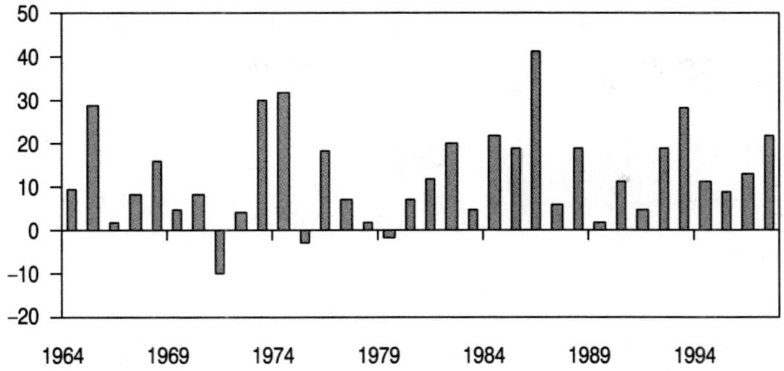

图3.9 做多早期阶段的赢家，做空晚期阶段的赢家

资料来源：摘自丹尼尔和迪特曼（Daniel和Titman，2000），投资管理和研究协会（Association for Investment Management and Research）。

出回报的逆转——逆向策略在这些象限中发挥作用。假设我们知道每种风格所涉及的时间范围（动量效应为3−12个月，逆向效应为3−5年），我们就能开始构建可以产生显著阿尔法[①]的轮动模型。

▪ 风格转换中的定量筛选

使用某种形式的定量筛选，或许是对风格转换进行择时的最明显方式。动量生命周期假说已经清楚地告诉我们应该寻找什么样的股票。在价值股（低市净率，低成交量，长期令人失望的收益）中，我们应该寻找那些刚刚开始传达出好消息的股票。在魅力股（高市净率，高成交量，长期超预期收益）中，我们应该寻找那些刚刚开始传出负面消息的股票。

定量筛选的一大优点是它是由计算机完成的。这样做能够消除过程中的心

① 阿尔法值（α值）用于描述个别证券涨跌幅度超过市场平均波动的部分，不受整个市场系统性风险波动左右。——译者注

理偏差。筛选机制并不关心股票是一只狗还是别的什么东西，它只关心股票是否符合输入程序中的标准。荷兰银行（ABN Amro）等一些基金管理人目前正基于行为金融理论开发并使用这种筛选策略。

价值策略

皮欧特尔斯基（Piotroski，2000）提出了一个有趣的问题，使用简单的、基于财务报表的分析能否对价值股的筛选进行优化。他发现，在所有低市值账面比的公司中，只有不到44%的公司在投资组合形成后的两年内获得了正的超额收益。他表示，使用一个简单的会计数据筛选机制，可以使低市净率投资者年平均收益率至少提高7.5%，即整体回报分布曲线是向右偏移的。他建议使用一个非常简单的、基于以下指标的二元分类系统。

盈利能力

当前的盈利能力和现金流实现金额提供了公司内部产生资金能力的信息。鉴于价值股企业的历史盈利表现不佳，目前企业产生的任何正现金流或利润都体现出通过经营活动产生资金的能力。正的盈利趋势意味着公司创造正现金流能力的提高。

- 资产收益率（ROA）

未付特殊项目前的收益/总资产

>0，则为1，否则为0

- CFO

经营性现金流/总资产

>0，则为1，否则为0

- ΔROA

>0，则为1，否则为0

- 应计项目

CFO > ROA，则为1，否则为0

杠杆、流动性和资金来源

这些指标旨在衡量资本结构的变化和公司偿还未来债务的能力。由于大多数低市净率的公司在财务上受到限制，杠杆的增加、流动性的恶化或外部融资的使用都是财务风险的坏信号。

- Δ杠杆

公司长期债务水平的变化。以长期负债与平均总资产比率的历史变化来衡量。如果杠杆下降则为1，否则为0。

- Δ流动性

公司流动比率在本年度与前一年之间的历史变化，其中流动比率定义为流动资产与流动负债的比率。如果Δ流动性>0，则为1，否则为0。

- 股权发行

如果公司在过去12个月内没有发行股票则为1。

营运效率

- Δ毛利率

定义为公司当前的毛利率（毛利与销售收入的比值）减去上一年的毛利率。毛利率的提高意味着要素成本的潜在改善、库存成本的降低或价格的上涨。如果>0，则为1，否则为0。

● **Δ周转率**

定义为企业本年度资产周转率（总销售收入与资产之比）减去上年资产周转率。资产周转率的提高意味着基础资产的生产率提高。

之后对各个类别进行求和从而得到一个综合得分。皮欧特尔斯基检验的样本覆盖1976年至1996年间的美国市场。根据市净率高低建立五分位数排名，并将市净率最低的五分之一筛选出来，视为价值股。使用这个方法，能够筛选出覆盖12年、14043家公司的股票样本。回报率则以一年期买入和持有来衡量。

接下来，皮欧特尔斯基构建两个组合，低分组（0或1分）和高分组（8或9分）。完全由低市净率股票构成的组合，存在6%的价值溢价，这与现有文献的结论是一致的。但由于组合高度集中于一类股票，在接下来的一年里，只有43%的公司产生了正的超额收益。根据上面的分数排序，可以发现财务状况良好的公司市场表现会更好。当然，这直接违背了有效市场的观点，即低市净率股票的较高回报是财务困境的风险补偿（见表3.7）。

根据上述评分，可以形成一种交易策略：做多分数≥5的股票，做空分数<5的股票；回报率如图3.10所示。该策略的年平均回报率为9%，夏普比率为1.10。这表明投资者在选择价值股时，可以通过使用量化的财务健康筛选策略提高回报。

■ 风格转换时机选择的衡量指标

股权风险溢价

衡量投资者风格轮动时机选择的最成功指标之一是隐含股权风险溢价。如果价值型和成长型之间的轮动是由投资者的主观意志驱动的，那么就需要为股票市场中固有的恐惧和贪婪找到一个具有代表性的指标。为此，我们构建了一个非常简单的隐含股权风险溢价的度量方法。

表3.7 财务稳健带来的回报

得分	平均超额回报（%）	数量
0	−6	57
1	−10	339
2	−2	859
3	−1.5	1618
4	2.6	2462
5	5.2	2787
6	11.2	2579
7	11.6	1894
8	12.7	1115
9	15.8	333

资料来源：皮欧特尔斯基（Piotroski，2000）。

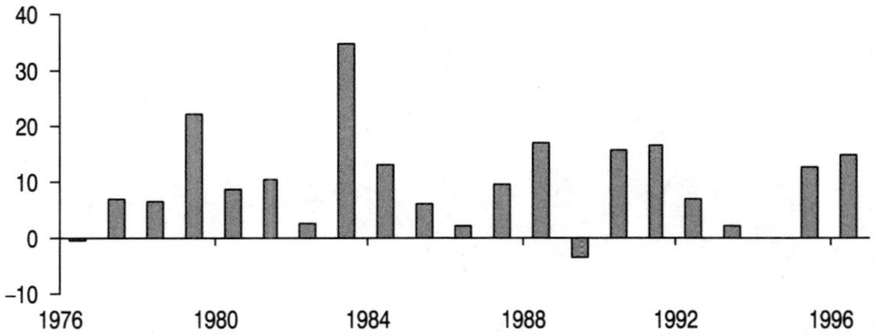

图3.10 做多财务稳健公司的股票，做空财务脆弱公司的股票

资料来源：皮欧特尔斯基（Piotroski，2000）。

在此将隐含股权风险溢价（ERP）定义如下：

隐含ERP =（100/12个月远期市盈率）− 长期增长率

− 当前10年期债券收益率

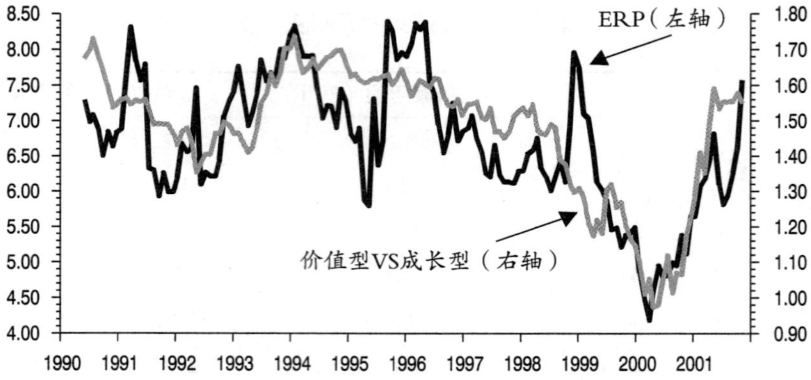

图3.11 隐含股权风险溢价和价值型VS成长型

资料来源：汤森数据服务（Thomson Datastream）。

长期来看股息/收益增长率不可能超过经济增长率，因此我们通常使用长期经济增长率代替。图3.11显示了美国市场上的价值型/成长型股票与隐含的ERP之间的关系。由图可见，这一指标似乎能够比较好地抓住转折点。

之所以ERP看起来有效，是因为ERP可以被视作是投资者时间跨度的代表。在第1章已经介绍过，贝纳茨和塞勒（Benartzi和Thaler，1995）将展望理论和短视行为结合起来来研究ERP。他们制作了如图3.12所示的图表，显示了时间跨度和ERP之间的联系。

价值型和成长型也可以基于时间范围得以解释。德肖、斯隆和苏莱曼（DeChow、Sloan和Soliman，2001）研究认为，市净率可作为隐含股权久期的一个噪声代表。比起股票，"久期"[①]这个概念多与债券联系在一起。然而，从权益的角度考量久期是有意义的。从本质上讲，久期指的是一种金融工具在利率变动一个百分点后的回报率变化。这一指标不仅反映了投资者预期的回报率，还

① 久期（duration）指债券各期现金流支付所需时间的加权平均值。下文中提到的利率变化对于金融工具价格的敏感性，其实应指"修正久期"（modified duration）。——译者注

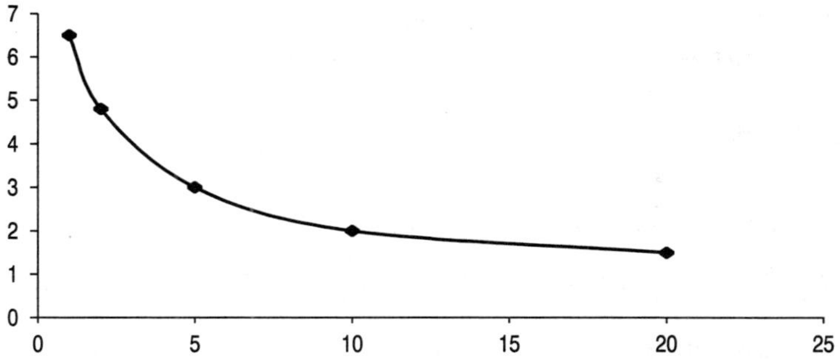

图3.12　时间跨度和股权风险溢价

资料来源：摘自贝纳茨和塞勒（Benartzi和Thaler），《经济学季刊》（The Quarterly Journal of Economics），110：1（1995年2月），第73–92页，已获得麻省理工大学出版社（MIT Press）许可。

反映了投资者实现预期回报率的时间。久期可以被看作是期限的加权平均，因此它以年为单位来衡量。例如，以两种30年期债券为例——两者在其他方面都很类似，只不过一种是标准的付息债券，另一种是零息债券。30年期付息债券将每年支付持有人票息，而零息债券只在第30年支付现金流。与零息债券相比，付息债券的加权平均期限或持续期更短。

在股票领域，久期可以被视作一个衡量投资者预期回报确定性的标准。股票总回报可以分为两部分——股息收益和资本增值。在这两个因素中，股息收益的可预测性更高。投资者知道何时以及（如果分析师是准确的——这是一个很“大”的假设）从每次派息中大概能得到多少。资本增值因素的不确定性要大得多。股息收益率较高的市场或股票具有更确定的回报，因此久期较短。当然，价值型股票的股息收益率往往比成长型股票高得多，因此它们是久期较短的资产。

如果隐含的ERP下跌，相当于投资者已经延长了他们的投资时间跨度。鉴于成长型股票本质上是久期较长的资产，时间跨度的增加意味着投资者将更青睐这类股票。相反，当人们最看重回报的确定性时，隐含的ERP会逐步上升，投资者会缩短他们的时间跨度，价值型股票则会从中获益。

股息支付率

股息支付率是一个合理的价值型/成长型股票轮动的择时信号。总的来说，我们观察到在经济繁荣时期价值型股票一般表现得更好，在经济萧条时期成长型股票似乎表现得更好。而在20世纪90年代末的互联网泡沫时期，情况显然并非如此，这再次证实了当时泡沫的本质。

在正常时期，股息支付比率似乎能够很好地标志出价值型/成长型股票周期的转折点。自从林特纳（Lintner，1956）发现公司为了不让投资者失望而倾向于平滑股息开始，股息信号就在学术文献中得到了广泛的关注。图3.13显示了股

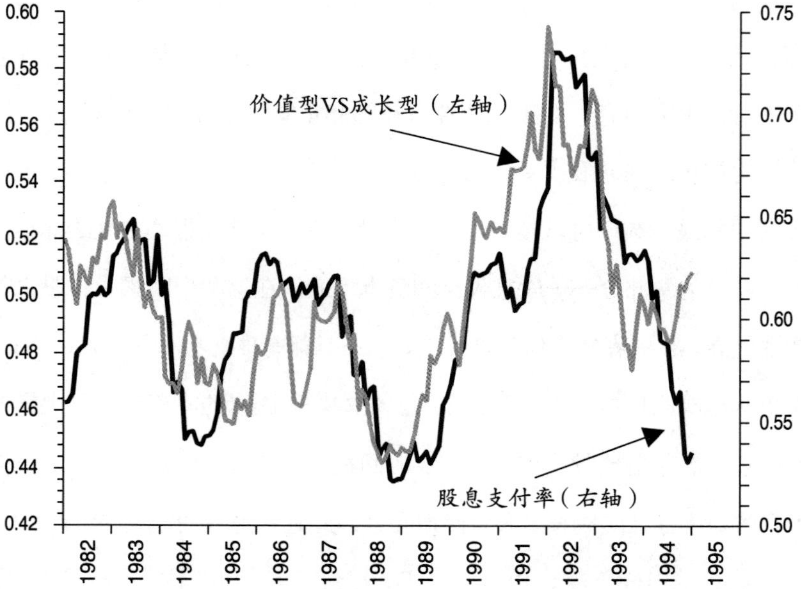

图3.13　股息支付率和价值型VS成长型

资料来源：汤森数据服务（Thomson Datastream）。

息支付率与价值型/成长型股票之间的关系。在大多数情况下，当股息支付率已经探底完成后，价值型股票的表现要优于成长型；而当股息支付率处于低谷时，成长型股票的表现要优于价值型。

巴恩斯坦因（Bernstein，1995）指出，由于股息的波动性小于公司收益的波动性，因此监控股息支付率是一种“永久性”或“规范化”追踪收益的方法。换言之，如果股息支付率接近其长期区间的底部，那么最近的公司盈利能力应当比较强劲，未来收益可能会减弱。相反，如果股息支付率很高，那么企业的盈利相对较弱，同时可能盈利前景会改善。

首次公开发行（IPO）

第二个潜在的择时工具是利用新股发行的数据。有充分的证据表明，无论是从初始回报率还是从交易量来看，IPO都是周期性的。我们将在关于公司财务的第7章探讨为什么会出现这种现象。对于本章而言，需要关注图3.14和图3.15显示出了美国IPO市场的周期性。

思考一下IPO股票的风格特征。刚进入市场的公司股票往往是小盘成长型股票。因此，当有利于IPO发行的时间窗口达到最宽时，很可能是小盘成长型股票在引领市场。一旦小盘成长型股票板块失宠超过一两个月，往往在数年内难再受欢迎。目前，它已经失宠大约一年了。

1974年至1981年是这种股票失宠状况最极端的例子，但也不乏其他例子。在20世纪60年代初，小盘成长型股票也失宠将近5年，在此期间，IPO发行量也近乎枯竭。1987年，大量股票在股灾中崩盘，那次危机后IPO低迷的情况又持续了好几年。关注IPO发行量似乎是一个判断哪种风格正在流行的良好指标，正如我们将在第6章中展示的那样，IPO数据可以有更广泛的用途，而不仅仅是风格轮动的择时。

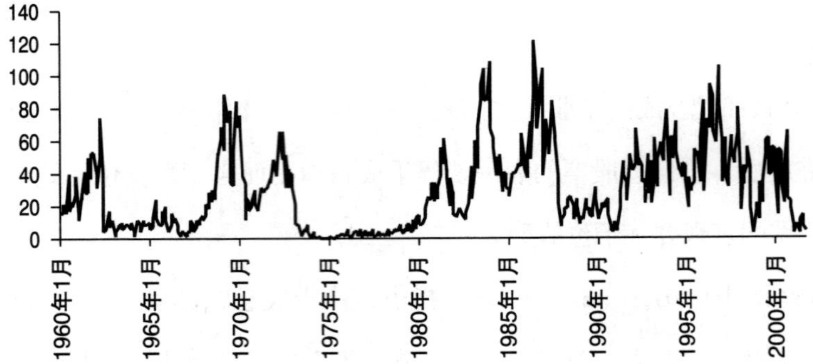

图3.14　每月IPO数量——成交量

资料来源：里特尔（Ritter，1998）。

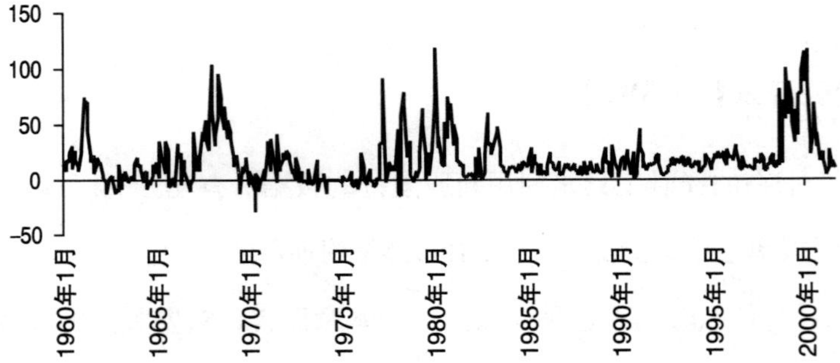

图3.15　IPO初始回报

资料来源：里特尔（Ritter，1998）。

本章小结

这一章最重要的结论是，从长期来看，我们不能简单确定到底是价值型还是成长型股票会表现更好。压倒性的证据表明，任何价值型股票和成长型股票之间的差异都有基于心理学的解释。

为了利用这些行为偏差，并避免陷入锚定于单一风格的潜在灾难，风格轮动似乎是最佳的解决措施。更重要的是，风格轮动提供了与传统资产配置相同数量级的潜在收益。目前在实践中，资产配置的资源中只有一小部分用于风格轮动。

BEHAVIOURAL
FINANCE

第 4 章

股票估值

> 这不是一个挑出谁最漂亮的问题，甚至都不是挑出大众认为谁最漂亮的问题。我们已经考虑到了第三层，即用自己的智力去推测大众的观点。我相信，有些人会考虑到第四层、第五层或更深的层次。
>
> ——约翰·梅纳德·凯恩斯（John Maynard Keynes）

我们应该怎样对一个公司估值？这是分析师和投资者都面临的一个重要问题，也是投资决策的核心。当前，传统金融学的分析框架仍在广泛使用；事实上，传统金融学中常见的假设已经根植于人们心中，比如：大多数分析师和投资者都没意识到，他们实际一直在默认着“有效市场”等毫无意义的假设。在本章中，我们将扩展第1章中已经提出的几个问题——关于锚定效应和框架效应。此外，我们将会研究如何把“行为洞察力”这一概念纳入你的估值方法中。但现在，先让我们回到凯恩斯关于选美比赛的讨论。

■ 凯恩斯的选美比赛

约翰·梅纳德·凯恩斯（John Maynard Keynes）不仅是一位杰出的经济学家，也是一名精明的投资者：他在证券交易所赚过也赔过。实际上，本章开头中截取的那段话，大致表明了凯恩斯对市场的看法。

凯恩斯的话马上能应验于现实，比如这些话正好击中一批人，他们过去几年里一直在思考市场会怎样反映互联网股票价格。许多机构投资者都知道，互联网股票的估值是疯狂的，但操作中，要是认为估值疯狂就不投资，则亏大了，因为这些股票的价格被推得越来越高。结果就是，出现了我们在第2章中描述的情况——正向反馈——如果你认为能以更高的价格将股票卖给其他投资者，那么，即使你不相信当前的市场定价是合理的，最佳的策略还是去购买这些股票。

一个简单的游戏就能揭示出，产生这个结果以及凯恩斯观点的深层原因。在典型的选美比赛中，所有参与者被要求在同一时间选择一个0至100之间的数字，并告诉玩家，所有选出来的数字算出一个平均数，这个平均数的三分之二将作为中奖号码。最接近目标值（平均数的三分之二）的玩家将会赢得预定的奖品。

根据凯恩斯的假设，选美比赛可以用来评估人们是否真正考虑到“第四、第五或更深层次”。参与这个游戏的典型思维过程是这样的：假设平均值为50，那么你应该选择33，以达到最接近“平均值的三分之二”的目标，从而获胜。但是如果你认为所有其他玩家都会选择这个，那么你要比游戏领先一步，因此你需要选择33的三分之二（22）。当然，如果你已经考虑到了这一点，那么你需要提前两步进行思考，选择15（四舍五入到最接近的整数）。以此类推。

事实上，稳定均衡为零——博弈论理论家称之为纳什均衡。选美比赛是对参与者思考步骤数量的巧妙衡量。已经有非常多的群体参与了选美比赛的实验，包括企业首席执行官、经济学博士、博弈论理论家和媒体［英国的《金融时报》、德国的《光谱》（*Spektrum*）杂志和西班牙的《经济日报》（*Expansion*）］读者。这些群体的游戏结果有着显著的一致性（见图4.1至图4.3）：玩家进行了0—3步骤的推理，很少有玩家选择“零”这一纳什均衡［参见内格尔（Nagel）1999年对

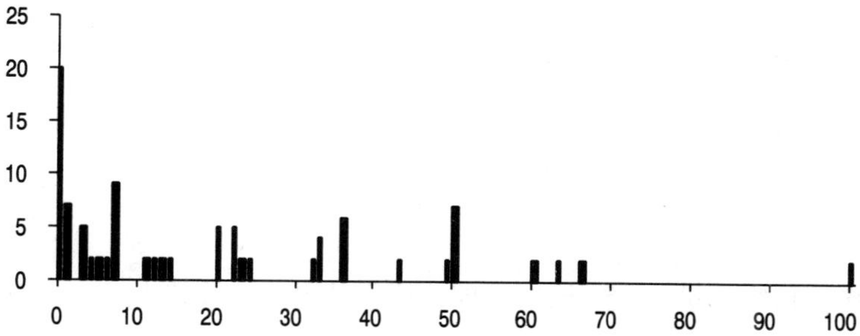

图4.1 博弈理论家的观点

资料来源：改编自内格尔（Nagel，1999）。转载经过劳伦斯·埃尔鲍姆协会（Lawrence Erlbaum Associates）的许可。

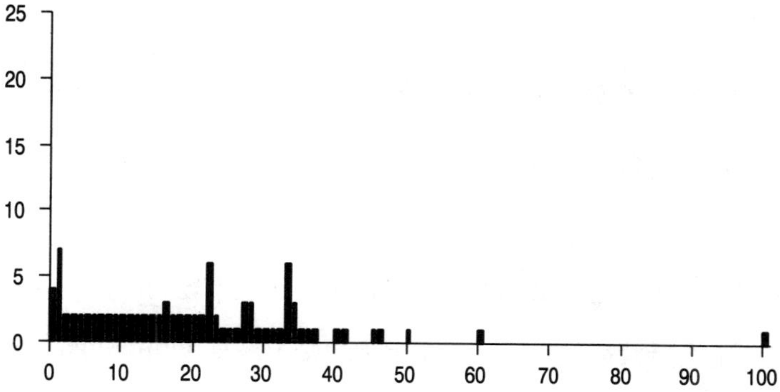

图4.2 报纸参与者

资料来源：改编自内格尔（Nagel，1999）。转载经过劳伦斯·埃尔鲍姆协会（Lawrence Erlbaum Associates）的许可。

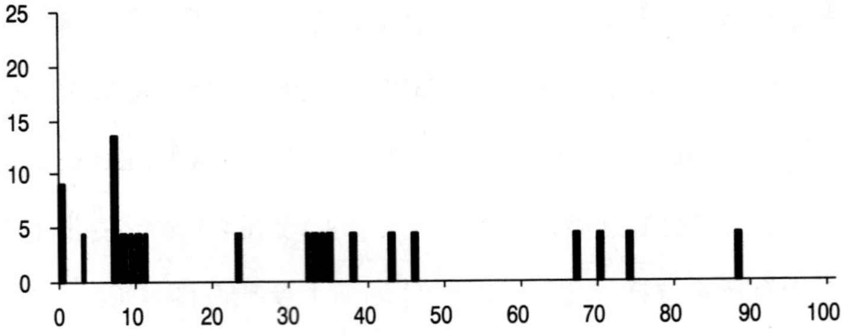

图4.3 一家领先的基金管理集团

资料来源：DKWR。

这些例子的调查[①]]。

大多数玩家会进行0至3层的推理，这个结果与使股票市场产生持续泡沫的现象非常吻合。即使所有投资者都认为会出现崩盘，他们也不会把想法代入现实。他们猜测其他人会在崩盘之前抛售，而自己则计划刚好在大规模抛售之前卖出。

▪ 基本面的相关性/非相关性

基本面估值是金融市场上大部分工作的核心。分析师花上N个小时的时间研究电子表格，为公司财务中的细枝末节建模，试图召唤出“圣杯”[②]——“公允价值”。

在某种程度上，这些努力实在是错付了。实验市场的证据表明，偏离基本价值的价格可能会持续很长时间。正是因为实验市场是人为设定的，所以我们才有

① 对行为博弈理论感兴趣的学者中，科林·凯莫勒（Colin Camerer）正在撰写关于这一主题的一部杰出的书籍。他在书中讨论了一整章类似于这种选美比赛的游戏。凯莫勒《行为博弈论：战略互动实验》（即将出版）。

② 原文为“Holy Grail”，与第3章类似，作者用圣杯的比喻，形容公允价值难以估计。——译者注

可能在实验市场中控制信息流，而这在现实世界的金融市场中是无法实现的。

恰厄纳尔普、波特和史密斯（Caginalp、Porter和Smith，2000）对这一问题的结果进行了很好的概述。根据他们的说法，“在一个典型的实验室测试中，一组被试人员参加持续大约两个小时的交易活动。每个被试者都能拿到一定数量的股票和现金用于交易。交易通过局域网在计算机上进行，整个交易活动分为15个时段。在每个时段中，买价和卖价达到匹配时交易成功”。

根据恰厄纳尔普、波特和史密斯对实验结果的说明，在这些实验开始阶段，告知参与者股票会支付股息。收益是不确定的，但概率分布是已知的。表4.1展示了提供给受试者的分布信息。同时告知参与者，在实验结束时股票将毫无价值，并且没有停产成本。

表4.1　股息分布

概率	收益（美分）
0.25	0
0.25	8
0.25	28
0.25	60

资料来源：恰厄纳尔普等（Caginalp等，2000）。转载经过劳伦斯·埃尔鲍姆协会（Lawrence Erlbaum Associates）的许可。

如果遵循古典金融的规律和股息贴现模型，那么预期股息只有24美分，这是微不足道的。由此推出第一期股票的公允价值为324（24 × 15）美分，接下来每期会减少24美分。这是在完全信息市场下的理论上的结果。

然而，事实有着惊人的不同。图4.4显示了三组被试者参加测试时得出的市场价格。这三个小组分别由经济学本科生、经济学研究生和一组企业高管组成。

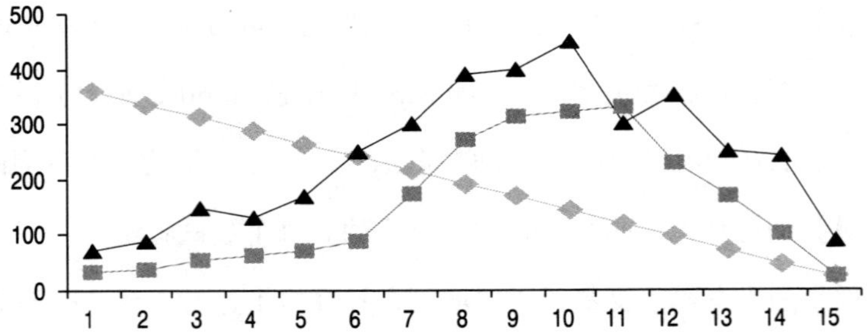

图4.4 实验市场中的泡沫

资料来源：恰厄纳尔普等（Caginalp等，2000）。转载经过劳伦斯·埃尔鲍姆协会（Lawrence Erlbaum Associates）的许可。

图中菱形构成的虚线表示运用股息贴现模型确定的基本面价值。这也是经济学研究生交易的市场价格。因此，如果世界上充满训练有素的经济学家（我知道这是一个可怕的想法）并且信息充足，那么市场或许可以说是有效的。

但是，幸好并不是世界上每个人都是经济学家。如果是那样的话，世界将会是一个非常枯燥的地方，大多数读这篇文章的人都会失业（顺便说一句，作者也难逃此劫！）。

另外两组实验则产生了截然不同的图线。经济学本科生（方形构成的虚线）成功地创造出了严重的价格泡沫——初始时价格低于基本面价值的10%，价格和价值差距最高时，价格达到了价值的270%。

企业高管的表现（三角形构成的虚线）更差。他们开始稍微好一点，初始价格是基本面价值的20%。然而，价格和价值之间的差异最大达到了惊人的530%。请注意，这是提供完全免费信息的、最简单的市场，而且股票的未来价值也不存在不确定性。尽管有这些“理想”的条件，投机泡沫依然存在。

恰厄纳尔普、波特和史密斯指出，实验中的繁荣往往持续很长时间（10-11

个时段)，并且交易量是巨大的(在实验的15个时段中，交易量达到已发行股票量的5到6倍)。总的来说，实验证据表明，投机性泡沫更有可能出现在以下情况中：

- 缺乏经验的交易员比经验丰富的交易员更多；
- 基本面价值的不确定性更大；
- 这种证券特点很像彩票(获得回报的可能性极低，但是一旦获得回报，金额巨大)；
- 可以凭保证金购买；
- 卖空很难。

选美比赛的例子以及来自实验市场的压倒性证据都表明，股票价格是很有可能出现泡沫的。然而，这并不能阻止华尔街的分析师大军，通过努力整合大量公司报告来进行基本面分析。这个过程正是我们接下来要讨论的。

■ 估值与行为偏差

我们已经在第1章中概述了估值过程中的两种主要的行为偏差。根据作者本人的观察，高级的、经验丰富的分析师已经多次出现这种行为偏差，因此可以判断这些偏差会重复出现。

由于代理问题和行为偏差的影响，分析师们会变得过于乐观。分析师们和被激励机制督促的公司管理层一样，他们都倾向于获得更多市场信息、倾向于通过投资银行的帮助获得更多企业融资、倾向于提高股票的价格，这个股票可能由公司内部的经纪部门持有，甚至他们自己本身也在持有。

然而，这些代理问题还可能会被第1章所述的天生的乐观主义所加强，这就是“控制力幻觉”。相关的一些研究表明，分析师会感觉自己与他们所要分析的公司非常亲近，因此对于这些公司的前景，他们往往过于乐观。

表4.2显示了截至2001年12月底分析师们的建议分布情况。这些建议的分布非常不平衡，令人叹为观止。负面建议非常少，这再一次表明了分析师通常持有乐观的态度。

表4.2 分析师的建议分布情况（%）

	买入	持有	卖出
美国	62	35	3
日本	34	56	10
英国	48	37	15
德国	47	36	17

资料来源：彭博社（Bloomberg）。

引起大量关注的另一个问题是分析师在收益预测过程中的偏差程度。图4.5显示了1986年至2000年之间的平均预测误差［定义为（预测水平–实际水平）/实际水平］。分析师预测下调模式①能够清晰地在图中显现出来。对于提前24个月的预测，分析师的初步预测结果平均比实际结果高出约17%。等到公布实际收益时，分析师的预测则略低于实际收益。

绝对估值，而非相对估值

正如康奈尔（Cornell，1993）等估值教科书所讲述的那样，唯一真正有效的估值方法是现金流贴现（DCF）。所有相对估值措施都应该被抛弃。对于分析师而言，他们会轻易地将其所研究行业的平均值设定为“正确”的估值（见第1章

① 原文为“walk down to beatable earnings”，有时也作“Walk-down to Beatable Forecasts”，指分析师会首先发布乐观的收益预期，然后在收益公布日期前将预期下调至可达到的水平。——译者注

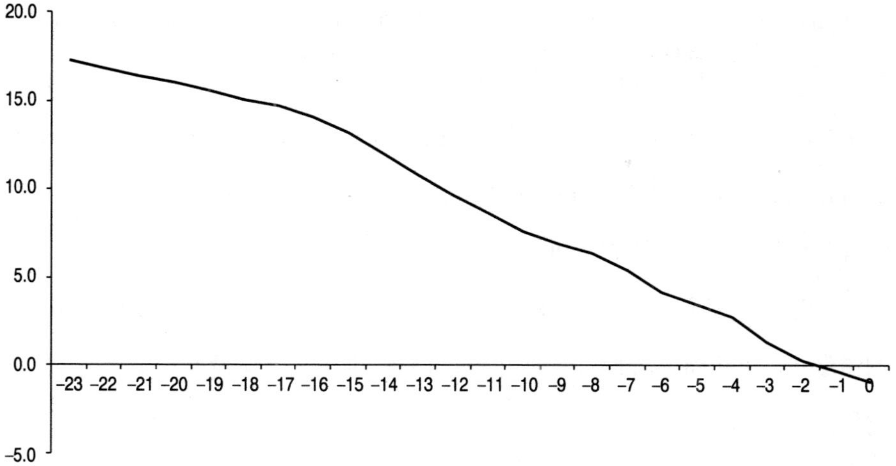

图4.5　分析师预测下调模式：平均预测误差（收益水平%）

资料来源：DKWR。

提到的“锚定效应”)。例如，我过去曾被分析师要求，以市盈率（P/E）或市净率（P/B）等标准构建估值表时，要区分出不同的行业，这样分析师就可以将所研究的股票与其所在行业进行比较。这种方法并不能告诉我们股权真正的“公允价值”。

然而，这并不能阻止分析师使用这类方法来判断一只股票是否具有吸引力。布拉德肖（Bradshaw，2000）研究了分析师是如何通过他们做的收益预测来推荐股票的。研究指出，卖方分析师发表他们对某只股票的看法，是通过收益预测和股票推荐实现的。由于收益预测反映了未来的基本面，未来的基本面应该决定价值，因此收益预测和股票推荐应该是相关的。布拉德肖自己运用了分析师的收益预测方法和剩余收益估值框架，结果发现分析师的股票推荐与该股票是否偏离其内在价值以及偏离程度均无关。这证实了布洛克（Block，1999）的结论，也即股票的现值类估值方法“在实践中并没有像在理论中那样被广泛使用”。

布拉德肖检验了另一种假设，即分析师通过使用股票收益数据为基础的经验法则①来进行股票推荐，尤其是通过使用PE/G比率（市盈率PE与预测长期增长率G之比）。令人沮丧的是，布拉德肖发现，股票推荐与PE/G比率紧密相关。也就是说，尽管文献中一直强调通过计算股票现值的方法估值，但在分析师决定推荐哪只股票时，更看重PE/G比率。

就连作为估值工具的DCF模型的地位都被削弱了，因为分析师实际上是根据市场价格进行定价的。分析师们倾向于盯住当前市场价格，试图让自己的估值接近这个水平，而不是自下而上地建立估值模型。布拉夫和里哈维（Brav和Lehavy，2001）研究了分析师的目标价格和实际市场价格之间的动态关系。与之前的研究（如沃马克，Womack，1996）一致，他们发现分析师基本能够捕捉短期投资价值——也就是说，公告日因目标价格修正导致的异常回报高达7%。

然而，他们还研究了目标价格与实际价格之间的长期动态关系。他们发现，研究一个典型的公司，一年前测算的价格比当前市场价格能高出22%。打破这个平衡②大约需要10周的时间。最有趣的是，这种长期均衡的调整实际上是完全通过分析师调整目标价格来实现的！

也就是说，如果股价下跌，那么从理论上讲，当分析师的初始目标价格是正确的，那么这只股票应该会成为一个更具吸引力的买入对象。然而，在实际操作中，分析师总是为了应对当前市场价格的下跌而降低目标价格。有关分析师股票推荐和股价的顺周期性的深入案例研究，请参阅康奈尔（Cornell，2000），他探究了2000年9月21日星期四英特尔公司的案例。当天，英特尔公司在新闻发布会上宣布，预计第三季度营收将比第二季度的83亿美元高出3%至5%。这低于

① 原文为"heuristic"，直译为"启发法"，此处指第1章提到的"代表性启发"，这里为使中文通顺译作"经验法则"。——译者注

② 原文为"disturbances to this equilibrium"，直译为"扰动平衡的半衰期"，作者使用物理学上半衰期的概念来比喻平衡被扰动的时间。——译者注

该公司此前预测的7%至9%的增长率，也低于分析师预测的8%至12%。在新闻发布会后，英特尔公司股价下跌了约30%。

市场的反应是惊人的。虽然英特尔公司的股票在4时16分公告发布后的剩余时间内暂停交易，但该股在盘后交易中从收盘时的61.48美元跌至48.25美元，市值损失逾910亿美元。在接下来的两天里，价格继续下跌。截至2000年9月26日收盘时，该公司股价下跌近30%，跌至43.31美元，1220亿美元的市值消失殆尽。

康奈尔（Cornell，2000）为英特尔公司股票构建了一个DCF模型。通过模型可以发现，即使在新闻发布会中增加了关于新的收入水平的新闻，市场也表现出了巨大的过度反应。尽管如此，当股价为76美元时，分析师推荐该股票远比每股40美元时更加积极！难怪卖方分析师的声誉如此可疑。

如前所述，运用逆向工程模型正变得越来越普遍。这些模型试图从当前市场价格中扣除现金流的增长率。可以将这些模型与分析师自下而上的模型进行比较，以评估实现估值结果的可能性。买方分析师和基金经理正越来越多地转向这类模式，然而，卖方分析师在采用这种模式方面进展缓慢。

现金流估值，而非收益估值

在估值过程中必须记住的第二个重要的行为偏差是“狭窄框架效应”。请记住，我们不能经常被信息的呈现方式干扰，而无法看清实质（详见第1章）。我们已经讨论过，分析师关注的应该是现金流，而不是收益（详见第1章）。然而，很少有分析师会花心思去深入地做现金流分析，他们会更倾向于对报告中的收益发表意见，而这些报告是基于一些武断的会计概念作出的。实际上，布洛克（Block，1999）在他对行业标准实践的研究中发现，大多数分析师都将收益列为比现金流更重要的工具（见表4.3）。

泰奥、韦尔奇和王（Teoh、Welch和Wong，1998a、1998b）通过对首次公开

表4.3 信息的重要性排序

变量	第一	第二	第三
收益	156	118	23
现金流	133	140	19
账面价值	5	32	133
股息	3	7	122

资料来源：布洛克（Block，1999）。转载自投资管理与研究协会。

发行（IPO）和股权再融资的研究，进一步证明了分析师们分析框架的狭窄。他们指出，分析师未能将企业层面的应计收入信息整合、纳入自己的预测。他们还指出，分析师往往对应计收入更高的股票有更高的预期，这与我们观察到的事实对比反差强烈，即应计收入高的企业股票往往表现不佳。陈等人（Chan等，2001）指出，拥有高应计收入的公司具有高水平的历史收益和销售增长。如果分析师根据过去的利润表进行推断，那么他们就会被代表性启发所产生的偏见影响。

正如我们在第1章中提到的，通过挖掘收益质量的差异可以获得利润，这种交易的重点在于，做多应计收入低的公司和做空应计收入高的公司。然而，分析师在做出预测时会忽略这一信息。实际上，理查森（Richardson，2000）指出，应计收入套利交易是一个没有被充分利用的机会。他发现卖空者更倾向于“魅力股”（账面价值较高的股票），而似乎没有充分利用收益质量的差异。

人们早就知道可以将收益分解成现金流预期和贴现率预期（预期收益）两类因素（见坎贝尔和席勒，Campbell和Shiller，1988）。然而，直到最近，人们仍只关注市场层面的收益。这些研究结论表明，清晰的预期收益（或贴现率的变化）占据了市场层面收益的绝大部分。然而，最近乌尔塔霍姆（Vuolteenaho，

2001）将这个框架扩展到了公司层面的数据。他指出，在单个股票层面，在解释股票收益率差异方面，现金流预期的重要性大约是贴现率变化重要性的两倍。也就是说，公司层面的股票收益主要受现金流预期所驱动。要想对股票估值有更深入的了解，分析师就必须把现金流放在分析的核心。

要想确保现金流在分析方法中起到至关重要的作用，就应重点关注将现金流置于核心地位的估值方法。然而，正如我们已经提到的，现金流贴现方法由于被卖方分析师滥用而被广泛质疑。较新的方法（实际上是DCF的变体）如经济增加值（EVA）和投资的现金流回报（CFROI），正在促进将现金流分析法纳入分析师的分析框架。

EVA模型只是经济利润这一古老概念的现代名称。任何接触过资本预算初级知识[①]的人都知道，净现值方法（NPV）是评估投资项目的正确方法（当然，DCF模型实际上是一种NPV方法）。EVA模型只不过是实现NPV的另一种方法。将经济利润与资本成本进行比较，如果经济利润超过资本成本，那么就可以认为这项投资是合理的。

相比之下，CFROI是一个基于内部收益率（IRR）的衡量指标。CFROI衡量的是在公司现有资产平均寿命下的预期投资收益率。公司已经做出了当前和过去的投资决策，而这些决策将会产生未来的现金流。CFROI是一种回报率，该回报率会使得总现金投资等于年度总现金流的现值与项目终值的现值之和。为了提高价值，公司应该增加CFROI和资本成本之间的差距。

请注意，DCF、EVA和CFROI有许多共同之处，尤其是它们将现值的某种衡量标准与资本成本进行比较。我们现在将要转向资本成本这一探讨估值难题的另一构成要素，并从行为金融学的角度来进一步研究。

① 原文为“Capital Budgeting 101”，101是英美国家的一种通俗用语，比喻给新人看的入门书籍。——译者注

■ 资本成本

在我们的资本成本中，我们将只关注股权成本。在债务成本领域，争议要少得多。大多数股票分析师使用以下方法来计算贴现率：

贴现率＝无风险利率＋β ×市场股权风险溢价

其中，β 来自资本资产定价模型（CAPM）。我们暂时不考虑如何确定市场股权风险溢价的问题，这一问题将在第6章关于资产配置的内容中探讨。为了便于此处的讨论，我们将重点关注股权资本成本的其他要素。

资本资产定价模型（CAPM）

上文我们已经提及了CAPM模型。但在现实中，准确估值却困难重重。从CAPM模型理论到实际计算估计值，其中所产生的问题经常被从业者们忽略，但这些问题并不是微不足道的。使用CAPM需要进行以下回归：

$$r_{i,t}-r_{f,t}=\beta_i(r_{m,t}-r_{f,t})+\mu_t$$

其中：

$r_{i,t}$ = 在期间t内股票i的回报率

$r_{f,t}$ = 期间t内的无风险利率

$r_{m,t}$ = 期间t内市场投资组合的回报率

β_i = 待估计的beta系数

μ_t = 一个随机误差项

首先，CAPM模型要求我们使用市场投资组合，但将这一概念转化为可衡量的变量是非常困难的。最常见的的来源，就是把具有代表性的全国性指数，例如标准普尔500指数（S&P 500）或富时100指数（FTSE 100），来作为市场投资组合。但这种做法很少或根本没有考虑到指数选择可能带来的偏差，这就是

著名的“罗尔批评”（Roll critique）。巴特霍尔迪和皮尔斯（Bartholdy和Pearce，2001）表明，基于指数代表市场投资组合的月度数据，所估算的股票风险溢价的偏差可能达到1%。此外，他们还展示了由于指数选择不同，可能得出各种不同的Beta值（见表4.4）。

表4.4 估计值的取值范围

指数	β的平均值	标准差
标准普尔指数（S&P）	1.09	0.47
摩根士丹利国际资本指数（MSCI）	0.97	0.51
证券价格研究中心（CRSP）价值加权指数	1.11	0.48
证券价格研究中心（CRSP）相等加权指数	0.92	0.47

资料来源：巴特霍尔迪和皮尔斯（Bartholdy和Pearce，2001）。

其次，使用CAPM模型必须选择观察期间。数据应该是日数据、周数据还是月度数据？再次，还要决定样本期间。与260周的周回报数据相比，5年的月度数据是更好还是更差？

第四个要决定的内容涉及估算的方法。通常情况下使用普通最小二乘法，但是，当使用流动性不足股票的交易日数据进行估算时，选择诸如“斯科尔斯-威廉（Scholes-Williams）估计法”或“迪姆森（Dimson）估计法”等复杂的系数校正方法则更加合适。最后，还必须决定是否应用收缩因子（shrinkage factor）。通常用Beta估计值的2/3加市场Beta值的1/3来计算，这种方法可以有效地使估计值向着1的方向收敛。这样做的主要原因是，随着时间的推移，极端事件会减少，导致Beta值最终收敛到1。

还应该指出的是，法玛和麦克白（Fama和MacBeth，1973）研究表明，Beta在投资组合层面比在股票层面更容易估计。随着时间的推移，股票层面上的Beta

值会随着规模、杠杆和业务风险的变化而变化。而投资组合层面的Beta随着时间的推移表现得更加稳定，而且通常其剩余方差比单一股票层面Beta更低。

面对估计中的这些明显困难，CAPM模型的一些拥护者认为，由于无法验证，因此也不能证明该模型是存在错误的。尽管这在理论上正确，但在实践中，从业者必须被迫去估计Beta系数。巴特霍尔迪和皮尔斯（Bartholdy和Pearce，2001）发现，运用5年的月度数据，同时选择一个同等权重的指数作为市场投资组合的替代，这样似乎可以提供最有效的Beta估计值。

CAPM的实验证据

加州理工学院的彼得·伯萨尔特进行了一项有趣的研究（Peter Bossaerts，2001）。他指出，要通过现实世界的市场来检验CAPM模型的想法实在有些过于自信了。因此他率先尝试在实验市场中检验CAPM模型。毕竟，相比现实世界的市场而言，在一个实验市场中，市场投资组合是可以确定的（可以进行人为设计）。到目前为止，关于CAPM有效性的实验还很少，而且结论也各有不同。

需要注意的是，伯萨尔特的实验对象都了解标准金融理论，因此实验可能更倾向于支持CAPM模型。正如我们在凯恩斯的选美比赛中看到的那样，实验结果很容易受实验主体类型的影响。让一群博弈理论家参加一场选美比赛，与让一群财经媒体的读者进行同样的比赛相比，更有可能出现“零”的纳什均衡这一结果。这些实验资产市场也是如此——经济学家可能更倾向于支持CAPM模型，而投资者则不一定。

CAPM的实证证据

林特纳（Lintner，1965）等人在早期对CAPM模型进行的检验并没有取得圆满成功。如果你对单只股票的平均回报绘制散点图或进行回归，你会发现数据点是非常分散的，几乎没有证据能够证明其中有任何关联。然而，当法玛和麦克白（Fama和MacBeth，1973）决定使用投资组合而不是个股进行研究时，结论就像理论所预测的那样，收益和投资组合之间存在明确的关联。这时，CAPM才真正不负“资产定价模型”这一称号。

1981年，班斯（Banz）发现了CAPM面临的第一个严峻挑战。他发现无论股票的Beta值如何，小型股的表现似乎都优于大型股。这显然违反了CAPM基于的有效市场假设，毕竟在CAPM模型下，Beta值是评估一个股票（或投资组合）的风险溢价时所需要的唯一指标。

我们应该注意到一个警示信号，就是在过去10年左右的时间里，小盘股效应基本上没有出现过。事实上，霍罗威茨、洛夫兰和萨文（Horowitz、Loughran和Savin，2000）指出，在运用多种方法验证后，并没有证据显示1980年至1996年期间美国市场出现过小盘股效应。这表明，我们可能根本没有捕捉到“真正的”风险因素，而只是20世纪70年代或80年代期间对小盘股产生了一些特殊偏好，或者只是20世纪90年代对大盘股的需求突然增多。这也正是我们在上一章讨论投资风格生命周期时所提出的观点。

第二个“异常”是已有充分文献描述的价值效应。这是指，存在一种明显的趋势，即P/B比率较低的股票（价值型股票）比P/B比率较高的股票（成长型或魅力型股票）表现更好。当然，这是我们在上一章中讨论风格投资时的主要问题。此处需要注意的另一个问题是，如果一些市场主体运用正反馈投资策略，那么想要确定某一种风格的真实平均回报几乎是不可能的。我们可能只是看到了一种对于长期价值的追求，而不是找到了真正的风险溢价因素。

图4.6显示了与CAPM模型不符的研究结果。该研究分析了1947年至1996年之间的美国股票，同时纽交所（NYSE）被用作市场投资组合的代表。根据股票的规模和账面市值比，这些股票被分类至不同的投资组合中。纵轴显示了每个

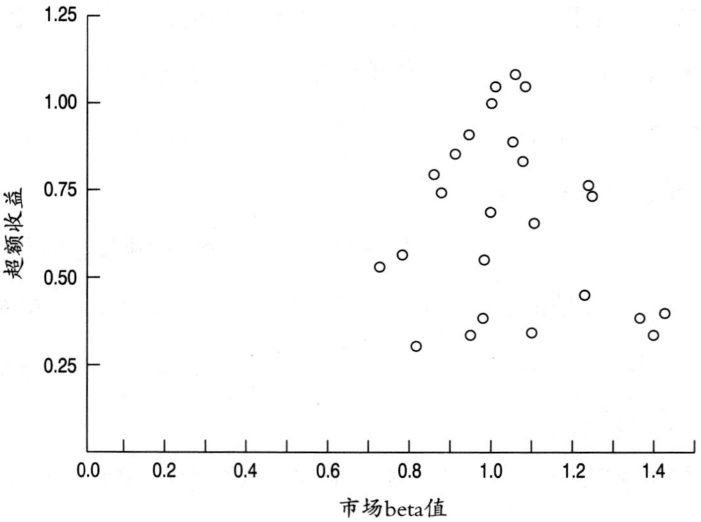

图4.6　根据规模和账面市值比分类的25个股票投资组合的平均回报与市场Beta值

资料来源：转载自科克伦（Cochrane，2001），普林斯顿大学出版社。

投资组合的平均回报，横轴显示了投资组合的Beta值。可以清楚地看到，表现最好的投资组合的平均回报率是表现最差的投资组合的3倍，而且这种变化与投资组合的Beta系数无关。

科克伦（Cochrane，2001）深入探讨了这些与CAPM模型不符的情况。接下来的两幅图（见图4.7和图4.8）分别显示了同一账面市值比、不同规模的投资组合，以及同一规模、不同账面市值比投资组合的情况。规模的变化（在给定的账面市值比下）带来的平均回报率的变化，与Beta的估计值呈正相关。然而，账面市值比的变化（在给定的规模下）带来的平均回报率的变化，则与Beta的估计值呈负相关！难怪当CAPM模型被运用于这样的投资组合时就像一场灾难。

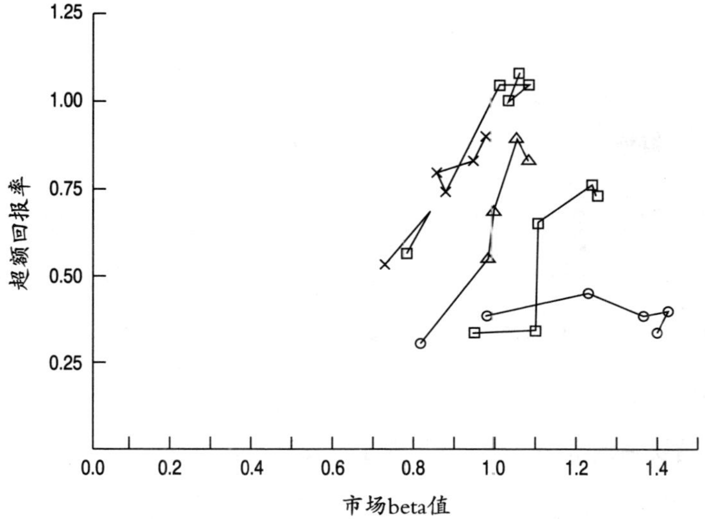

图4.7 平均超额回报与市场beta值：
同一账面市值比、规模不同的投资组合的图线

资料来源：转载自科克伦（Cochrane，2001），普林斯顿大学出版社。

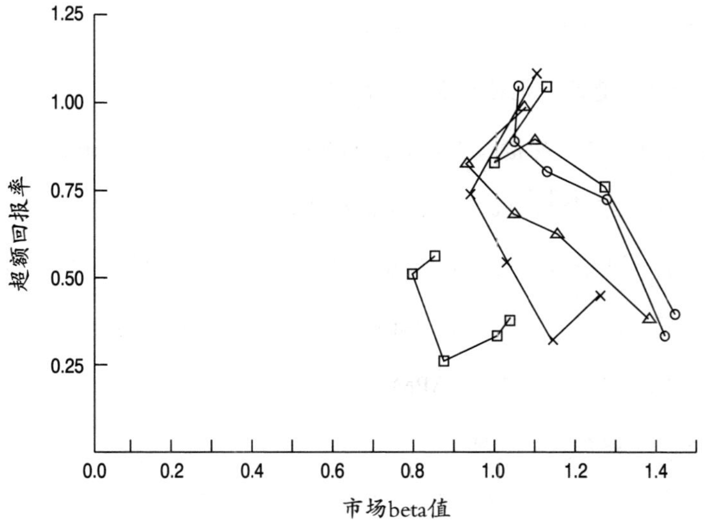

图4.8 平均超额回报与市场beta值：
不同账面市值比、同一规模的投资组合的图线

资料来源：转载自科克伦（Cochrane，2001），普林斯顿大学出版社。

CAPM的假设

与所有优秀的经济学家一样，我所接受过的训练告诉我，应当根据预测而不是根据假设来评判一个模型。然而，当一个模型像CAPM那样，在实证中屡次被证明为错时，就应该及时把矛头转向模型的假设并评估这些假设的有效性了。

CAPM的假设如下：

I. 没有交易成本——如：没有佣金、没有买卖差价。

II. 投资者可以在任何规模的任何股票中持有任何头寸（多头或空头），并且不会影响市场价格。

III. 没有税收——因此投资者对股息和资本利得没有偏好。

IV. 投资者是风险厌恶者。

V. 投资者在共同的时间跨度下。

VI. 投资者仅在均值—方差空间中看待股票①。

VII. 投资者通过多元化投资来控制风险。

VIII. 所有资产，包括人力资本，都可以在市场上进行买卖。

IX. 投资者可以以无风险利率贷款和借款。

这些假设都不符合金融市场的现实。事实上，前两章用详细的文字批判了这些假设所存在的错误。因此，CAPM模型存在缺陷，或者说CAPM在应用中存在问题，也就不足为奇了。使得CAPM模型成立的假设都站不住脚，难怪这一模型不可能成为一个好的实证工具。

卡尔塞斯基（Karceski，2000）更为一般性地将机构投资的增长和追逐回报的行为与Beta值的失效联系起来。他认为，投资者在整个投资时段内追逐回报，

① 这一条假设的表述比较晦涩，实际意指：影响投资决策的主要因素为期望收益率（用均值表示）和风险（用方差表示）两项。这也就意味着，同一风险水平下，投资者选择收益较高的证券；同一收益水平下，投资者选择风险较低的证券（主宰原则，Dominance rule）。——译者注

在股市大幅上涨之后，会引发大量追逐性的资金流入共同基金。投资者也追逐横截面的回报——也就是说，每一段时期，共同基金都在争夺总资金流入的最大份额，表现最佳的共同基金吸引的资金流入最高。

这种流动性动态地导致了一种不对称性，以至于基金经理们最关心的是在牛市期间的表现是否优于同行（在牛市期间，表现优于同行的回报最高）。由于当一般市场上涨时，Beta值高的股票往往跑赢大盘，因此主动型基金经理会倾向于在投资组合中选择Beta值高的股票，从而降低了均衡时的预期收益，并进一步弱化了Beta与股票收益之间的关系。

值得注意的是，早期的研究表明，Beta很好地显示了风险溢价。然而，后来的研究却全面否定了单因素风险模型。这些研究结果出现的时间（20世纪80年代之后），刚好也是共同基金行业迅速扩张（见表4.5）的时期。

表4.5 机构投资者的崛起

年份	机构投资者持有的股权总额（%）
1950	6.1
1970	26.7
1990	44.1
1998	49.6

多因素模型

小盘股效应和价值效应这两个经验规律被纳入了下一代资产定价模型。1993年，法玛和弗兰奇（Fama和French，两个强有力的有效市场坚定支持者）提出了资产定价的三因子模型（法玛和弗兰奇在1996年对他们在这一领域的工作进行了出色的总结）。法玛-弗兰奇三因子模型（FF3模型）是原始CAPM一类方法的延伸。除了标准CAPM模型的超额市场回报外，FF3模型还增加了小盘股回报率减去大盘股回报率［文献中称为市值因子（SMB）］，以及价值型股票回报率减去成长型股票回报率［文献中称为账面市值比因子（HML）］。

因此，FF3模型可以写成：

$$r_{i,t}-r_{f,t}=\beta_i(r_{m,t}-r_{f,t})+\delta_i(SMB_t)+\phi(HML_t)+\mu_t$$

法玛－弗兰奇因子是由规模和账面市值比构成的6个按价值加权的投资组合构建的。这些投资组合于每年6月底（1926年至2000年）建立，且它们是由两种基于规模（市值，ME）区分的投资组合和三种基于账面市值比（BE/ME）区分的投资组合所交叉形成的矩阵。规模的分界点是t年6月底纽约证券交易所（NYSE）市值（ME）的50%。t年6月份的BE/ME值等于上一财政年度（$t-1$年）的账面净值除以上一年度（$t-1$年）12月的ME值。BE/ME的分界点则是纽约证券交易所的30%和70%分位数：

ME的中位数

	小盘股，价值型	大盘股，价值型
70%BE/ME分位数	小盘股，中性	大盘股，中性
30%BE/ME分位数	小盘股，成长型	大盘股，成长型

从t年的7月到$t+1$年的6月的投资组合包括所有纽约证券交易所（NYSE）、美国证券交易所（AMEX）和纳斯达克（NASDAQ）的股票。对于这些股票，我们有$t-1$年12月和t年6月的市值数据，以及$t-1$年的（正）账面价值数据。

SMB因子（小盘股减大盘股）是三个小盘股投资组合的平均回报率减去三个大盘股投资组合的平均回报率：

SMB = 1/3（小盘股、价值型 + 小盘股、中性 + 小盘股、成长型）

−1/3（大盘股、价值型 + 大盘股、中性 + 大盘股、成长型）

HML因子（高账面市值比减低账面市值比）是两个价值型组合的平均回报

减去两个成长型组合的平均回报：

$$HML = 1/2(小盘股、价值型 + 大盘股、价值型) - 1/2(小盘股、成长型 + 大盘股、成长型)$$

$r_m - r_f$，是市场上的超额回报，等于所有纽约证券交易所（NYSE）、美国证券交易所（AMEX）和纳斯达克（NASDAQ）股票（数据来源：证券价格研究中心，CRSP）按价值加权的回报率减去一个月的美国短期国债利率（数据来源：伊博森联合公司，Ibbotson Associates）。

多因素模型的来源：有效市场观点：基于风险的因素

FF3模型在解释资产定价方面比标准的CAPM模型更为成功。然而，关于FF3模型到底代表了什么，争论仍然非常激烈。对于经验丰富的市场参与者来说，显而易见地，在均衡下定价的唯一依据是风险，因此SMB因子和HML因子必须涵盖所有投资者都担心的各类风险。如果风险仅是市场中一个群体所担心的，那么就不能产生均衡价格；至少要有两个群体进行交易，直到每一个群体在特定风险面前都达到了预期的风险暴露水平，此时才能产生均衡价格。

然而，HML因子与金融危机的标准指标的相关性不是很高。瓦萨卢的一系列论文为有效市场的支持者带来了希望（Vassalou，2000；Liew和Vassalou，2000；等）。她试图将SMB因子和HML因子与经济活动（尤其是GDP）联系起来。瓦萨卢发现一些证据表明，SMB因子和HML因子能够预测GDP的变动（很像收益率曲线的斜率）。然而，正如我们接下来将要指出的那样，其他的例子对SMB因子和HML因子均衡的本质提出了质疑。

多因素模型的来源：基于非风险的因素

毫无疑问，均衡资产定价模型最重要的要素之一，就是其因子的稳定性。

也就是说，SMB因子和HML因子应该始终能够代表基本面的风险。然而，正如我们已经注意到的那样，20世纪90年代小盘股效应的消失对这一模型来说并不是一个好的兆头。

伯萨尔特和弗林（Bossaerts和Fohlin，2000）进一步提出了质疑。他们研究了1881年至1913年期间德国普通股年平均回报率的横截面数值。他们发现，Beta的解释力不如SMB因子和HML市值比因子。然而，根据HML因子构建的投资组合有着与现代数据相反的迹象——成长型股票的表现竟优于价值型股票。SMB因子似乎是样本选择偏差的产物，作为一个有意义的度量因子，在样本期间结束时竟然消失了。这种因子的非稳定性导致其不适合应用于均衡资产定价模型。

当然，还有另一种思路：FF3模型考虑了一些非风险因素。麦金利（MacKinlay，1995）提醒我们，在资产定价模型中，总是有可能找到一组变量，这些变量将在资产定价模型中产生良好的样本内拟合。然而，这些很可能是“数据窥探”的结果（即这种结果只对某一特定的数据集合成立），而不是反映了基本面的风险特征。麦金利指出，如果基于风险的这一观点是正确的，那么某个因子的回报必须与其预测未来的能力成正比。通过使用夏普比率的平方，麦金利进一步表明，CAPM模型的偏差太大，以至于这些偏差无法通过基于多因素风险的模型来解释。

丹尼尔和迪特曼（Daniel和Titman，1997；等）在一系列论文中探讨了一个相关的论点。他们试图回答这样一个问题：使FF3模型有效的是特征（基于非风险的因素）还是协方差（基于风险的因素）？基于他们所运用的研究方法可以得到下面的一个例子：从未来的盈利能力来看，拥有一个学位的价值是什么？有学位的人比没有学位的人挣得多，这是事实，但原因是什么？拥有一个学位（特征）是否会增强盈利能力？或者这样问，它是否反映了一个人实际拥有高智商（因子/协方差）？

为了区分这些假设，我们需要观察那些没有学位的高智商人群和有学位的低智商人群。如果关于特征的解释是正确的，那么有学位的低智商人群仍然应该挣得更多。如果因子/协方差解释是正确的，那么没有学位的高智商人群应该赚得更多。

我们如何将其与FF3联系起来？我们需要找到看似成长型股票的价值型股票，和看起来像价值型股票的成长型股票！为了找到这样的股票，丹尼尔和迪特曼按照账面市值比对总体进行排序，用十分位进行划分，然后根据因子载荷（FF3模型中的）进行排序，以确定其与HML因子的协变程度。

为了检验假设，他们设置了两个净投资为零的组合：一个是零因子载荷，但在账面市值比上是非平衡的（做多账面市值比高的股票，做空账面市值比低的股票），这个组合被称为因子平衡投资组合。另一个投资组合的特征值为零，即在账面市值比上进行均等配置，但这一组合具有高因子载荷（FF3中的高因子载荷），它被称为特征平衡投资组合。

如果因子/协方差模型是正确的，那么因子平衡投资组合的平均回报率应该接近于零，特征平衡投资组合的回报率应该很高，且为正回报。反之，如果特征模型是正确的，那么特征平衡投资组合的平均回报率应该接近于零，而因子平衡投资组合的回报率应该很高，且具有正回报。

丹尼尔和迪特曼发现，在美国数据中，特征平衡投资组合的平均回报率约为零，因子平衡投资组合的平均回报率显著为正。也就是说，价值型股票即使产生一种类似成长型股票的回报模式，也能获得溢价；或者说，股票的预期回报率取决于它账面市值比（特征）的高低，而不是它的回报模式（它是否与其很高或很低的账面市值比协同变化）。这清晰地表明了，特征模型比运用协方差（或基于风险因素的）的方法更加强大。

多因素模型的来源：行为观点

然而，我们依然不知道这一问题究竟是数据窥探还是市场失效。布莱克（Black，1986）认为，仅根据已实现（事后）的收益，是无法对原本的假设做出区分判断的。舍夫林和斯塔特曼（Shefrin和Statman，1998）提出了一种巧妙的方法，即利用收益的期望值和已实现的收益来区分各种假设。

他们提出了三个假设：

I. 数据窥探

II. 基于风险因素的

III. 投资者的认知错误

他们的检验思路是观察已实现收益和收益的期望值是如何与FF3模型的因子相关的。如果FF3模型的驱动因素是数据窥探，那么我们会预期产生这样的结果：已实现的收益与模型的因子相关，而收益的期望值与这些因子无关。

如果对FF3模型基于风险因素的解释是正确的，那么我们可以预测，已实现的收益和收益的期望值都存在类似的相关性。如果账面市值比因子（HML）与已实现的收益和收益的期望值都呈现正相关，则风险溢价就是这个模型的驱动因素。投资者要求（或者说期望）一个很高的账面市值比，来补偿他们面临的风险，然后他们才会因承担风险而获得收益。

如果FF3模型的瑕疵应该归咎于认知错误，那么我们预计，已实现的收益和收益的期望值会有相反的结论。也就是说，投资者希望从低账面市值比的股票（成长型）中获得高回报，但实际上他们通常得不到回报。

利用从第一声资讯服务公司（First Call）和财富杂志（Fortune）调查收集的有关收益的期望数据，舍夫林和斯塔特曼发现了表4.6中列出的关系。当然，这种关系与投资者在预期中犯的错误有关。因此，举例来说，他们总是预计成长型股票的表现会好于市场平均水平，但结果通常令人失望。这与FF3模型的有效市场解释相去甚远。由此我们不禁产生疑问，FF3模型真的是一个行为Beta[①]模型吗？

表4.6 已实现回报与回报的期望值

因子	已实现的回报	回报的期望值
规模因子（SMB）	正	负
账面市值比因子（HML）	正	负

请记住，Beta值是相对于市场投资组合而定义的。罗尔批评指出，市场投资组合是未知的，因此Beta值永远无法被检验。但是，FF3模型可否作为纠正市场错误定价的一种尝试？如果市场效率低下（我们在第2章和第3章中见过很多这样的例子），那么能够代表市场的模型需要能够纠正任何错误定价。行为Beta值会使得基准投资组合趋向于选择定价过低的证券，而避免定价过高的证券。

这就是为什么规模和账面市值比会影响已实现回报的原因吗？HML因子和SMB因子二者似乎都有这种效应［理论和论据分别见舍夫林和斯塔特曼（Shefrin和Statman，1994），以及丹尼尔、赫舒拉发和萨布拉玛尼安（Daniel、Hirschleifer和Subrahmanyam，1999b）］。

关于FF3模型因子来源的争论并不是什么象牙塔的争论，它对我们对股票进行估值的方式有着重要的影响。在我们讨论这一点之前，还有一些其他的潜在因素也要考虑到资产定价模型中。

① "行为Beta值"（Behavioral Beta）是舍夫林和斯塔特曼（Shefrin和Statman，1994）提出的行为资产定价模型（Behavioral Asset Pricing Model，BAPM）中的核心概念。BAPM模型是对CAPM模型的扩展。在BAPM模型中，投资者被划分为信息交易者（理性投资者）和噪声交易者（非理性投资者），证券的预期收益是由"行为Beta值"决定的。——译者注

动量

FF3最显著的失败是它无法解释动量带来的回报。有一种趋势，即表现优异的股票在3–12个月的时间内，继续每月跑赢大盘1%左右［杰格蒂什和迪特曼（Jegadeesh和Titman，1993）］。见表4.7。

表4.7 美国的动量效应

时间区段	平均月回报率（%）
01/31–02/63	0.38
07/63–12/93	1.31
01/90–01/97	1.01

基于有效市场的模型在处理动量问题上尤其困难。实际上，可以设置一个赢家减输家（winner minus losers，WML）的投资组合，但由于这一组合显然是被人为设定的，几乎所有人都认为，它并不属于均衡资产定价模型这一范畴。

这非常可能是数据窥探的结果。然而，杰格蒂什和迪特曼（Jegadeesh和Titman，1999）比较了动量行为角度和数据窥探角度的解释。这两种解释在投资组合形成后的收益模式方面有着很大的差异。行为模型明确指出，持有期回报率的产生，是由于投资者对信息通常具有延迟的过度反应，因此导致赢家（或输家）的价格高于（或低于）长期价值。这些模型预测，在持有到期后，输家的回报将超过赢家的回报。相比之下，数据窥探的解释［康拉德和考尔（Conrad和Kaul，1998）］认为，持有期赢家的较高回报代表了他们无条件的预期回报率，并且这也预示着，动量投资组合的构成后回报（post–formation returns）在任何排名后期间（post–ranking period）都是平均为正的。正如行为模型所预测的那样，杰格蒂什和迪特曼找到了最终能够逆转结果的明确的证据。这正是我们

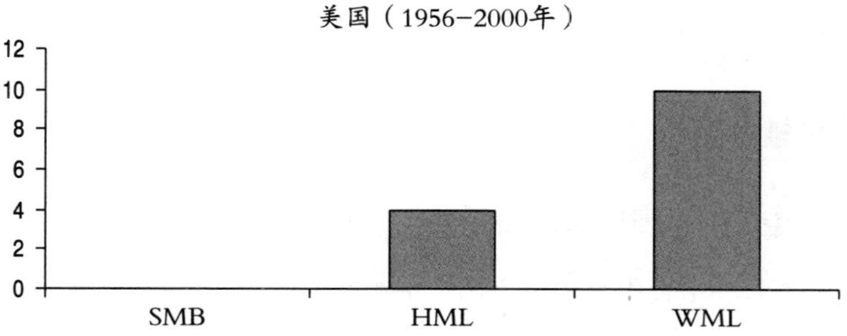

图4.9　规模、风格和动量：美国（1956–2000年）

资料来源：DKWR。

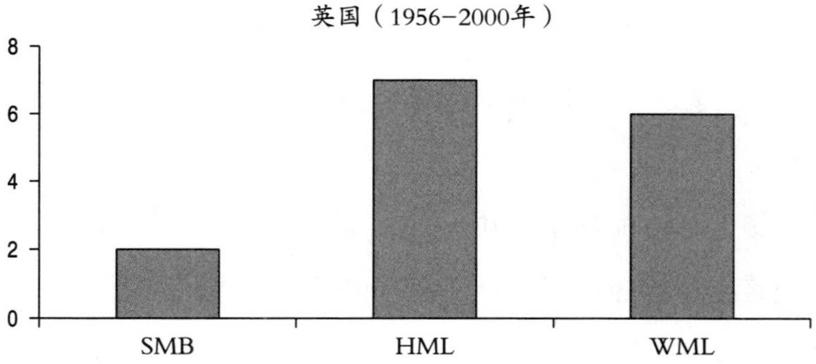

图4.10　规模、风格和动量：英国（1956–2000年）

资料来源：DKWR。

在上一章讨论风格轮动时所运用的模式。参见图4.9和图4.10。

▪ 套利有限性因素

到目前为止，我们已经从行为角度分析了影响股票收益的因素。然而，有两个潜在因素可能是由套利的有限性而非行为特征本身引起的。我们接下来将转而分析这些因素。

非系统性风险

CAPM模型的一个基本原则是，投资者运用投资组合来分散风险，所以他们只剩下一个利润增长引擎——市场水平的风险溢价（Beta）。但如果这一原则未能实现（我们在第1章中已经指出，投资者的投资多样化做得并不好），那么非系统性风险可能会开始对资产定价产生影响。

此外，正如我们在第2章中所展示的，套利者所面临的融资风险意味着他们并不能仅仅关注长期的价格波动，还必须关注当前价格的波动。从交易开始的那一刻起，套利者就开始担心价格是否会对他们不利，或者他们是否会面临追加保证金的要求，等等。这意味着非系统性风险再次开始对资产价格产生影响。

坎贝尔等（Campbell等，2001）表明，非系统性风险一直在上升。事实上，个股风险已经比20世纪60年代的水平翻了一番。他们还表明，在同一时段内，市场的波动几乎是无规律可循的。因此，非系统性风险的上升必然伴随着每两只股票间平均成对相关性的下降。事实上，坎贝尔等人的研究表明，美国股市的平均成对相关性仅为20世纪60年代水平的三分之一左右。参见图4.11至图4.13。

除了资产定价问题外，这些趋势对投资组合的构建具有重大影响。大多数金融教科书认为，最优的投资组合多样化（即降低投资组合的非系统性风险至与整体的指数相等）需要10至15只股票。然而，提供这些数据的研究是在20世纪60年代进行的。

坎贝尔等人在更新相关性的统计数据时，绘制出了一幅截然不同的画面。从1974年到1985年之间，你需要在投资组合中持有20多只股票，以确保达到完全

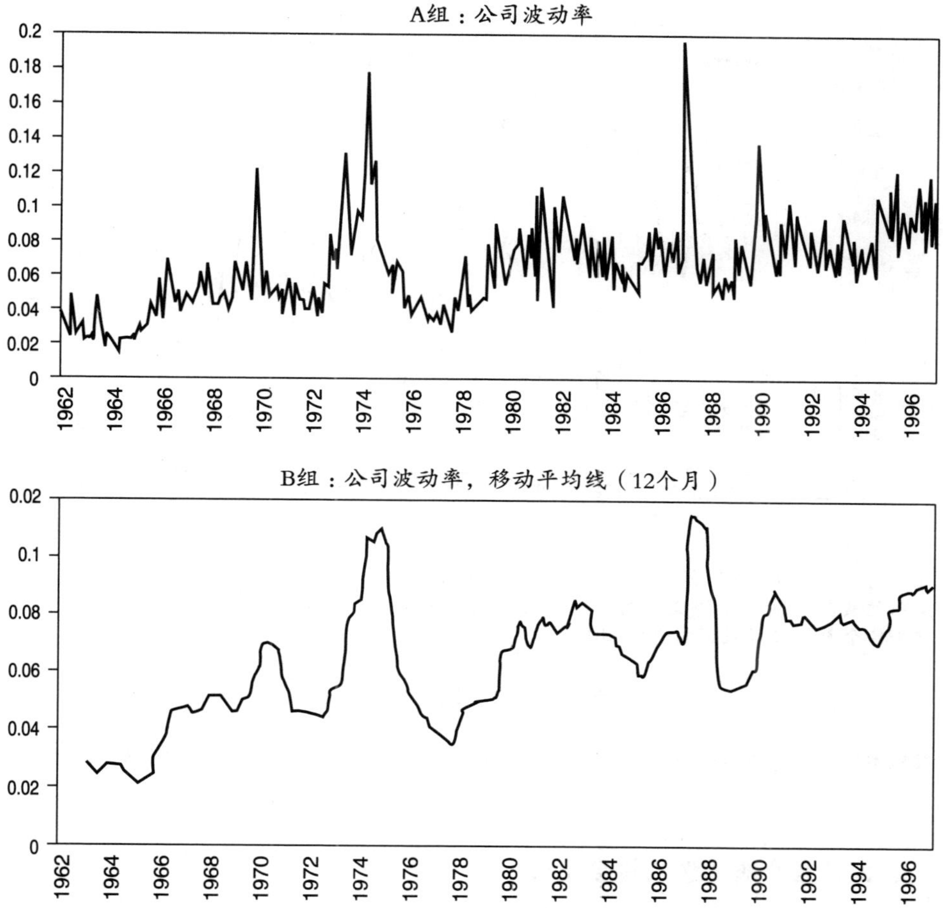

年化公司层面收益波动率。上面的图显示的是1962年7月至1996年12月期间每个月中，相对于公司所在行业，公司的日收益率的年化方差。下面的图显示了公司收益波动率的12个月移动平均情况。美国国家经济研究局（NBER）公布的衰退情况在图中已经用灰色表示出来，它也表明了波动率的周期性特点。

图4.11 非系统性风险

资料来源：转载自坎贝尔等（Campbell，2001），布莱克威尔（Blackwell）出版社。

多样化。在1996年至1997年期间，达到完全多样化所需的股票数量猛增，这时你必须持有大约50只股票，才能达到同等的降低风险效果。

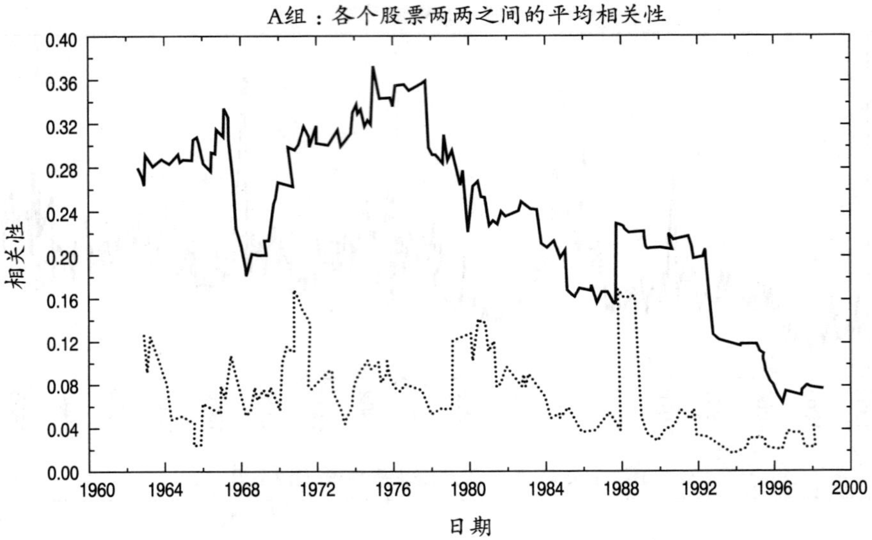

此图反映了在纽约证券交易所（NYSE）、美国证券交易所（AMEX）和纳斯达克（NASDAQ）交易的股票之间的平均成对相关性。实线是过去60个月月度数据的平均相关性，虚线是过去12个月的每日数据的平均相关性。

图4.12 平均成对相关性

资料来源：转载自坎贝尔等（Campbell，2001），布莱克威尔（Blackwell）出版社。

为什么个股的波动性会上升

我们可以找到这种趋势的三种可能解释。第一，企业集团的破产。同时涉猎多个产品线公司的股票组合的市值往往低于专注于同一行业公司的投资组合（详见第7章）——公司的多元化并未受到投资者的青睐。这就鼓励了公司专注于它们的核心竞争力和小范围的目标市场。与大型企业集团相比，这些专注于“小型业务”的企业在本质上其实更容易受到非系统性风险的影响。

导致非系统性波动增加的第二个潜在原因是公司生命周期的加速。股权市场变得越来越像风险投资市场。与过去相比，公司进入市场的时间要早得多。据J. 里特尔（Jay Ritter）教授的数据，1997年68%在美国上市的公司都已经拥有

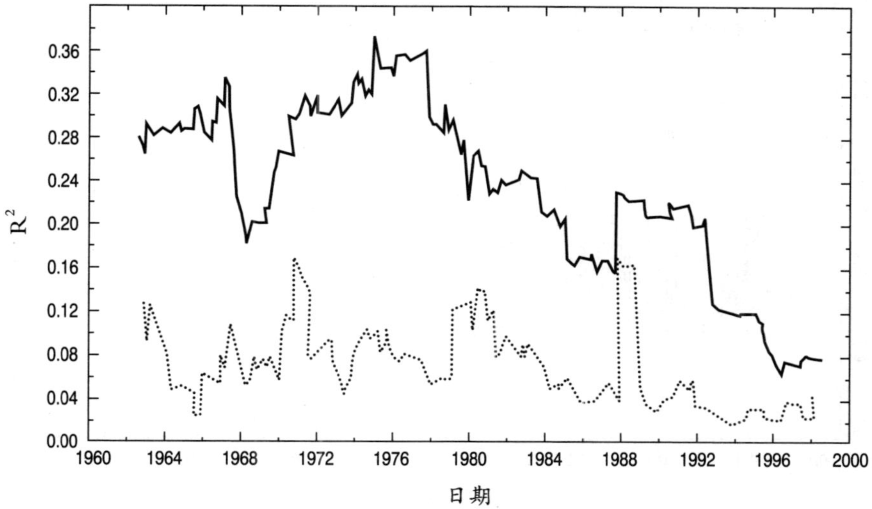

此图显示了市场模型的R^2的等加权平均值，这些R^2的平均值是使用过去60个月的月度数据（实线）或过去12个月的日数据（虚线）来估算出来的。每个时间点计算中包含的股票，必须具有过去60个月（实线）或12个月（虚线）内的完整的回报历史记录。

图4.13 市场模型下个股的R^2平均值

资料来源：转载自坎贝尔等（Campbell，2001），布莱克威尔（Blackwell）出版社。

12个月的盈利记录。1999年，这一比例降至25%。投资者因此而产生的担忧，便直接转化为了市场的波动性。

马尔基和徐（Malkie和Xu，2000a）提出了一个相关的观点，即成长型股票的上涨可能推动了个股风险的上升。成长型股票往往是小型、专注于在一个专业化的市场中提供产品的公司。从本质上讲，成长型股票的非系统性风险可能要高得多。实际上，马尔基和徐表明，非系统性风险与长期收益增长的预期呈正相关关系（参见图4.14）。

第三个潜在原因可能是整个金融体系的加速发展。在20世纪90年代后期，出现了自动交易、高度活跃的基金经理以及越来越多的短线交易者等类似的因

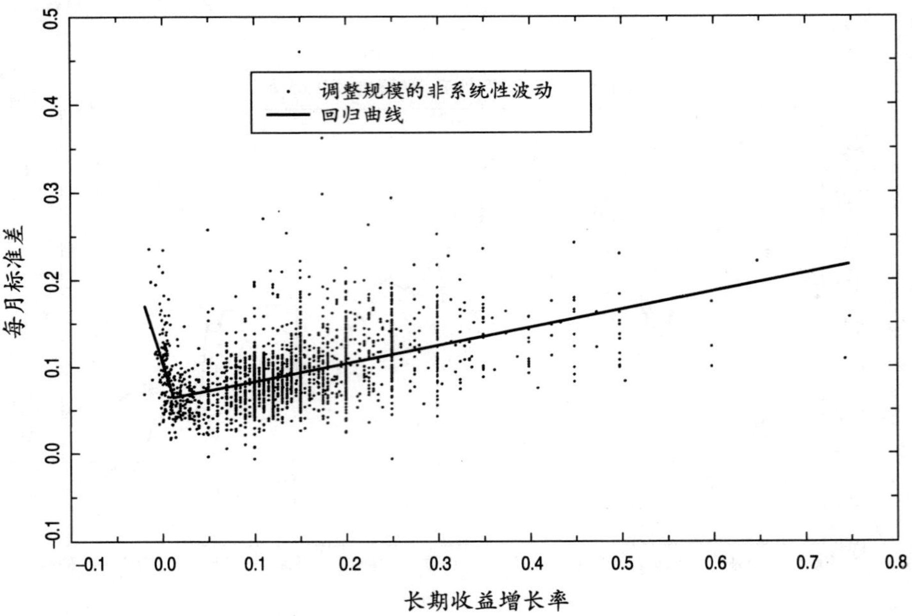

图4.14 非系统性风险和预期长期增长

资料来源：马尔基和徐（Malkie和Xu，2000a）。

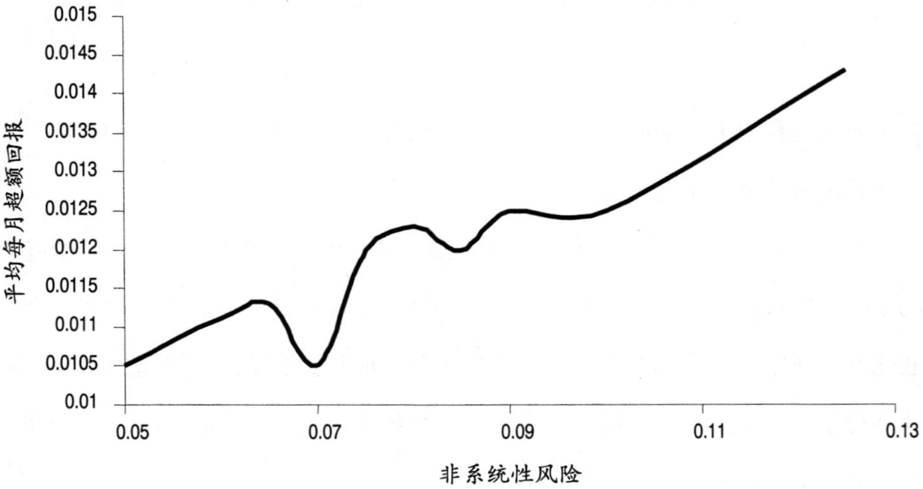

图4.15 非系统性风险和回报

资料来源：马尔基和徐（Malkiel和Xu，2000a）。

素，这些因素结合起来，共同加剧了价格的上涨，使价格达到前所未有的水平。

非系统性风险对资产定价的影响究竟有多大，这是一个实证问题。马尔基和徐绘制了图4.15，以说明超额回报（在应用FF3模型之后）和非系统性波动之间的高度联系。该图也清晰地表明了，在任何股权收益模型中，我们都应该对模型是否包含反映整体非系统性风险的变量投入足够重视。

流动性

当我们在第2章讨论债券市场背景下一价定律的失效时，一个反复被考虑的因素是投资者对流动性的需求。在套利机会有限的股市中，流动性也很重要。流动性是一个有些模糊的概念，但通常指的是快速、低成本、同时不改变价格的大量交易能力。

将流动性的概念转化为可衡量的变量，本身就是令人为难的。克瑞达、罗尔和萨布拉玛尼安（Chorida、Roll和Subrahmanyam，2000a，2000b）构建了各种流动性指标的每日时间序列，这些指标包含深度、报价、有效买卖价差，以及交易量（如以美元计和以股份数计的交易量）。琼斯（Jones，2000）收集了平均报价价差的年度时间序列。阿米胡德（Amihud，2000）使用纽约证券交易所（NYSE）股票的平均绝对价格变动交易量的比率，来构建年度总流动性指标。罗和王（Lo和Wang，2000）使用平均周转率变量作为衡量流动性的指标。帕斯特和斯丹博（Pastor和Stambaugh，2001）使用了一种更为复杂的基于指令流的测量方法（见图4.16）。然而，对于实践者来说，好消息是，基本上所有的估计指标都指向同一个方向。

帕斯特和斯丹博（Pastor和Stambaugh，2001）的研究非常重要，因为它旨在发现流动性风险是否反映在股票价格中。为了检验这一假设，他们计算了敏感度，并用流动性Beta（βLi）表示股票i的流动性风险溢价，其中Beta是多元回归

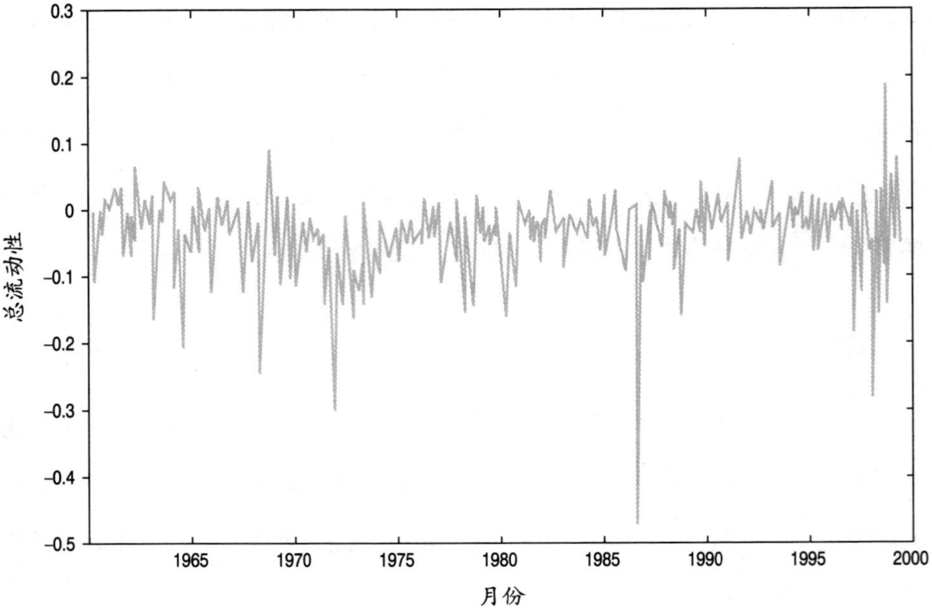

总流动性。每个月的观察值是这样取得的：对每个月的个股指标进行平均，然后乘以（m_t/m_1），其中m_t是包含在t月平均值计算中的股票在t−1月月末的总美元价值，而第一个月份对应的是1962年8月。某只股票对某个月的衡量标准是回归斜率系数，该系数是利用当月的日收益和成交量数据估算出来的。某个给定月份的个股衡量指标就是回归斜率系数，该系数是利用当月的日收益和交易量数据估算出来的。每一年刻度上的数值对应的是给定年份的7月份。

图4.16 帕斯特和斯丹博的流动性衡量

资料来源：帕斯特和斯丹博（Pastor和Stambaugh，2001）。

中L_t（它们的总流动性指数）的斜率系数，同时在这一回归中，其他独立变量也被认为是对资产定价很重要的额外因素。为了调查股票的预期收益是否与βLi相关，他们采用了一种简单的基于投资组合的方法，即创建一个流动性Beta值足够分散的资产池。从1965年开始的每年年底数据，都会根据βLi的预测值对股票进行分类，并形成10个投资组合。在接下来的12个月内，这些投资组合所产生的回报将在多年间相互联系，最后形成每个十分位投资组合的单一回报序列。然后，这些投资组合的超额回报将对基于回报的因子进行回归，这些因子通常被用于实证资产定价研究。如果回归截距（或阿尔法）与零不同，则βLi便解释了未被其他因素所解释的预期回报的一个组成部分。

帕斯特和斯丹博同时使用FF3模型、FF3模型与WML因子结合（一个动量投资组合）构造投资组合。他们发现股票的流动性Beta在资产定价中扮演着重要的角色。流动性更高的股票具有更高的回报率。特别是预测的流动性Beta值在十分位数的首末段之间的差值，在FF3模型和WML因子的组合中每年可以产生7.5%的超额收益率（阿尔法），而在FF3模型组合中可以产生超过9%的超额收益率。

显然，流动性对资产定价很重要。尽管如此，分析师们却很少关注这一问题。相反，有关流动性的讨论通常集中在基金管理组、交易台和衍生品产品台。分析师如果希望自己在决策中更有价值，就需要更多地考虑流动性问题。

使用注意事项

上述因素是否源于对风险的有效定价、数据窥探或行为偏差，以及套利有限性对投资者的影响，似乎是一场枯燥的学术辩论，但实际上，这些研究对理解股票估值背后的驱动因素起着重要作用。

正如我们已经注意到的那样，如果市场能够对风险进行有效定价，投资者的最好做法就是线性构成并持有这些被追踪的投资组合。但是，如果市场存在行为偏差和套利有限性的情况，那么投资者就有可能获得更高的回报。

从分析师的角度来看，基于风险因素和非风险因素的估值驱动因素之间的差异是非常关键的。如果多个因素的来源都是基于风险因素的，那么分析师需要将它们纳入到基本面价值的资本成本计算中。然而，如果其来源是行为偏差和套利有限性，那么我们就会发现基本面价值和市场价值（或者说，"价格应该是多少"和"实际价格是多少"）之间是存在差异的。如果我们对纯粹的基本面价值感兴趣（可能出于公司财务方面的原因），那么CAPM模型下生成的Beta值或许是衡量股权成本的最佳方法。然而，大多数分析师也对市场价值的决定很感兴趣（或者至少应该感兴趣）。为了估计市场价值，应使用一个类似于以下模型的多因素模型：

$$r_{i,t}-r_{f,t}=\beta_i(r_{m,t}-r_{f,t})+\delta_i(SMB_t)+\phi(HML_t)+\eta(WML_t)+\rho(IDVOL_t)+\omega(LIQUID_t)+\mu_t$$

其中：

$r_{m,t}-r_{f,t}$ = 市场股权风险溢价

SMB = 小盘股减去大盘股的回报率

HML = 价值型股票减成长型股票的回报率

WML = 赢家减输家的回报率（动量）

IDVOL = 非系统性风险成分

LIQUID = 衡量整体市场流动性的指标

或者也可以采取一个直接基于特征的模型，这些特征包括账面市值比、市场资本化程度，以及过去的动量，而不是基于分析“回报如何随投资组合的因子协同变化”（如丹尼尔和迪特曼的研究所论述的那样）。

斯坦因（Stein，1996）从企业的角度探讨了这些问题。如果这种模型是基于非理性的市场行为，那么管理者需要选择适合他们的资本预算方法。例如，如果管理者想最大化短期股价，那么他们应该使用一个反映这些因素的模型，即多因素模型。另一方面，如果管理者想最大化长期价值，那么就应该去估计基本面资产风险（例如CAPM模型中的Beta值）。

这种二分法为我们提供了清晰的预测思路：资产负债表表现优异的公司，或者能够较容易地获得贷款的公司，应该使用基本面资产风险指标（如CAPM的Beta值）；而需要频繁接触股票市场的公司，更有可能使用多因素模型。例如，

与评级为AAA的、资产富足的公用事业公司相比，现金拮据的互联网公司应该选择能够对股价的波动做出更敏感反应的投资。

举个例子，考虑两家航空公司—— 一家经济拮据，另一家则不然。假设一波负面情绪冲击航空业，股价下跌，那么预期回报率上升。受到限制的公司，使用的是多因素贴现率，必须提高投资的门槛回报率。没有受到限制的公司，使用的是基本面的资产风险指标，也无须调整其投资的门槛回报率。受到影响的公司可能被迫将资产（飞机）出售给竞争对手。当然，这是在第2章中讨论过的资产贱卖的例子。

相反，如果航空业板块出现积极的情绪，股票价格上涨，那么预期回报率下降，使用多因素模型的公司将降低贴现率/投资的门槛回报率，并开始购买飞机——可能会在这种正面情绪的影响下过度投资。普维诺（Pulvino，1998）就曾记录过航空业的这种资产购买和销售的模式。

■ 分析师指南

接下来将总结本章涵盖的要点，以供分析师们参考：

I. 基本面并非一切。

II. 不要太乐观。

III. 要关注现金流，而不是收益（应关注应计收益）。

IV. 使用绝对估值方法（DCF）而非相对估值方法。

V. 使用逆向工程模型。

VI. 请记住，大多数公司无法维持其竞争优势（见第3章）。

VII. 仔细考虑资本成本。

VIII. 你对基本面价格还是市场价格感兴趣？

第 5 章

投资组合构建与风险管理

一个聪明人应该时刻为明天着想，而不是孤注一掷。

——米格尔·德·塞万提斯·萨维德拉

（Miguel de Cerantes Saavedra）

把所有鸡蛋放在一个篮子里，然后时刻盯着这只篮子。

——马克·吐温（Mark Twain）

尽管投资组合构建和风险管理并非经常联系在一起，但二者的原则密切相关。事实上，二者处理的变量和使用的语言即使不是完全相同，也是非常接近的；只是关注的焦点可能不同，但研究的对象和使用的工具却惊人地相似。二者在本质上都与某种形式的最优化有关。因此，相关性和协方差构成了投资组合构建与风险管理研究的核心。

行为金融学，以及相关被称为金融物理学（或经济物理学）[①]的研究，可以极大地提高我们对投资组合构建和风险管理本质的理解。由于主题的性质，本章比其他章节在技术上要求更高（虽然没有更多的数学推导）。在第2章关于有限套利和第4章关于分散化的好处的讨论中，我们已经谈到了投资组合构建和风险管理实践方法的一些含义。在本章中，我们试图更明确地探讨这些问题。

▪ 协方差

正如前一章所述，丹尼尔和迪特曼（Daniel和Titman，1998）的研究表明，特征模型在预测预期收益方面比协方差模型表现得更好。这一发现对投资组合构建和风险管理具有重要意义。

正如科克伦（Cochrane，1999b）所论证的那样，如果预期收益与FF3模型（法玛–弗兰奇三因子模型）一致，投资者就只应持有根据这三个因子构建的线性投资组合。任何偏离这一组合的投资都会增加投资组合的方差，而不会增加其预期收益。这是对现代投资组合理论中的基金分离定理经典结果的多维扩展。由于我们不再只面对一个因子（β），因此用图形表示不是那么简单，但从直觉上仍有相同的感受。

然而，丹尼尔和迪特曼指出，协方差与预期收益没有直接联系。这表明，投资者可以通过单独估计协方差矩阵，利用特征模型使均值方差最优化，构建优秀的投资组合，从而取得预期收益。与有效市场观点不同的是，对协方差矩阵进行更为精确的估计会带来收益。

① 原文为“phynance（or econophysics）”。“phynance”是“physical finance”的简称，直译就是“物理金融学”。“Econophysics”直译为“经济物理学”。由于这一新兴学科的应用领域主要在金融方面，因此在国内一般被译为“金融物理学”，而“物理金融学”的译法比较少用。综上，本书译为“金融物理学（或经济物理学）”。——译者注

尽管丹尼尔和迪特曼认为通过建立协方差矩阵模型可能会有显著的收益，但意外的是相关方面的研究并未继续深入。然而，预期回报受到了学术界和从业人员的高度关注，使用方差、协方差和相关性对其进行历史估计已成为一种常见的做法——实际上，整个风险管理行业都是建立在使用方差、协方差和相关性的历史估计的基础上。

陈、卡尔塞斯基和拉孔尼修克（Chan、Karceski和Lakonishok，1999）探索了使用CAPM模型（资本资产定价模型）和FF3模型以及一系列其他模型，估计方差/协方差矩阵和相关性的可能性。作为一个体现协方差估计在投资组合优化过程中重要性的例子，他们假想了一个具有完美远见（能够完美而有效地预测未来的协方差）的投资者，同时增加了没有卖空机制、投资组合中每只股票的最大权重为2%这两个约束条件。每年这个假想的投资者都会从纽约证券交易所和美国证券交易所随机挑选的250只股票中，选择最小方差的投资组合。这项试验从1973年到1997年一直重复进行。通过这种策略构建的投资组合标准差为6.85%，而对照组（随机选择的250只股票，同等权重）的标准差则是16.5%。当然完美远见是一个非常不切实际的假设，但是陈、卡尔塞斯基和拉孔尼修克发现，当模型被用来预测协方差时，仍然能够得到比对照组更低的标准差。

为了研究各种模型的预测能力，陈、卡尔塞斯基和拉孔尼修克从1968年到1997年在纽约证券交易所（NYSE）和美国证券交易所（AMEX）上市的国内股票中，随机抽取了250只。这些模型的预测是基于过去60个月的数据而形成的。在每年的4月底，每个模型的协方差预测都会与已实现的样本协方差进行比较。他们的检验表明，简单地对历史数据使用外插法进行预测，会导致数据过度拟合。CAPM模型和FF3模型提供的预测，比使用历史数据更为可靠。

这些模型能够有效地平滑数据，从而比纯粹使用外插法生成的极端预测值更少。也就是说，这会产生更小的预测误差。有趣的是，陈、卡尔塞斯基和拉

表5.1 不同协方差预测模型的表现

资产 模型	均值	标准差
外插法（Extrapolation）	0.0027	0.0018
资本资产定价模型（CAPM）	0.0025	0.0014
法玛–弗兰奇三因子模型（FF3）	0.0026	0.0015
绝对预测误差		
模型	均值	中位数
外插法（Extrapolation）	0.0040	0.0028
资本资产定价模型（CAPM）	0.0037	0.0026
法玛–弗兰奇三因子模型（FF3）	0.0038	0.0027

资料来源：引用自陈、卡尔塞斯基和拉孔尼修克（Chan、Karceski和Lakonishok，1999）。

孔尼修克发现预测相关性的提升并不会带来收益的增加（见表5.1）。然而，检验我们预测风险的能力，和检验预测回报的能力相同，也需要投入大量的精力。

莫斯科维茨（Moskowitz，2001）使用GARCH模型（广义自回归条件异方差模型）来量化每个异常值对同期和未来协方差风险的贡献。他发现市场资产组合（即股票风险溢价）对协方差的贡献最大、预测效果最好。他还发现，市值因子（SMB）相关的异常回报，与协方差矩阵有密切关联，并且确实提高了对协方差的预测能力。然而，账面市值比因子（HML）和动量（MOM）相关的回报，与协方差风险无关。

陈（Chen，2001）将麦金利（MacKinlay，1995）的工作扩展到我们在前一章中讨论过的动态环境中。他使用的跨期CAPM模型传导了两个关键特性。首先，一个因子必须预测未来市场回报，以证明其风险溢价是合理的。它可能包含有关未来预期收益或未来波动率的信息，但其风险价格必须与该因子所包含的有关未来的信息数量一致。其次，各种因素的风险溢价也必须与经济主体承担风险的意愿挂钩。陈有效地测试了SMB因子、HML因子和动量（MOM）是否有预测收益或预测风险的能力。

利用1953年4月至1999年12月的数据进行估计后，不能否认这样一个事实，即在这些影响因素中，没有能够预测未来回报或未来波动性的任何信息。然而，当施加风险溢价必须与代理人承担风险的意愿相联系这一条件限制时，模型拒绝了HML因子和动量（MOM）与这里建立的跨期CAPM模型的一致性。然而，SMB因子并没有被模型拒绝。这实际上是在说，规模这个因素大致上能够由市场正确定价（确定风险溢价），但价值型/成长型和动量并非均衡因素。

■ 相关性

如上所述，相关性是非常难以估计和预测的。这在一定程度上是由于相关性的非对称性。金融市场长期以来一直有这样一种说法：在熊市中唯一上升的是相关性。表5.2显示了厄尔布、哈维和维斯坎塔（Erb、Harvey和Viskanta，1994）关于不同市场环境下股票市场之间的相关性的研究结果。他们的研究数据主要是1970年1月至1993年12月期间，每月根据MSCI指数所计算出的美元计价回报。他们根据市场状况对数据进行排序，然后估计每个子样本的相关性。研究结果能够表明非对称相关是一个非常重要的理论。例如，当美国和德国市场都在上涨时，相关性仅为8.6%；而当美国和德国市场都在下跌时，相关性跃升至52%。这清楚地证明了上面那句古老市场格言的力量。尽管研究结论说明，现实与现代投资组合理论的关键假设（相关性是恒定的）有明显差异，但投资组合构造者和风险经理都继续“假定”相关性恒定这一条件来估计他们的模型。

最近，朗津和索尔尼克（Longin和Solnik，2001）等人发现了更多关于国际

表5.2 股票市场相关性与市场环境间的函数关系

		市场上行	市场下行	市场震荡	总计
美国	德国	8.6	52	−61	32
	日本	21	41	−54	26
	英国	32	58	−60	50
德国	日本	4.6	24	−47	40
	英国	22	40	−62	42
日本	英国	12	21	−54	37

资料来源：根据厄尔布、哈维和维斯坎塔（Erb、Harvey和Viskanta，1994）整理。

市场相关性的非对称（或半相关）证据，而安和陈（Ang和Chen，2001）则发现了个股与美国市场相关性非对称（或半相关）的证据。朗津和索尔尼克称，他们应用极值理论的发现（下文将详细介绍），无法通过GARCH等风险管理者通常使用的标准波动率模型来复制。

安和陈发现，"下行"走势期间（即美国股票投资组合和美国市场双双下跌）的相关性平均比正态分布隐含相关性高出11.6%。相比之下，与"上行"走势期间（即股票投资组合和市场均上涨）的相关性与正态分布隐含相关性相差无几。有趣的是，安和陈还发现小公司、价值型股票和以往失败的投资组合往往比其他股票具有更高的非对称相关性。就行业而言，公用事业和石油公司等传统防御性股票往往表现出更大的非对称相关性。

这并不是纯粹的短期现象，哥茨曼、李和罗文霍斯特（Goetzmann、Li和Rouwenhorst，2001）研究了超过150年的全球股票市场的相关性数据。他们发现，全球市场相关性的结构随着时间推移发生了很大变化。目前，该指数正接近历史高点——上一次大萧条（Great Depression）期间的历史高位。哥茨曼、李和罗文霍斯特依据时间顺序分解相关性模式发现，当今国际投资者所能获得的分散化好处中，大约有一半来自全世界可交易市场数量的增加，另一半则是由于可交易市场之间的相关性低于平均水平。

非对称相关有多种实际应用，因而有着非常重要的意义。例如，在最优投资组合分配中，如果所有股票随着市场趋势一起下跌，那么分散化的价值可能会被那些未考虑下行期间相关性增加的人夸大。非对称相关在风险管理中也具有类似的含义。

非对称相关性对有效市场理论提出了另一个挑战。从非理性投资者和有限套利的角度来看，这是可以预料到的。正如我们在第2章中看到的，有限套利的本质是套利者面临的风险可能对其他资产产生影响。例如，长期资本管理公司（LTCM）在俄罗斯事件的推动下平仓，导致丹麦抵押贷款支持资产市场出现扭曲。因此，由于资金的流动，通常不相关的资产突然之间可以很容易地发展出非常高的相关性［参见凯尔和王（Kyle和Wang，1997）；格龙布和瓦亚诺斯（Gromb和Vayanos，2001）］。实际上，在这些模型中相关性表现出内生性。

市场参与者早就知道相关性是内生的。内生相关性最生动的例子是1998年的长期资本管理公司（LTCM）危机。长期资本管理公司本身使用风险价值（VaR[①]）方法对风险进行控制。然而，大量其他市场参与者都在进行与长期资本管理公司类似的交易［例如所罗门公司（Salomon）的套利部门，LTCM就是在那里诞生的］。它们也都使用VaR作为风险控制流程的一个环节。当市场受到俄罗斯事件的推动开始下跌时，所有的VaR模型都开始发出警告信号。这形成了一个反馈循环：投资者试图平仓，加剧了本已紧张的市场状况。当然，这是我们在第2章讨论过的资产抛售。

此外，如巴伯里斯、黄和桑托斯（Barberis、Huang和Santos，2000）所讨

① 推荐任何想要了解风险价值的读者自行阅读菲利普·乔瑞所写的通俗易懂的经典著作（Philippe Jorion，2000）。

论的，投资者的损失规避情绪也可能导致非对称相关。还记得第1章的内容吗？那些损失规避的投资者对待收益和损失的态度是不对称的，他们非常厌恶下行风险（经验证据表明，人们感觉损失的程度几乎是他们感觉收益的两倍）。因此，行为金融学的两个要素（非理性投资者和有限套利）都可以证明非对称相关性的存在。

为了说明非对称相关对VaR等指标的影响程度，乔瑞（Jorion，2000）引用了朗津和索尔尼克（Longin和Solnik，1985）的研究结果，他们发现全国股价指数之间的相关性在市场波动剧烈时平均高出0.12（从0.43上升到0.55）。究其对VaR计算值的可能影响，假设一个大型的、分散化充分的投资组合，其风险与相关性的平方根成正比。为消除相关性的非对称性影响，乔瑞指出VaR估计值应乘以1.13（$\sqrt{(0.55/0.43)}$）。若忽略其影响，VaR估算值将比实际风险低13%。因此，相关性的非对称性及其内生性对风险管理实践影响巨大。尽管相关性存在非对称性和内生性这一事实广为人知，但风险管理者仍经常直接使用历史相关性进行分析。

那些以行业而非国家来看待世界的人们，可能会认为自己不受非对称相关和协方差的影响。为了避免他们受上述观念误导，表5.3展示了行业之间的相关性也会受到不同市场条件的影响。同样，在市场下行阶段，行业之间的关联度要高得多。

尽管行为金融学告诉我们，需要预料到非对称相关性和方差等异常现象的存在，但从业人员面临的关键问题是：我们能否真正利用这些洞见来改善投资决策的优化过程，无论是风险管理还是投资组合构建，甚至是资产配置。

加比（Gabbi，2001）的研究表明，神经网络模型在预测市场回报时表现得相当好，即便无法精确预测变动的幅度，至少对市场变动方向的预测是非常准确的（即预测结果是一个合理的阶段指标，用以判断所考虑的市场是处于上升、

表5.3 牛市和熊市期不同行业间的相关性

行业	总体相关性		牛市		熊市		震荡期	
	Avg.	Vol.	Avg.	Vol.	Avg.	Vol.	Avg.	Vol.
能源	47.65	27.19	71.58	8.88	79.03	10.39	−54.49	6.38
材料	65.01	21.47	80.01	8.40	84.93	8.57	−53.61	9.95
资本货物	86.20	8.01	88.79	5.38	93.23	4.18	−43.44	11.04
商业服务和供应	70.94	10.99	81.82	4.37	81.57	11.16	−55.92	10.23
交通运输	66.27	19.93	82.86	6.37	84.94	6.70	−56.64	10.88
汽车零件	58.49	15.90	74.17	7.29	80.59	9.23	−55.48	6.59
耐用消费品和服装	58.74	13.81	73.61	8.08	80.26	8.05	−53.96	9.17
旅馆、餐饮和奢侈品	67.00	12.46	78.40	6.38	83.74	7.44	−54.62	8.42
媒体	79.34	9.46	82.34	8.66	90.17	4.94	−54.72	9.65
零售业	70.06	18.14	80.61	9.23	85.72	6.05	−51.34	13.63
食品和药品零售	60.79	19.79	76.06	7.80	82.46	9.04	−56.01	8.55
食品/饮料和烟草	60.69	32.01	79.19	9.76	81.95	13.65	−54.28	11.30
家居用品	54.22	23.10	77.25	8.02	79.85	12.76	−54.95	11.27
医疗设备和服务	60.54	15.10	77.75	8.24	80.61	9.00	−62.63	8.10
生物制药	68.02	24.85	80.11	10.47	86.19	10.18	−53.13	11.91
银行	81.84	11.48	87.01	5.88	89.30	6.59	−46.86	16.92
多元化金融	82.69	9.34	86.62	5.36	92.74	3.96	−45.48	8.84
保险	77.43	12.92	84.74	6.99	87.53	6.90	−49.27	13.62
房地产	47.76	18.09	67.43	8.10	77.77	8.14	−52.73	6.86
软件服务	67.24	9.41	79.90	6.52	83.71	5.56	−47.23	9.85
科技硬件和设备制造	78.61	7.88	83.37	5.06	88.36	5.06	−52.68	11.58
通信	77.66	7.10	82.59	6.65	89.15	4.86	−45.41	11.27
公用事业	64.35	17.91	79.05	8.65	83.64	8.25	−53.35	8.43

下落还是震荡阶段)。这个预测指标是另一个神经网络模型的输入变量，它能够反过来预测非对称（或半）相关。加比发现，这种方法的性能优于传统的假设相关性恒定的方法。

■ 回报的分布

大多数读者都熟悉统计学家所偏爱的钟形曲线——正态分布。然而，任何看过实际金融数据的人都知道，正态分布并不能很好地代表金融市场回报的分布。图5.1和图5.2显示了不同股票市场的收益分布，它们并不是正态分布。

这些图清楚地表明，回报的分布是非正态的。正态分布以数据的平均值呈轴对称形状。如果分布不对称，则称其为偏态分布。负偏态意味着分布具有较

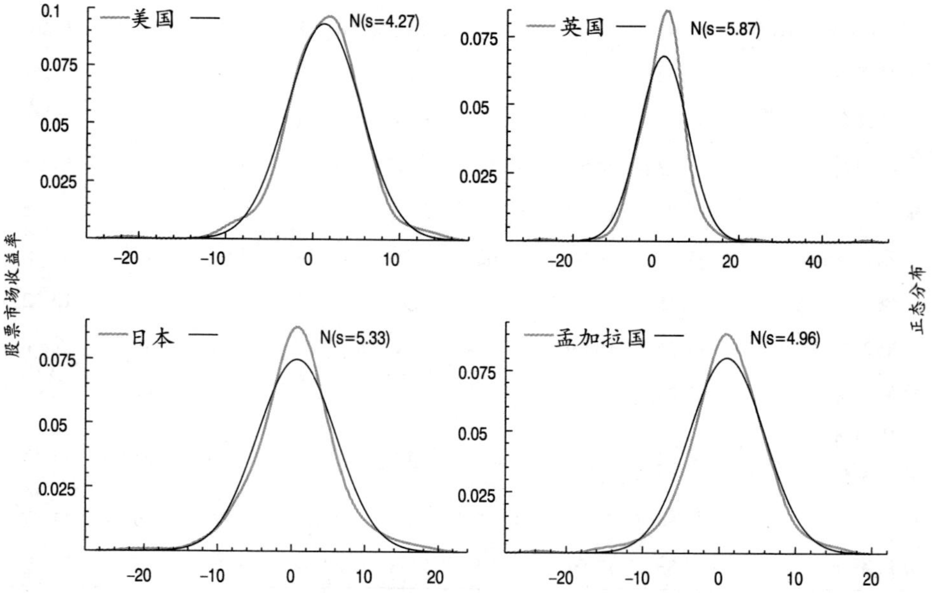

图5.1 股票市场收益率分布与正态分布（左：低收益率 右：高收益率）

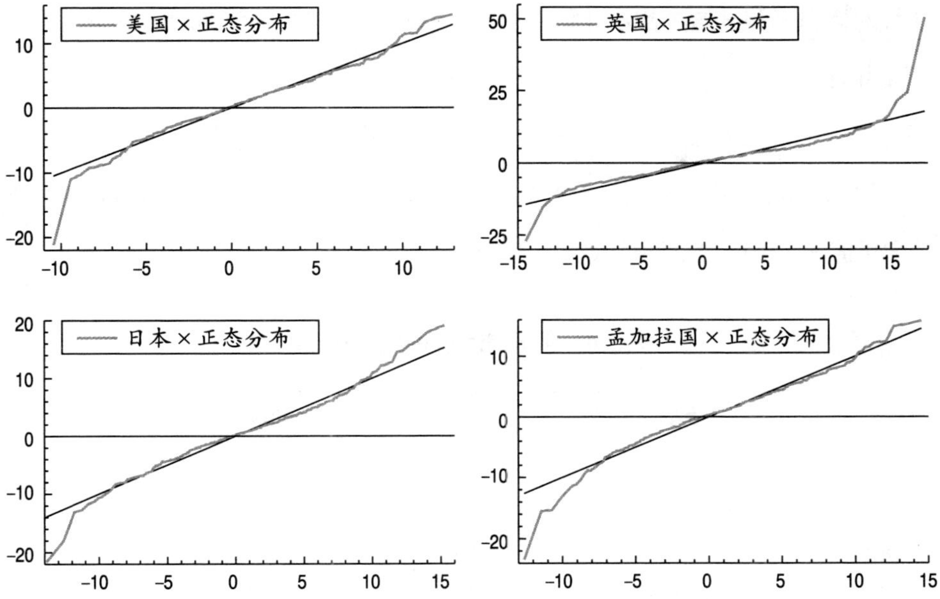

图5.2 QQ-plot 分位数图（左：低收益率 右：高收益率）

长的左尾，即存在较大的负值。

就像非对称相关和协方差可能来自包含有限理性和套利限制的模型一样，基于行为金融理论也可以解释偏态分布。洪和斯坦因（Hong和Stein，1999）分析了卖空约束和意见分歧对股票价格处于高位时的影响。从直觉上看，这是很明显的。当股票价格下跌时，它会显示更多信息，特别是揭示了其他投资者会在股价达到何种水平时进入市场。实际上这体现了那些由于卖空限制而无法一开始就显示悲观观点的投资者对股票的估值。当股票市场上涨时，被边缘化的卖空投资者无法进入市场，因此价格透露的信息较少。经济衰退后波动性的增加是我们在上述数据中发现偏态分布的根源。

对上述观点的进一步推测是，投资者意见越不一致的股票，越应该表现出更大的偏度。陈、洪和斯坦因（Chen、Hong和Stein，2001）用营业额增加作为分歧的标志来测试这个想法。他们发现，营业额增加的股票随后的偏态也确实表现得更明显。

另一个备受关注的维度是峰度。峰度描述了分布的平坦程度。正态分布的峰度为3；峰度系数>3表明尾部衰减的速度小于正态分布，这意味着出现绝对值较大正值和负值的可能性较大，见表5.4。

表5.4 股票市场的偏度和峰度

市场	偏度	超值峰度
美国	−0.4	2.4
英国	1.6	16.2
日本	−0.01	1.8
德国	−0.5	2.3

很明显，所有市场都出现了所谓的“厚尾”（用统计术语来说则是“尖峰态”）。这些厚尾可以用两种观点来解释。第一种观点是，真正的分布是平稳的，确实包含了厚尾。第二种观点是，分布其实是随时间而变化的。厚尾的出现是由于，在市场震荡时期，对于离散度暂时较大分布的观测值，固定的模型可能会将其看作是离群值。

■ 厚尾还是离群值

风险管理、投资组合优化和战术资产配置所做的工作都建立在一个受误导的观点上，即所谓市场危机只是众所周知的“厚尾观察”的结果。这种观点认为，如果我们对尾部进行足够的推断，那么风险就会被发现。

然而，约翰森和索尔内特（Johansen和Sornette，1997，2001a）证明了这是一个存在严重缺陷的方法。实际上，市场危机远非分布的厚尾，而是由完全不同的分布产生的。金融学者和从业人员已经从物理学家那里学到了一个关键经验，就是要更多地考虑规模。

在金融领域，我们倾向于将规模视为给定。我们衡量市场在不同时间范围内的变化，无论是分钟、小时、天还是季度等，通常不会非常关注规模的概念。在物理学（特别是统计力学）中，规模至关重要，该领域的研究人员花费大量时间和思考来定义他们想要使用的规模。

约翰森和索尔内特指出，使用随意的时间框架，我们可能会忽略一些更重要的系统特性。他们使用一种与时间无关的指标来衡量市场走势，即所谓的“下落”，指连续几天的累积市场波动。从技术层面上讲，下落被定义为从上一个局部最大值到下一个局部最小值（粗略的金融术语是从峰值到谷底）的累积损失。通过关注这些变动，可以使我们远离日历时间，而选择使用事件时间。

这些下落的分布衡量了市场连续下跌是如何相互影响的，并构建出一个持续的过程。实际上，这个过程衡量的是市场的记忆。这显然与第1章中描述的许多心理特征有关，特别是与对待损失和参照点有关的心理特征。

约翰森和索尔内特发现，下落幅度低于15%的下跌总体上较符合Lévy分布（具有厚尾）。事实上，他们发现厚尾以指数形式递减（介于0到2之间）。美国市场上幅度小于15％的下落出现的次数完全符合指数规律：

$$N(\mathrm{DD}) = N_0 e^{-\mathrm{DD}/\mathrm{DC}} \quad \text{with DC} = 1.8$$

其中，N（DD）是给定幅度下落出现的次数。N_0是一个世纪内下落幅度超过1%（一个任意的临界值）的总下落出现次数。在他们的拟合模型中，N_0的估计值为2360，接近于全样本数2789。为了避免偏倚的出现，约翰森和索尔内特使用了更大的DC值（增加模型捕捉的下落幅度）进行估计。实际上，他们最终使用的是DC=2.2。然后他们开始研究大型市场危机可能出现的频率。利用上面的公式

（DC=2.2），每个世纪出现28.8%或更大幅度的危机概率为0.006。设定n为经过多少世纪，可以通过使得0.006n趋近于1，来推测这样的事件出现的时间。结果表明，n趋近于160，也就是160个世纪才会出现一次这样的大崩溃！然而，仅在20世纪，我们就目睹了至少三次这样的事件。这就表明市场危机是离群值，而不是潜伏在厚尾分布中的极端事件。

为了验证这个发现，约翰森和索尔内特基于GARCH模型创建了100万年的模拟市场数据。这个模拟数据集是用于检验模型是否能生成类似于现实世界中的模式。结果是，它在任何时点都无法产生规模足够大的市场危机。

这一证据并不仅限于美国股市。约翰森和索尔内特（Johansen和Sornette，2001a）的研究表明，在各个市场中广泛存在着类似的离群值模式。道琼斯工业平均指数（DJIA）、标普500指数（S&P 500）、纳斯达克市场指数（Nasdaq）、加拿大TSE 300综合指数（TSE 300 Composite）、澳大利亚普通股价指数（All Ordinaries）、新加坡海峡时报指数（Strait Times）、恒生指数（Hang Seng）、日经225指数（Nikkei 225）、富时100指数（FTSE 100）、德国DAX指数、意大利MIB指数（MIBTel）、美元兑德国马克、美元兑日元、美元兑瑞士法郎、黄金各个市场，都能够发现符合相同的市场危机作为离群值的出现模式（见表5.5）。

图5.3至图5.6形象地说明了情况。实线表示指数衰减的估计分布。粗略地看一下这些图表就会发现，市场上看到的大型事件都是由完全不同的分布产生的，这些点与分布的实线相去甚远。

这对极值理论（EVT）构成了极大的挑战。这是一个非常受风险管理行业欢迎的统计理论，它允许风险管理者集中精力估计分布的尾部概率。然而，极值理论的实践并非一帆风顺。迪博尔德、舒尔曼和施特格（Diebold、Schuermann和Stroughair，2000）指出，实际应用极值理论异常困难，因为所使用的估计过程在尾部的概率分布是不稳定的。

表5.5 离群值

	时期
股票市场指数	
道琼斯工业平均指数	1900.0–2000.5
标普500指数	1940.9–2000.5
纳斯达克市场指数	1971.1–2000.5
加拿大TSE 300综合指数	1971.1–2000.5
澳大利亚普通股价指数	1984.6–2000.5
新加坡海峡时报指数	1988.0–2000.5
恒生指数	1980.1–2000.5
日经225指数	1973.0–2000.5
富时100指数	1984.3–2000.5
德国DAX指数	1970.0–2000.5
意大利MIB指数	1993.0–1999.1
汇率	
美元兑德国马克	1971.0–1999.4
美元兑日元	1972.0–1999.4
美元兑瑞士法郎	1971.0–1999.4
商品	
黄金	1975.0–1999.8

然而，从我们的角度来看，极值理论还有更多的问题：它还假定回报是独立的。这意味着尾部的厚度会随着持有期长度的增加而下落。从经验来看，事实并非如此。在极端事件发生的特定时期，回报表现出很强的相关性。下落期间的状况显然表明，在危机时期，回报水平远不是独立的。

市场危机和更普通的厚尾都是内生自组织过程的结果（下一章将详细介绍），但它们不是同一现象。自组织和临界值之间存在一些共通之处。自组织代

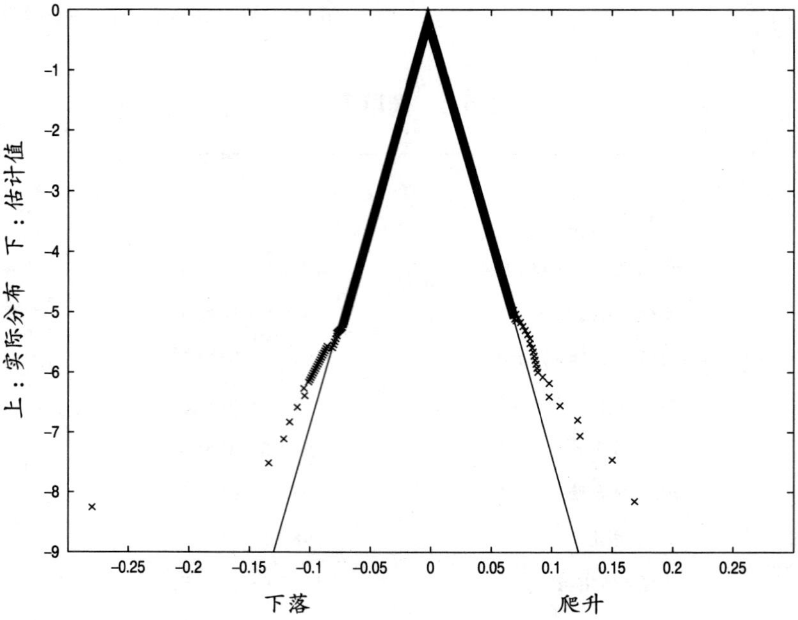

图5.3 离群值图——标普500指数（S&P 500）

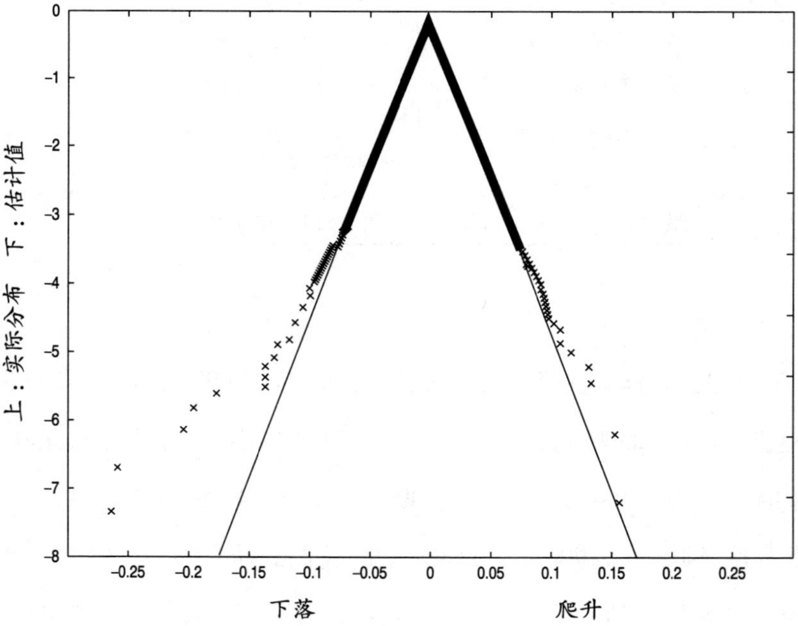

图5.4 离群值图——纳斯达克（Nasdaq）

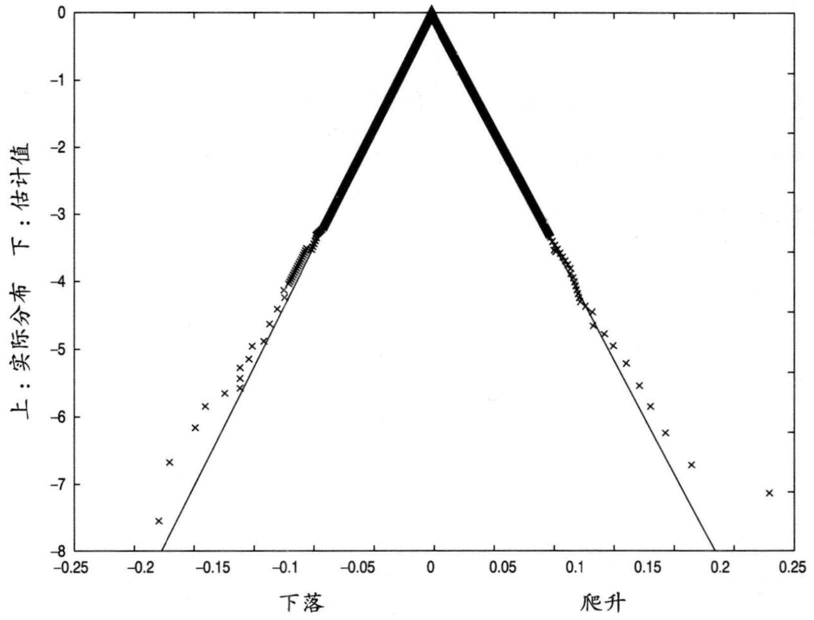

图5.5　离群值图——日经指数（Nikkei）

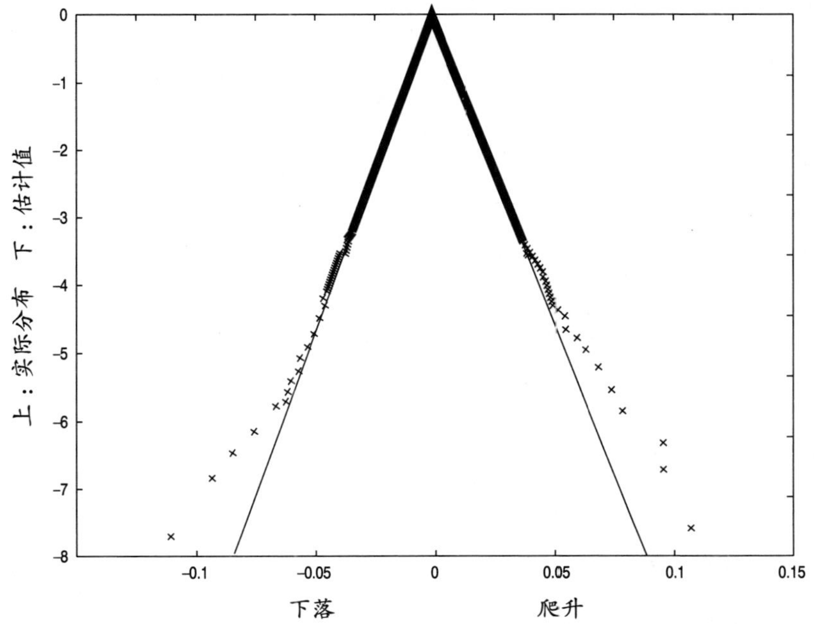

图5.6　离群值图——美元兑德国马克

表市场处于正常时期，只是伴随着厚尾分布。临界值则代表危机发生的特殊时期。我们将在下一章中展示这些时期所具有的一些特征，这些特征使得观察特定时点的资产配置状况有迹可循。

BEHAVIOURAL
FINANCE

第 6 章

资产配置

> 我们可以把一个有效市场定义为：要素的价格在其价值两倍以内的市场，即价格多于要素价值的一半且少于两倍……根据这个定义，我认为几乎所有的市场在任何时候都是有效的。“几乎所有”意味着不低于90%。
>
> ——费希尔·布莱克（Fisher Black）

正如第4章所述，基本面和市场价格可以很长一段时间有较大的差距，即使是在最单纯的、实验模型构成的市场。两者在市场层面上的相关程度仍然不低于在股票层面上的相关程度。然而，战术资产配置（TAA）在20世纪90年代经历了一段艰难的时期，主要是由于许多战术资产配置者做了减持股票的决定，这个决定大幅影响了业绩。鉴于这样的历史记录，人们便不难同意前面提到的布莱克的观点，市场在很大程度上是有效的。

然而，我们认为布莱克的要素价值两倍理论为战术资产配置的业绩提高提供了空间。也就是说，我们非常有必要能够在股票和债券之间做出选择，除非两者价格变动存在严重的背离。本章旨在探索股票和债券相对估值的机制。

■ 市场和基本面

为了说明实验市场的结论在市场层面上是有效的，我们将研究一个以标普500指数为基本面的简单模型。1981年，罗伯特·席勒（Robert Shiller）发表了一篇有开创意义的论文，这篇论文研究了潜在的过度波动，即股票市场的波动是否超过股票对应股息的波动。在计算基本面价值时，席勒采用了股息贴现模型。他以完美远见为前提，简单来讲，这意味着投资者们会确切地预测出股息将会有多少——也可以说投资者是超级理性的（如果你更喜欢这个说法）:

$$P_i^* = \sum_{i=t+1}^{\infty} \frac{D_i}{(1+\mathrm{r})^i}$$

其中，P^*是基本面价值，D_i是i时刻的股息，而r则为贴现率。

席勒用实际（通货膨胀调整后的）数据进行了分析，并使用了股票的长期实际平均回报率（1987年至2000年间为7.4%）作为贴现率。当然，正如上面的公式，我们为了解决这个问题需要积分到无穷——这显然是一个不可能完成的任务。然而，基于完美远见假设，我们可以使用一个小技巧，从而可以通过估计和倒推来得出结论。

实际上，股息贴现模型计算得出的基本面价格变化过程，是一个很长期限的股息移动平均线。因数据点选择不同，估计的基本面价格变化敏感度如图6.1所示。我们可以清楚地看到，因数据点的选择造成的差异在迅速地消失，如果结束点比1980年还要早，到了1980年，无论怎样选择数据点，基本面价格都没有很大差异。这也清楚地说明了，最新的观测结果很大程度上依赖于数据点的选择。

图6.2显示了席勒在1981年首次公布的发现。它明显地说明，市场相比于其

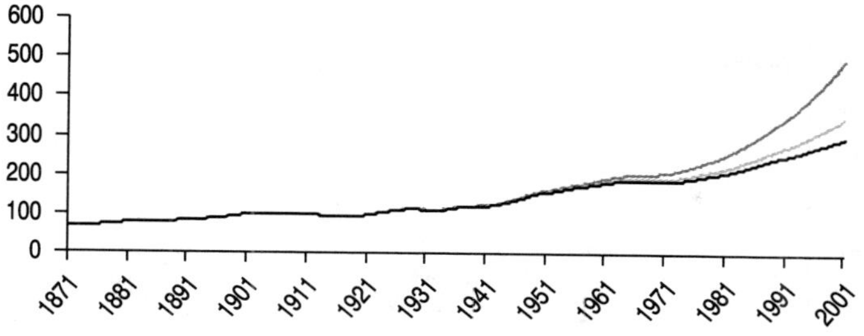

图6.1 数据点选择与基本面价格变化过程

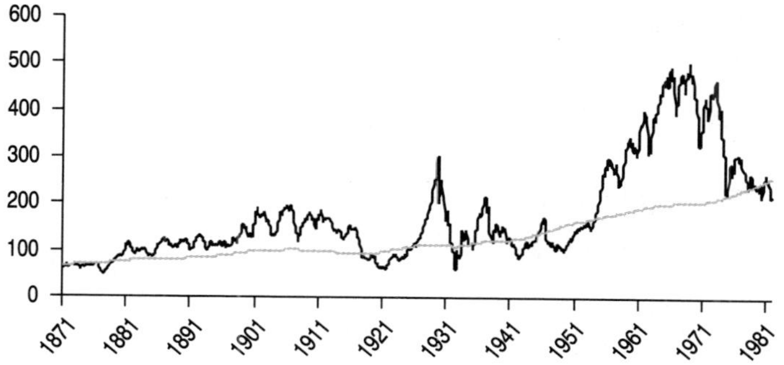

图6.2 超额波动：1871–1981年

资料来源：席勒（Shiller，1981）。转载获美国经济协会许可。

对应的基本面而言，具有极度不稳定的本质，还说明市场可能和基本面偏离很久。20年的偏离在该研究的样本中并不算少见。

更新后的图表（见图6.3）更加惊人，而1994年以后的情况则更夸张。以实际值计算，美国的市场规模已经出现了爆炸式增长，但我们能够测量出的基本面价值却没有跟上这样的增长。2000年至2001年出现的股价下滑让投资者们怨声载道，这说明价格和价值之间的鸿沟远远没有被填平。

值得注意的是，这并不意味着大规模的股市危机是迫在眉睫的。正如我们

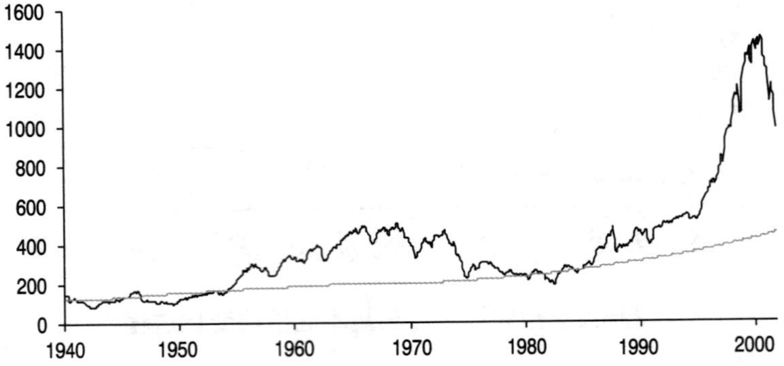

图6.3 席勒更新的1940–2000年的数据

资料来源：席勒的数据。

将在下文所示，市场价格这么高可能意味着，投资者只是认为今后很长一段时间的回报都会处于较低的水平。

■ 股息率、价差和相关比率

股息率（D/P）是最早被用于战术资产配置或市场择时的指标之一。它通常被用来与一些无风险利率的指标进行比较，这是一种粗略衡量股权风险溢价的方法。事实上，为了估测股权风险溢价，我们需要假设股息的长期增长率是恒定不变的（见图6.4）。

图6.5展示了美国市场股息率的长远历史，大体视之，即可发现它的几个重要特征。首先，股息率正处于历史最低水平。那些抱有“新时代”思想的人们很快就指出：股息率的暴跌意味着它已不再是良好的市场估值指标。它忽视了一样东西——股票回购（见图6.6）。

有一个不争的事实是，许多公司的财务政策在20世纪90年代经历了一次重

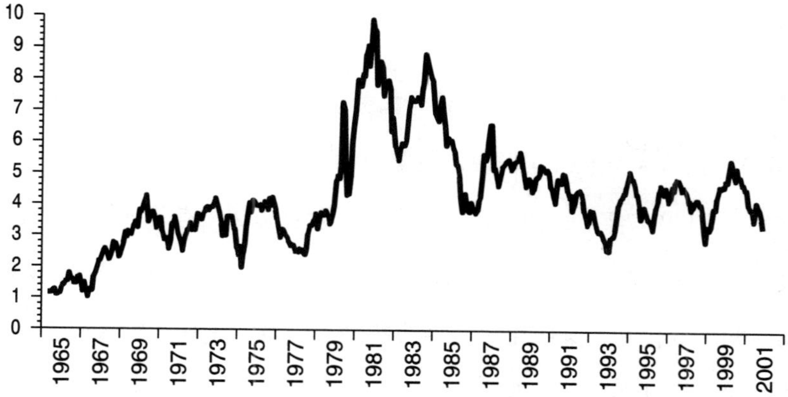

图6.4 股息率价差

资料来源：汤森数据服务（Thomson Datastream）。

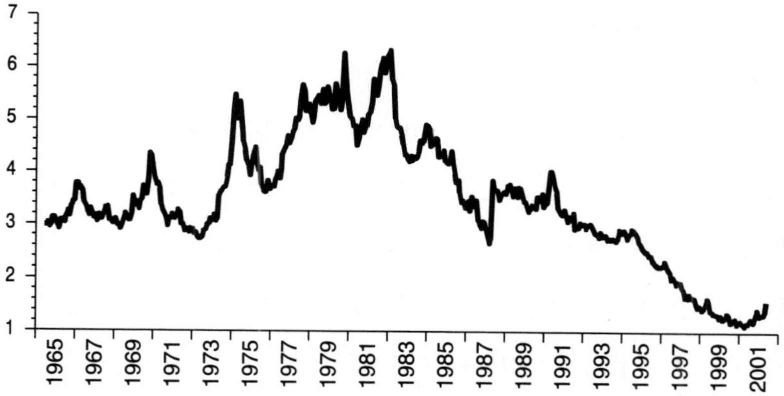

图6.5 长期股息率

资料来源：汤森数据服务（Thomson Datastream）。

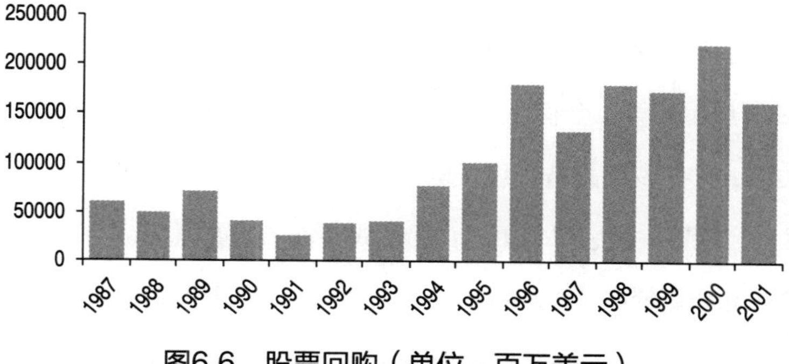

图6.6 股票回购（单位：百万美元）

大转变，即股票回购作为一种股东资金再分配方式，因其能够节税而得到青睐。对于标普500指数成份股公司来说，股票回购的总金额在1980年还相当于股息总额的10%，到了1997年、1998年，已经超过了股息总额！有几项研究，试图通过调整股息率来解释股票回购重要性的上升。结果发现，当一个公司的部分股息被股票回购所取代时，其结果是流通股的减少以及随之增加的每股收益和股息的增长。然而，许多公司回购股票的同时也发行股票，这主要是为了满足员工行使股票期权的需要。

因此，针对这样的发行状况，我们需要做出一些调整。梁和夏普（Liang和Sharpe，1999）是这一领域的权威专家。他们发现，股票回购的存在，已经将标普500指数成分股公司的流通股股票比例降低了约2%。然而，由于员工行使股票期权，实际上只有大约一半的股票退出市场。因此梁和夏普建议，由于存在股票回购现象，20世纪90年代末的股息率需要向上调整大约1%。不过他们得出的结论是："长期来看，假设企业需要保留40%–50%的利润用于投资，且以历史增长率增长，那么股票回购的现金流出（行使股票期权获得的净收益）可能会跌回到当前水平的一半以下。如果是这样的话，长期年平均净股份退出速度将降至原来的1/4至1/2。"这些发现被蒙蒂尔（Montier，2002b）[①]证实。我发现，绝大多数股票回购均被与股票期权相关的股票发行抵消。图6.7和图6.8显示了各种回购方式之间的不同点，以及它们对投资者收益的影响。即使经历了梁和夏普的调整，股息率长期内仍然处于底部。

图6.5所展示的第二个特性是，股息率本身是高度持平的。也就是说，随着时间的推移，它的变化是非常缓慢的。听起来几乎难以置信的是，股息率曾被用于战术资产配置，但它似乎更适合用于战略资产配置。

费希尔和斯塔特曼（Fisher和Statman，2000）探讨了战术资产配置过程中所

① 该文献作者即为本书作者本人，因此下文在描述这一文献时，使用了"我发现"这一表述。——译者注

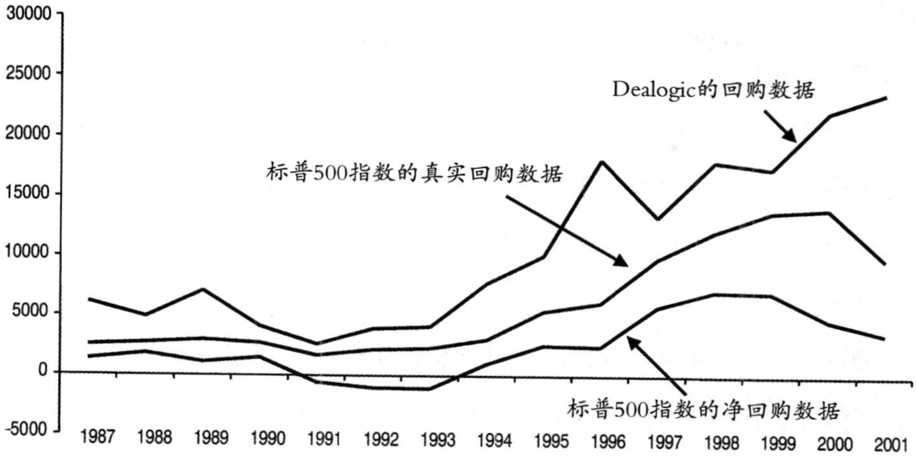

图6.7 什么时候股票回购无法达到回购的效果？

资料来源：DKWR。

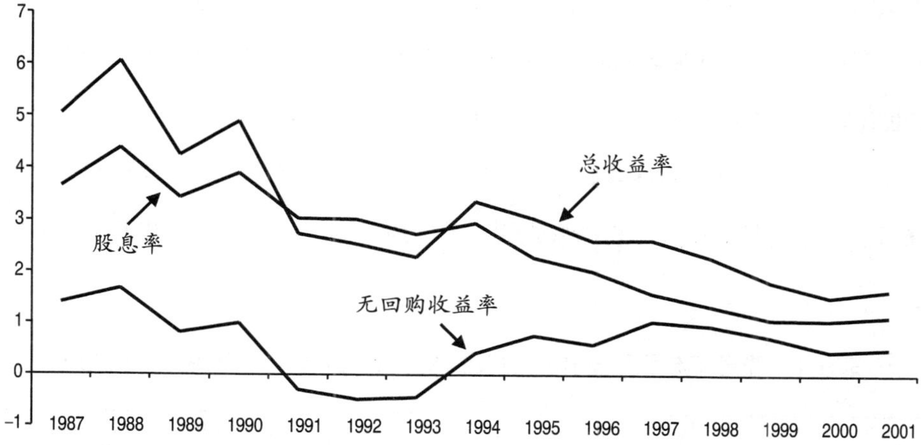

图6.8 回购及其影响：标普500指数的总收益率

资料来源：DKWR。

出现的一些心理谬误。他们强调，确认偏差是普遍存在的。确认偏差指的是人们更喜欢重视与自己观点一致的信息，而忽略反对个人观点的信息。

人们只记得，当市场产生低回报现象（即市场危机）时，股息率会很低。为了克服这样的偏见，最简单的方法就是构造一个如表6.1所示的表格。它展示了那些低股息率之后是低市场回报的年份（33年），以及低股息率之后是高市场回报的年份（31年）。

另外，对于那些更喜欢用图形而非数字的人来说，股息率和一年期市场回报的交叉散点图提供了同样的情景。回归曲线非常平坦，它的图形意义和表6.1中的分析结果是一样的。无论从哪一种方法，我们都很容易发现，股息率和市场回报之间几乎不存在短期的关系（见图6.9）。

然而，我们不能仅因为股息率无法预测短期市场回报，就忽略它传递的信息。股息率具有很高的持平性，但也不总是这样。实际上，股息率每十年就会出现向上或向下跨越一次平均水平。20世纪50年代的股息率较高，随后是60年代的高市场回报率；20世纪 60年代的股息率较低，随后是70年代的低市场回报率；20世纪70年代的高股息率伴随着20世纪80、90年代的市场繁荣。

低的股息率必定意味着，要么预期的股息增长率将会升高，要么回报率将降低。不幸的是，统计分析结果表明，低的股息率实际上通常意味着更低的回

表6.1 股息率与股票一年期回报的关系（1872年至1999年，美国）

	低于回报率中位数	高于回报率中位数	总计
低于股息率中位数	33	31	64
高于股息率中位数	31	33	64
总计	**64**	**64**	**128**

资料来源：费希尔和斯塔特曼（Fisher和Statman，2000）。

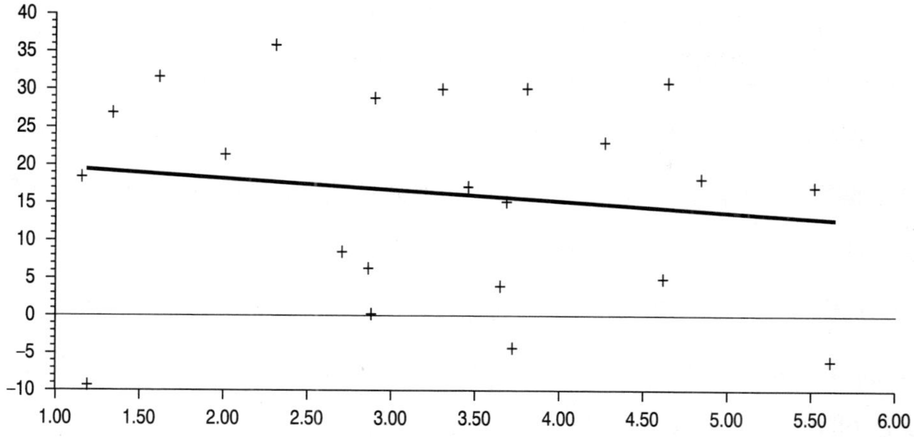

图6.9 股息率和股票一年期回报

资料来源：汤森数据服务（Thomson Datastream）。

表6.2 股息率的方差分解（%）

	股息增长率	预期回报率
实际	−34	138
名义	30	85

报率而非更高的股息增长率。

表6.2显示了股息率的变化在多大程度上取决于预期股息增长的变化，多大程度上取决于预期回报的变化。当以实际值来考量时，实际股息增长率与股息率呈现负相关关系，因此所有股息率的变化都来自预期回报的变化。

顺便一提，乌尔塔霍姆（Vuolteenaho，2000）进行了类似的分析。他的分析基于市净率，而非股息率。研究结果大体与之前的结论非常相似，绝大多数市净率的变化是预期收益变化所决定的，而只有一小部分来自预期股息增长的变化。

股息率会均值复归，尽管缓慢，但不容忽视。科克伦（Cochrane，2001）提出，可以将之类比于天气。可以这样想，如果二月份伦敦平均气温是-10℃，那么最准确的预测是接下来4个月里温度将每天上升0.5℃左右。也许实际上近几天内温度将上升或者下降20℃——我们很难有效地预测日常的气温变化，然而最准确的预测仍是到暮春或者初夏的时候温度将明显升高。

我们将这一比喻引入到当前的讨论，即一个低的股息率，通常意味着未来的低市场回报。然而这反过来又引出了一个问题：投资者们应如何适应未来低股息率的市场情景？我们将在后文讨论这个问题。

■ 盈利收益率[①]、价差和相关比率

股票市场的投资收益显然是和市盈率成反比的，但如果将其转化为收益率形式的话，与债券进行比较就会变得容易得多，详见表6.3和表6.4。单独分析盈利收益率和单独分析股息率是一样有用的。

然而我们所考察的通常是盈利收益率与债券收益率之间的比率或价差。这二者的比率或价差没有什么理论基础，然而，其良好的实用性博得了我们这样的从业人员的长期喜爱。它自然地避免了影响股息模型的股票回购问题。盈利收益率与股息率相比，可能有些微小的优势—— 一只股票的股息率（如同债券的当前收益率一样）表示投资者的定期现金收益。然而通过增加企业的账面价值，股东也能从留存收益中获得收益。但是当考虑到债券时，债券的基础本金价值是恒定不变的，而（我们希望）股票的基础账面价值可以随着时间的推移而增长，因此盈利收益率可以被视为一种理论总收益。然而随着时间的推移，盈利收益率的增长可能没有完全反映股票的升值，因为股票总是以账面价值的

① 原文为“Earning Yield”，一般翻译为“盈利收益率”或“收益率”，指净利润与股票市值之比。为避免与广义上的“收益率”混淆，本书均使用“盈利收益率”这一译法。——译者注

表6.3 6个最低的盈利收益率以及之后的一年期回报率（%）

年份	年初盈利收益率	股票年回报率
1999	3.11	21.03
1995	3.76	4.92
1992	3.82	7.67
1922	3.88	27.65
1998	4.12	28.58
1934	4.17	−1.44

表6.4 最低的一年期回报率和对应的盈利收益率（%）

年份	年初盈利收益率	股票年回报率
1931	6.06	−43.4
1937	5.81	−35.03
1974	8.47	−26.47
1930	7.41	−24.90
1877	7.87	−16.88
1973	5.43	−14.66

几倍售出的。

这种情况的另一种解释方法是，盈利收益率包括两个因素：股息率和留存收益率。如果企业的投资是有效的，那么未来的股息增长应该高于或者等于留存收益增长；否则的话，投资者不如一开始就把钱拿回来，不进行投资。

另一方面，如果投资是低效的，那么未来的股息增长将会低于留存收益。表6.5显示了将盈利收益率分解为股息率和留存收益率的具体情况。我们还可以发现，实际股息在后续的10年里是有所增长的。

表6.5 有效的投资——可惜不是

年代	盈利收益率（%）	股息率（%）	留存收益率（%）	股息实际增长率（%）
1950–1960	13.8	6.8	7.0	2.6
1960–1970	5.8	3.2	2.6	2.8
1970–1980	6.3	3.5	2.8	–1.3
1980–1990	13.5	5.1	8.4	1.8
1990–2000	6.6	4.2*	2.4	1.3

* 已根据净股票回购进行调整。
资料来源：DKWR。

这样的结果，会让那些以为公司经理人最了解情况的人感到不快。一般来说，在大部分情况下，公司经理人甚至做不到让股息增长接近留存收益率。

当然，这种分析模型的最大缺陷之一是它依赖于收益。正如我们多次在本书其他地方提到的那样，收益是会计人员记录的，而收益报告基础的变化可能对盈利收益率这样的衡量指标产生巨大影响。

盈利收益率的价差和收益率主要有两种变形：一是使用历史市盈率（historical PE/trailing PE），二是使用远期市盈率（forward–looking PE/consensus PE）。我们发现，当施加现实世界的约束时，预期债券股权收益比率（PBEER）表现最好。它使用“I/B/E/S”估计得出的盈利收益率，并将之与当前的名义债券收益率进行比较（见图6.10）。

我们选择这种方法的一个关键原因是，至少在未来的12个月内，它有效地捕捉了盈利增长的特征。我们因此得到了一个可以衡量市场观点和动态的因素。这种特殊的模型确实很受欢迎——它甚至出现在了美联储主席艾伦·格林斯潘（Alan Greenspan）的讲话中！兰德尔、奥潘尼德斯和达沃贾尼斯（Lander、

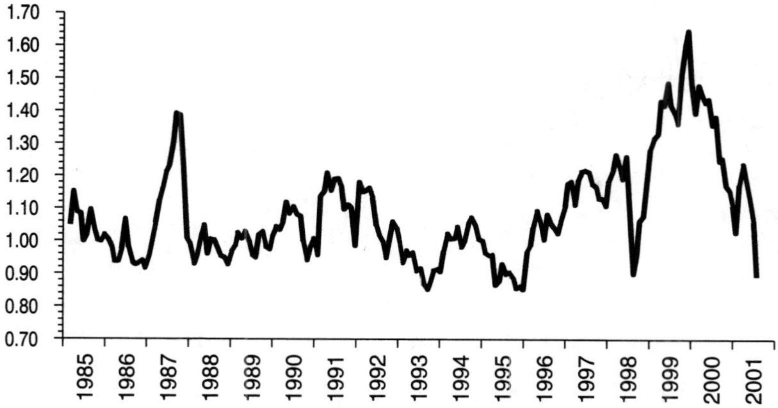

图6.10 预期债券股权收益比率（PBEER）

资料来源：汤森数据服务（Thomson Datastream）。

Orpanides和Douvogiannis，1997）也表示，可以根据这一指标交易标普500指数获利。

投资者总会面临这样一个关键问题：应该将PBEER的当前水平与哪一个参考点进行比较。我们曾进行一项调查，结果表明，最近的样本平均值可能是最好的衡量标准。正如我们在别的地方提到的，长期样本的股权风险溢价显然不是恒定的。然而，像PBEER这样的模型间接地假设了一个恒定的股权风险溢价（ERP）。因此，为了尽可能减少股权风险溢价变动带来的风险，5年期的移动平均线可能是衡量PBEER“均衡”水平的最佳指标。

另一个问题是，需要考虑可能引起债券和股票相关性变化的外部事件。正如我们之前提到的，有限套利意味着相关性确实会由于市场和基本面的变化而变化。例如，可以预料到通货膨胀的市场环境可能会同时影响债券和股票两方面价格。如图6.11所示，通货膨胀与日本持续36个月的债券和股票之间的相关性似乎有着明显的关系。通货紧缩对于债券来说是个好消息，但对于那些看多实

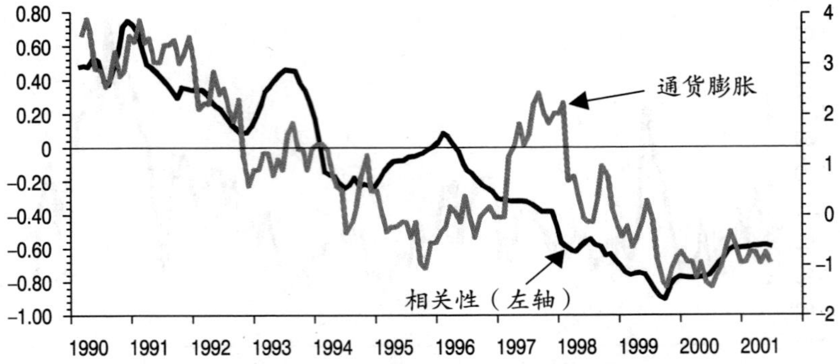

图6.11 债券与股票之间的相关性——以日本为例

资料来源：汤森数据服务（Thomson Datastream）。

际资产而看空名义资产的公司来说却是个灾难。其结果是使得债券和股票之间的相关性由正变为负。

还应该注意的是，在完全的市场恐慌时期，债券的收益率通常会因投资者偏好现金而下降，而预期的盈利收益率常常会被历史的一些等价指标所取代，理由是在恐慌时期，没有人愿意相信分析师预估的收益。所以，在市场危机后寻找市场底部时，要注意盈利的现金收益率。这为实用主义者们上了非常重要的一课：如果其他市场参与者们正在使用一个指标，那么你最好也使用这个指标，因为它可能反映着他们的现金动态流向——正如我们在生命周期模型里所看到的，这些现金流对市场产生着重大影响。

■ 股息支付率

和前两个被从业人员广泛应用的指标不同的是，使用股息支付率的想法似乎有些古怪。然而，拉蒙特（Lamont，1998）表明股息支付率可以是一个非常有用的指标。他发现高股息预示着高股票投资回报，但高公司收益则预示着低股票回报。公司收益显然与商业周期密切相关，正是这种相关性赋予了它们预测股票回报的能力。股票的风险溢价和当前的经济活动状况呈现负相关。股票投资者在市场低迷期间需要更高的预期回报，在繁荣时期的预期回报则会降低。公司收益随着经济活动的变化而变化，当前的公司收益可以预测未来的股票回报。相反，股息基本上是永久不变的。一旦一家公司提高了股息，它就不太可能再减少股息（或者说是不太可能很快减少股息）。因此，高股息意味着未来的高投资回报。见图6.12和图6.13。

有趣的是，拉蒙特发现股息支付率对短期投资回报的预测能力较高。然而，对于长期投资回报的预测，任何相对平稳的会计变量似乎都具有非常相似的效果；也就是说，公司收益、股息或任何衡量名义增长的指标都能够预测到，目前美国市场的长期投资回报率是非常低的。

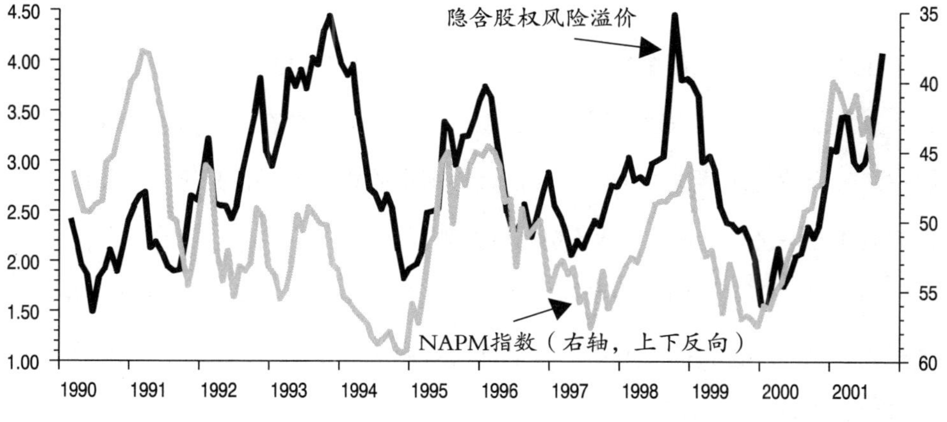

图6.12　隐含股权风险溢价（Implied ERP）以及纽约企业活动指数（NAPM）

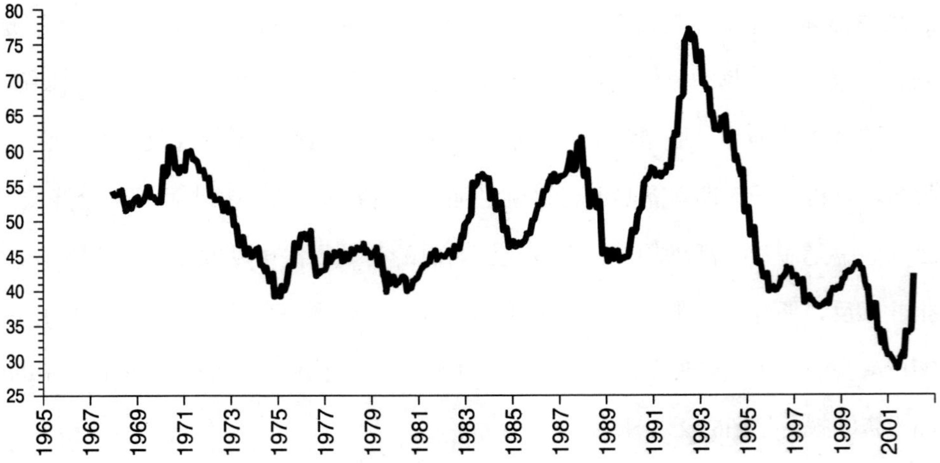

图6.13 股息支付率

资料来源：汤森数据服务（Thomson Datastream）。

■ 股权风险溢价

上述方法实际上都衡量了股权风险溢价，这也自然引出了一个问题，为什么不直接研究我们感兴趣的股权风险溢价呢？我们已经在书中多次使用了隐含股权风险溢价这个概念，因此当我们宣称衡量股权风险溢价是进行资产配置工作的最佳方法之一，读者应该不会感到意外。

显然，为了估计隐含股权风险溢价，我们需要一个基于标的股票价格变化过程的模型——正如前文所述，我们都喜欢使用非常简单的方法。我们衡量隐含股权风险溢价的方法是：

隐含股权风险溢价 = 当前股息率 + 长期增长率 − 债券收益率

自然，我们会对长期增长率这个假设提出疑问。我们应该使用经公认分析师调整得到的3至5年股息支付率进行预测，还是使用长期经济名义增长率进行

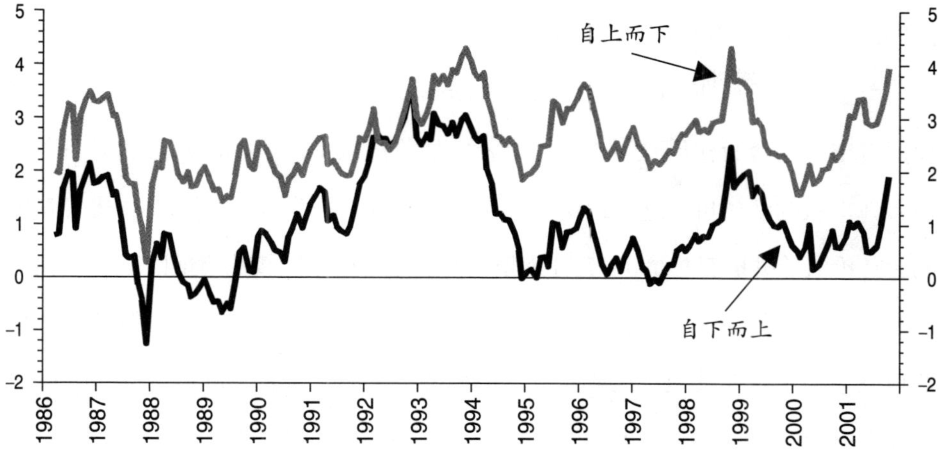

图6.14　隐含股权风险溢价

资料来源：汤森数据服务（Thomson Datastream）。

预测？正如第1章提到的，我们倾向于用两者来互相检验。图6.14显示了使用自上而下（长期名义增长率）和自下而上（股息支付率×长期公司收益期望）两种方法形成的隐含股权风险溢价。

从隐含股权风险溢价图中，可以看到一个明显特征，即周期性。这从我们在第1章中提到的动态展望理论框架能够得到印证。人们对风险的态度变化取决于他们过去的经历——如果股票市场在投资者买入后（以他的参考点来看）已经上涨了很多，那么市场被认为是低风险的，因此隐含股权风险溢价会下降。

巴伯里斯、黄和桑托斯（Barberis、Huang和Santos，2000）检验了基于上述投资者偏好的模型，即投资者整体上是损失规避的（相比于同等规模的收益，他们更不喜欢同等规模的损失），并且从过去的投资行为中，已经对风险有了一定的认识。他们发现，这产生了一种随时间变化的风险溢价，进而使得股票价格比该股票股息的波动更大（正如我们在席勒的标普500指数模型中所见）；而当这种过度的波动与投资者天生的损失规避相结合时，就会产生巨大的股权风险溢价，正如我们在实际数据中观察到的那样。

克劳斯和托马斯（Claus和Thomas，2000）用他们称之为异常收益估值法的模型得出了隐含股权风险溢价。异常收益估值法只是剩余收益方法的另一个术语，你喜欢的话也可称之为EVA。这种方法认为，股息等于公司收益减去股权的会计价值（或账面价值），且计划发放的股息可以被股权的当前账面价值加上一个未来会计收益的函数替代。虽然它与股息现值模型结构相同，但是异常收益模型使用了当前其他可用的信息，从而降低了假设增长率的重要性，并通过聚焦于租金增长而非股息增长的方式缩小了增长率的可变范围。

图6.15显示了使用克劳斯和托马斯的方法得出的美国市场隐含股权风险溢价的时间序列。他们估计的波动性要比我们的简单模型的波动性小得多。这是可以预料到的，因为他们的模型比我们的简单模型能捕捉到更多的要点和特征。

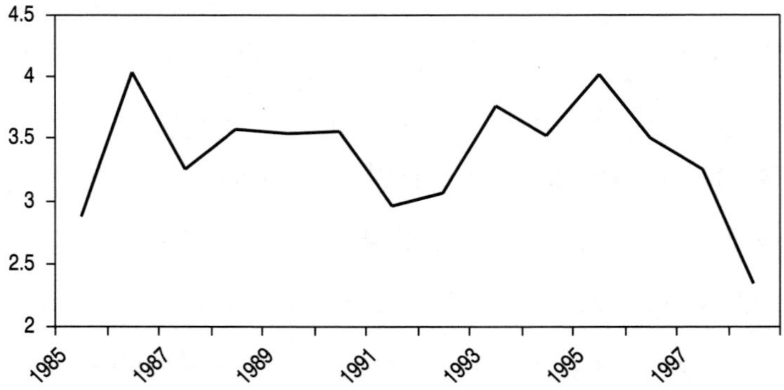

图6.15 克劳斯和托马斯对股权风险溢价的测量

克劳斯和托马斯（Claus和Thomas，2000）也研究了一系列国际市场的隐含股权风险溢价。日本市场的观察结果可能是最有趣的——他们发现，日本的股权溢价在20世纪90年代初到90年代末这个样本期内有所上升，从1%升至2%。这样的结果也与已经逐渐破灭的股市泡沫是一致的。这也就是说，样本初期的价

表6.6 隐含股权风险溢价的估计值

年份	法国	德国	日本	英国
1987	2.06			
1988	4.00	3.43		
1989	3.64	3.87		3.17
1990	3.04	1.10		2.57
1991	2.94	1.03	−0.95	2.47
1992	2.26	2.16	−0.86	2.77
1993	2.31	0.70	−1.05	3.29
1994	1.70	1.30	−1.04	2.87
1995	2.06	2.22	1.12	3.02
1996	2.38	2.14	0.79	3.34
1997	2.28	2.28	1.65	2.53
1998	2.53		1.99	2.09

资料来源：整理自克劳斯和托马斯（Claus和Thomas，2000），布莱克威尔（Blackwell）出版社。

格系统性地高于基本面数据（从分析师的预测可以体现），并逐渐下降到分析师预测的水平（见表6.6）。

最近，在一次对金融经济学家的调查中，韦尔奇（Welch，1999）发现，股权风险溢价的平均预期值为6%至7%。这样高的比例表明金融学者们在研究中"锚定"了股票历史平均表现；然而，韦尔奇（Welch，2001）在一个最新调查中发现，金融学专家们所预期的10年期的股权风险溢价已经降至了5%。他还在同年的调查中强调了时间范围在任何关于股权风险溢价的探讨中都至关重要。当被问到一年期的股权风险溢价预期时，学者们的平均预期是3%。有趣的现象是，在510名被调查的学者中，30人对一年期的股权风险溢价预期为负。乌尔塔霍姆（Vuolteenaho，2000）通过他的市净率模型得出未来股权风险溢价为1%至3%。在

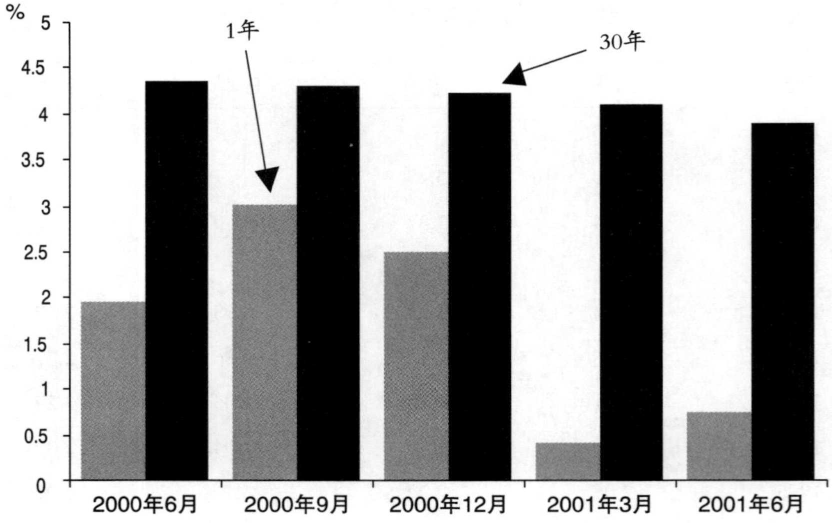

图6.16 首席财务官对股权风险溢价的看法

我最近参加的一次会议上，通过调查基金经理得出，股权风险溢价约为5%。

格雷厄姆和哈维（Graham和Harvey，2001）通过对首席财务官（CFO）进行调查，对股权风险溢价得出了截然不同的观点。主要研究结果如图6.16所示。他们要求首席财务官们预测未来两个时间点的股权风险溢价——1年和30年。意料之中的是，一年期股权风险溢价的预测结果是高度波动的；而30年期股权风险溢价的预测结果就稳定得多了，大约为4%。

股票投资者实际可以获得的总回报可被拆分为三个部分：股息率、实际股息增长率和倍数扩张①。图6.17反映了长期股票投资回报的分解。长期来看，股息率大约占投资者收到的实际平均收益的52%；与此相反的是，过去的5年里，倍数扩张是投资者实际回报的决定性因素，占比不低于80%。我们担心的是，太

① 倍数扩张（multiple expansion）指股票价格的增长不是由于公司收益的增加，而是由于市盈率（P/E）等倍数扩大而导致的。——译者注

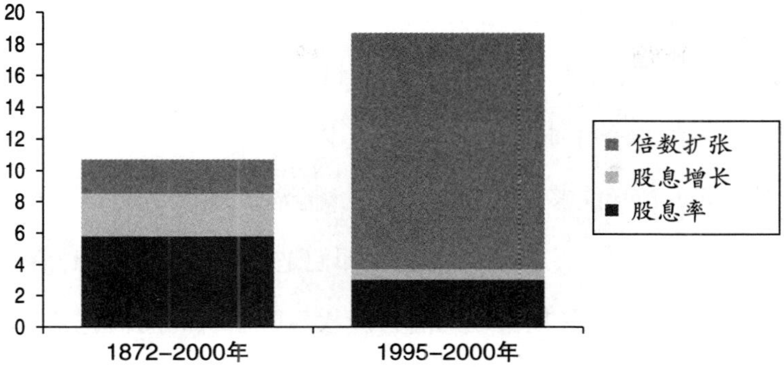

图6.17 投资回报分解

多投资者在预测他们股票的长期收益时，还在参照之前的经验。

当然，只要未来的公司收益增长能追上倍数扩张的幅度，那么倍数扩张是完全合理的。然而，正如坎贝尔和席勒（Campbell和Shiller，1988）所阐明的，这种情况从未有过，也没有理由相信这次会和过去有什么不同。用上文介绍的分解方法，我们也能预测投资者未来可能获得的总投资回报。

首先，投资者目前能够获得1.7%的股息率。接下来则是有争议的长期实际股息增长率。长期来看，实际股息增长率不会超过实际经济增长率。另外，促进经济增长的重要角色是那些原本不存在的新公司（更不用说这些公司是否可以投资）。因此，实际股息增长率应低于经济整体的实际增长率。慷慨起见，我们将实际股息增长率规定为3%。这大体上相当于说，实际经济可能会以5%的速度增长，且新公司创造的经济增长率不超过40%。

我们假定没有倍数扩张，因为通过历史倍数扩张对回报率的贡献进而推测未来，是十分危险的。毕竟，如果考虑自1872年至2001年的倍数扩张因素，还要保持平均每年2.2%的回报率，就要在未来的100年内将股息率降至0.3%。进一步考虑到上文提及的股票回购现象，总回报率需要进一步调整。

然而，完成上述调整后，美国市场的长期实际投资回报率仅略高于5%！（其中包括1.7%的股息率、0.5%的长期回购调整以及3%的实际股息增长率。）这对我们来说似乎并不能完全弥补风险。实际上，以当前收益率为3%至3.5%的美国通胀保值国债来看，市场能够获得的实际股权风险溢价只有1.5%！

这和上文提及的实际预期并不相符。即使是最保守的调查指标也表示，股权风险溢价是4%，仍比长期市场的隐含股权风险溢价的两倍还多！除非股票价格下降从而保证未来的收益，不然投资者们将会一直对股票的长期回报感到失望。

■ 企业财务人员是否应该进行战术资产配置

看到这一节的标题，你可能已经感到不安了。但别担心，我们不是真的让企业财务人员从他们那狭窄的办公室里出来，到二级市场里去进行实际操作。只是我们认为许多企业财务人员的行为所创造的信息，在战术资产配置过程中可能是有用的。

首次公开发行（IPO）和股权再融资（SEO）

有大量证据表明，公司有效地把握了股票市场的发行时机。也就是说，进行首次公开发行（IPO）或股权再融资（SEO）的公司业绩表现往往比整体市场要差。

那么为什么不将股票发行中包含的信息作为衡量市场时机的一种指南呢？流通中的整体股票数量变动，可以预测市场的总回报水平；同理，股票发行数量的变化在横截面数据上也体现出与股票回报水平的相关关系。当市场估值隐含的预期回报低于其他资产的收益率时（即股价较高时），企业就可以通过发行股票来获得相对廉价的资金来源；相反地，当预期回报高于其他资产收益率时（即股价较低时），企业可能会发现股权是一种有吸引力的投资（即回购股票）。

股票发行后新股却戏剧性地长期表现不佳，这种现象我们将在第7章研究其潜在原因。就目前章节，我们知道有这种发行模式就够了。而且我们需要知道，大量证据表明，这种情况是由投资者过度乐观造成的。

美国最新的首次公开发行数据表明，和股权再融资一样，股票的表现往往不如整体市场的平均水平（见表6.7和表6.8）。然而与风格和规模（即市净率和市值）大体相同的股票相比，首次公开发行的表现往往不会差。也就是说，首次公开发行的表现一般能够达到成长型小盘股的水平。当然值得注意的是，这个样本排除了前些年的互联网泡沫现象——试想，如果这些互联网泡沫的股票被纳入样本，能够击败任何基于风格的衡量基准。

不仅股票发行的表现一般逊于整体市场，而且还在市场投放量和初始回报规模（首个交易日的收盘价和报价之间的差值）两个方面受到周期性影响。首次公开发行更多集中于市场高峰期（见图6.18）。

表6.7 美国股权再融资（SEO）5年后的平均回报（%）（1970–1998年）

股权再融资的公司	10.1
规模相当的公司	14.6
差异	−4.6
股权再融资的公司	10.6
风格和规模相当的公司	14.2
差异	−3.6

资料来源：自《投资银行与证券发行》重印，J. 里特尔（J. Ritter），2001年出版，已获得爱思唯尔科学公司（Elsevier Science）许可。

表6.8 美国首次公开发行（IPO）5年后的平均回报（%）（1970−1998年）

首次公开发行的公司	10.7
规模相当的公司	14.1
差异	−3.4
首次公开发行的公司	11.0
风格和规模相当的公司	10.8
差异	0.2

资料来源：自《投资银行与证券发行》重印，J. 里特尔（J. Ritter），2001年出版，已获得爱思唯尔科学公司（Elsevier Science）许可。

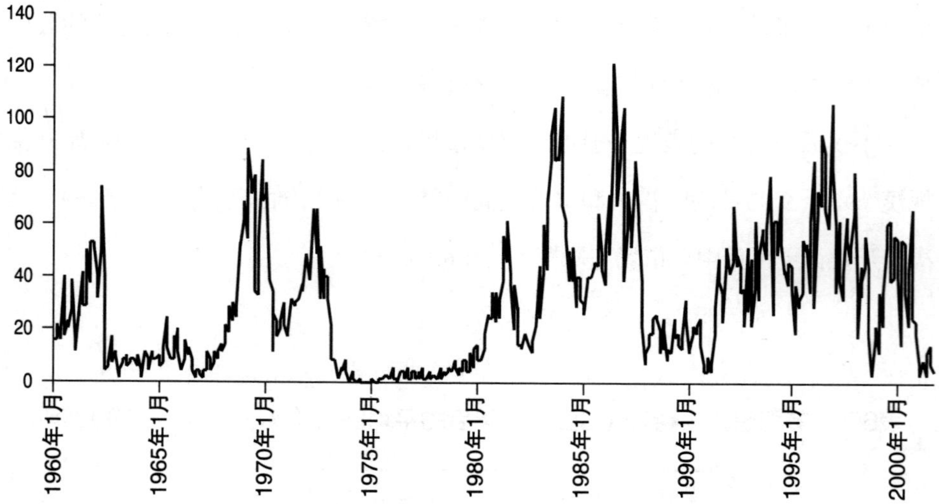

图6.18 首次公开发行量

尼尔森（Nelson，1999）、贝克和沃格勒（Baker和Wurgler，2000）、希尔（Schill，2000）都研究了这样的一种假设，即高价发行股票往往预示得很准确：即将到来的市场状况很糟糕。这三方进行的研究使用了不同的股票发行衡量指标。尼尔森使用的是流通股数量的百分比变化（不包括企业合并）；贝克和沃格勒使用股票发行总额占股票和债券发行总额的比例；希尔则使用首次公开发行公司数量占上市公司总数的比例作为衡量标准。

给从业人员一个忠告：不要试图以股票发行时美联储基金的流动数据作为你寻找市场时机的依据。熟知这些数据的人都知道，自20世纪90年代起，企业的净发行量产生了大幅的下降。然而，基金流动数据主要是由企业的收购与兼并带来的股权交换、退出所决定的。并购活动带来的资金流动数据通常比正常的融资活动要大得多，波动性也更明显。正如我们会在下一章中所见，并购活动可能出于一些不寻常的动机，而不全是普通的买卖股权的融资决策。

图6.19取自贝克和沃格勒的研究，它显示了前几年美国市场股票发行的价值加权平均收益率。从图中可以清晰地看出，当股票发行量占股票和债券发行总量的比例超过75%时，美国市场的平均股票回报率大约为-10%；相反地，当股票发行量很少时（小于四分之一），美国市场的平均股票回报率就会很高，超过

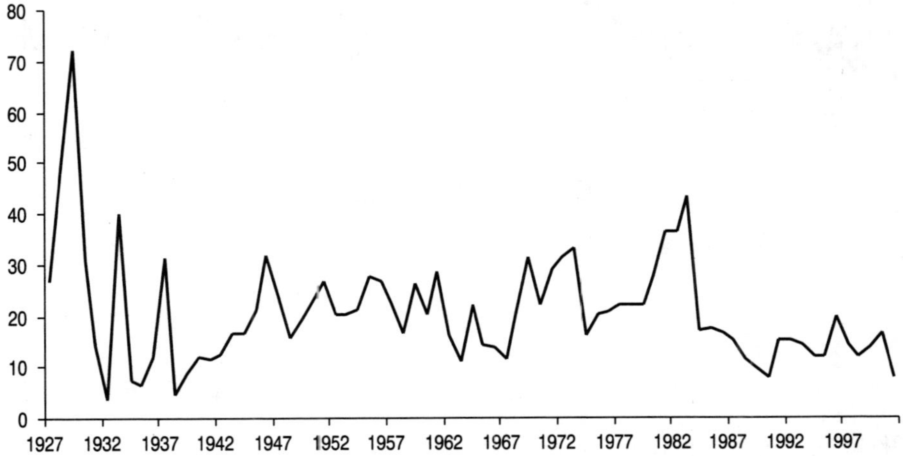

图6.19 增发新股的股权份额

资料来源：引用自贝克和沃格勒（Baker和Wurgler，2000），布莱克威尔（Blackwell）出版社。

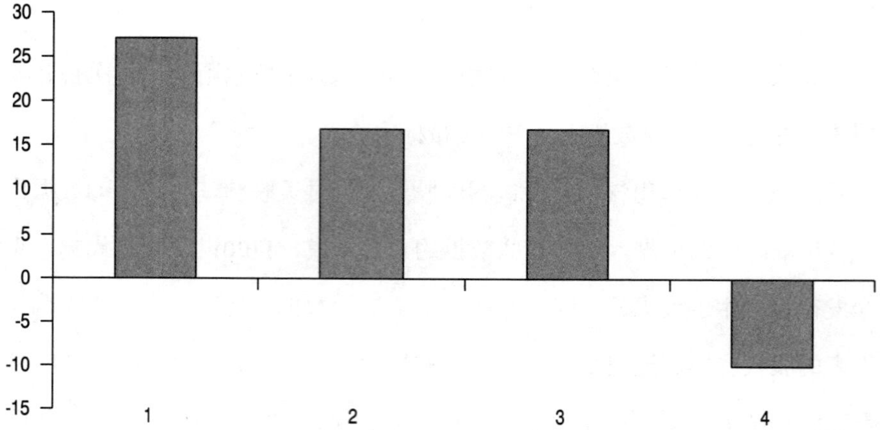

图6.20　市场收益作为股票发行的函数（1927–1997年）

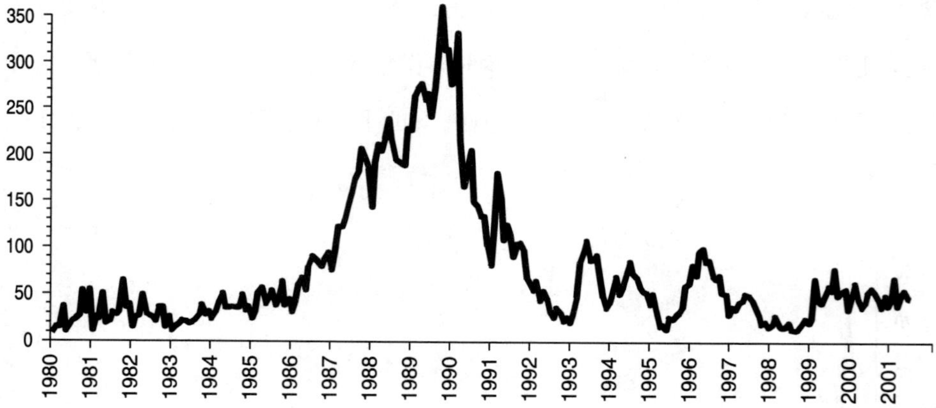

图6.21　日本股票发行量

资料来源：汤森数据服务（Thomson Datastream）。

了25%。贝克和沃格勒还发现，股票发行量比股息率、市净率等许多常见的预测指标能更好地反映市场回报。

相关研究结果并不局限于美国市场。我们在日本的数据里也找到了相似的模式（尽管样本规模要小很多）。图6.21显示了在20世纪80年代末到90年代初日本股市泡沫破灭之前，首次公开发行公司数量激增的现象。由此可见，国际上能够用于论证首次公开发行效果的数据正在不断积累。

并购融资

与首次公开发行相似的是，兼并和收购往往也是周期性的。公司合并在时间上相对集中，一般处于股票市场估值较高时期。20世纪80年代是这一普遍规律的例外，当时的市场估值相对较低，但并购的数量很多。有趣的是，安德雷德、米切尔和斯塔福德（Andrade、Mitchell和Stafford，2001）指出，在1980年到1989年这段时期内，完全使用现金的交易占总并购交易量的45.6%。相比之下，1990年到1998年这一比例只有27.4%。

这里浮现出另一个可能在战术资产配置决策中发挥作用的指标。经验证据表明，以股票融资的并购通常比现金融资的并购存在更严重的负的超额回报。此外，成长型股票融资并购的负超额回报通常比价值型股票融资并购还要高。同样，下一章将对这一问题进行更加深入的研讨，但就本章而言，只需了解成长型股票较价值型股票更倾向于使用股权融资代替现金融资（见图6.22）。

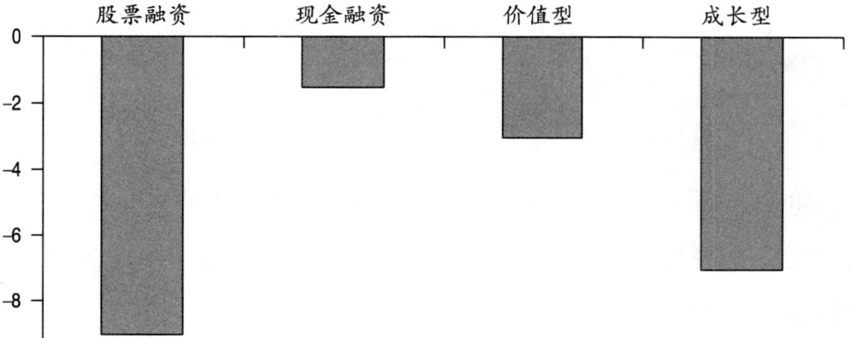

图6.22 股票/非股票，成长型与价值型

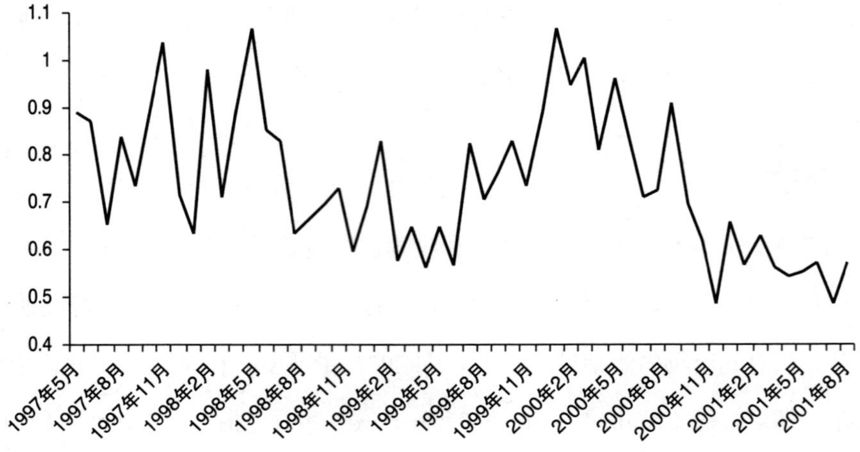

图6.23 股票融资与现金融资

一般而言，公司在买方股票价值被高估的时候用其作为交易时的支付货币，而在买方股票价值被低估时使用现金作为支付货币。因此，股票融资与现金融资的比例应该包含着有关市场估值高低的信息。我们对这个领域的初步调查表明，这一指标很可能非常有用。图6.23显示了美国市场股票融资交易量与现金融资交易量的比率。指标的规律很明确——当比率低于0.6时买入，高于1时卖出。

内幕交易

研究内幕交易是否可以作为估值水平高低的指标，关键问题在于要弄清内幕交易的时间范围。如果内幕交易发生在一段正的异常回报时期之前，那么高于正常水平的买入行为被发现的概率很高，而低于正常水平的卖出行为被发现的概率就会大大降低。

相反，如内幕交易者在一段负的异常回报时期之前采取行动，高于正常水平的卖出行为有很高的被发现的风险，而低于正常水平的买入行为则不太容易

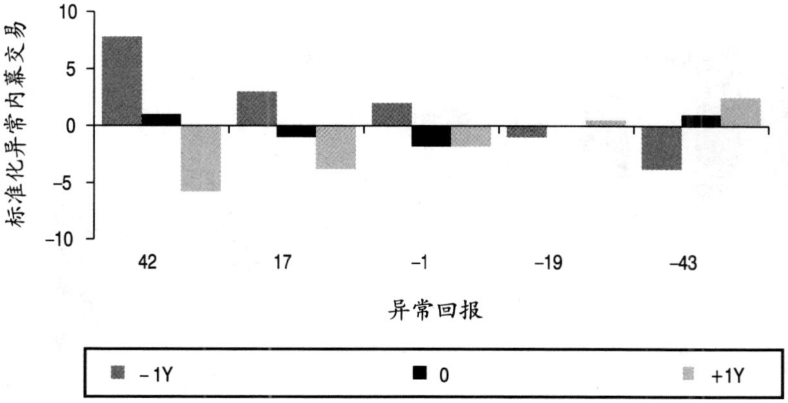

图6.24 在异常表现前后年份的内幕购买数量减去内幕卖出数量

被发现。佩蒂特（Petitt，2000）[①]研究了1980年到1990年间在纽约证券交易所（NYSE）和美国证券交易所（AMEX）上市的所有股票、约10万起的内幕交易。卖出交易的笔数占全部内幕交易的三分之二，交易金额则占全部的80%。

为了评估内幕交易的影响，我们需要预先设定一个时间范围。佩蒂特取的是异常收益期的前一年、当年和后一年，图6.24展示了研究结果。在显著异常回报期的前一年里，内幕交易者大多作为交易的买家；在发生异常回报的当年，内幕交易并不频繁；在异常回报期的后一年，内幕交易者转为整体上的卖出方向。

相反地，在出现负的异常回报时，内幕交易者大多作为交易的卖家。类似的，这种情况在股票市场状况不佳的后一年又会大幅减少。我们将视野扩大到异常回报期之前的两年会发现，内幕交易者会提前预测异常收益，使得上述的趋势在提前观察两年的时间窗口内也明显存在（见图6.25）。

拉孔尼修克和李（Lakonishok和Lee，2001）的研究也表明了内幕交易的情况

① 该文献为未发表的笔记。

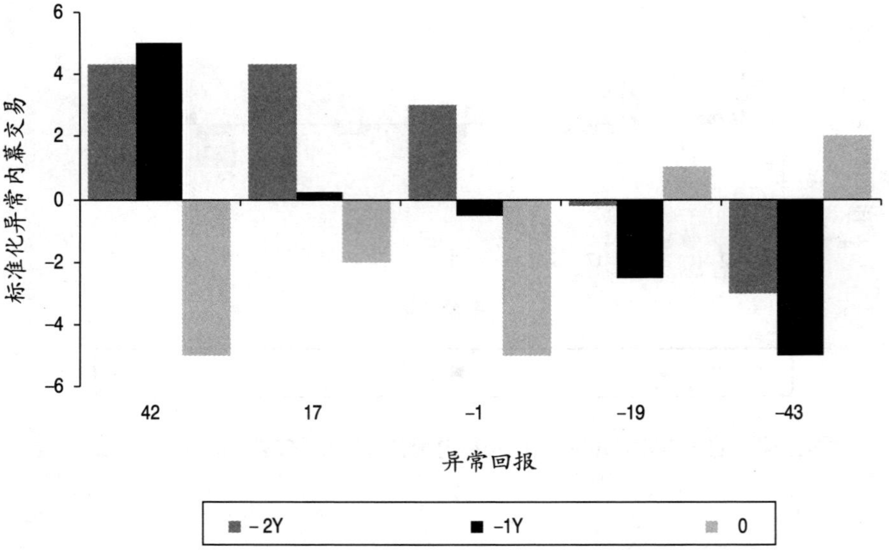

图6.25 拉长异常回报前的时间窗口

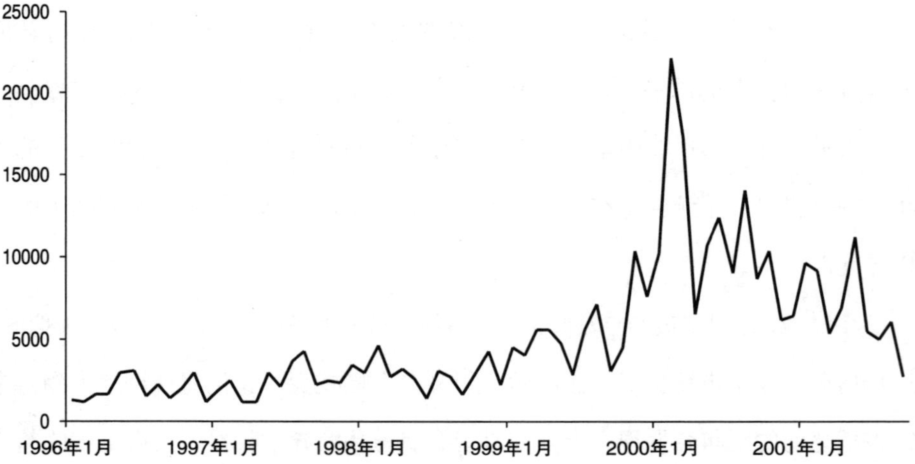

图6.26 内幕交易者的卖出量（单位：百万美元）

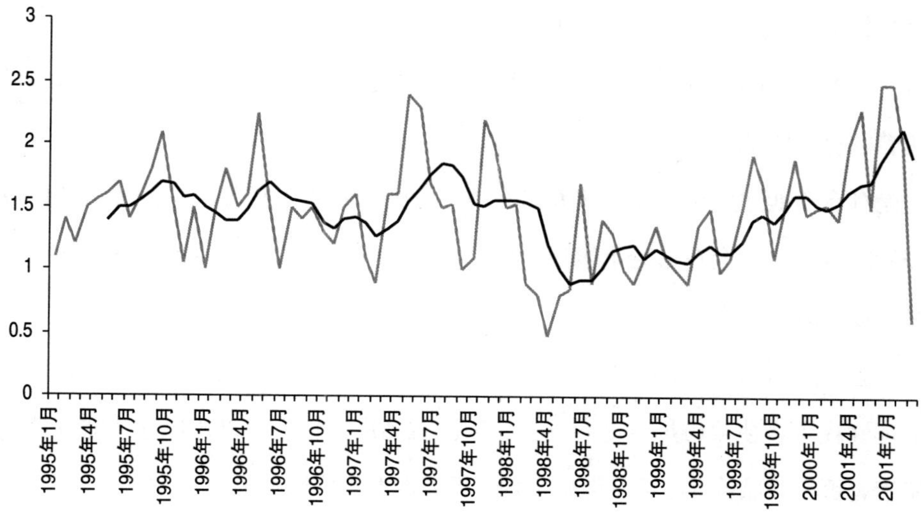

图6.27 内幕交易者的卖出/买入比率

包含了关于未来市场走势的有用信号。他们调查了1975年至1995年间在纽约证券交易所（NYSE）、美国证券交易所（AMEX）和纳斯达克（NASDAQ）上市的所有公司。他们找到了证据支持如下观点：内幕交易者对市场的择时总是有效的，且其交易方向通常与市场走势相反（逆向交易者）。不过他们同时也指出，这一结果集中于规模较小的市场。见图6.26和图6.27。

▪ 市场流动性

正如第4章所述，流动性在资产定价模型中扮演着重要的角色（因此它在解释横截面数据时也很重要）。然而还有强有力的证据表明，流动性在解释时间序列数据方面也很重要（琼斯，Jones，2000）。

贝克和斯坦因（Baker和Stein，2001）建立了一个模型来解释流动性在时间序列数据中所扮演的角色。该模型的构思很容易理解。模型的第一个关键要素是，有一些非理性的投资者对交易订单数据流中包含的市场信息反应不足，这些投资者的存在降低了所有交易对价格的影响，因此提高了流动性。第二个关键要素是存在着卖空约束，这意味着只有当非理性投资者对证券的估值高于理性投资者时，他们才会在市场上表现活跃。这时投资者们的投资情绪高涨，而结果是市场价值被高估。

当非理性投资者的投资情绪低迷时，卖空限制使他们无法进入市场。由于非理性投资者使得市场流动性更强，因此流动性指标也可以衡量这些非理性投资者是否相对显著存在，从而确定相对于基本面的价格水平。

贝克和斯坦因接着检验了一种观点，即成交量可以反映流动性，因而也可以反映非理性投资者是否存在。他们用纽约证券交易所（NYSE）上市股票的报告成交量与平均股份数之比（作为备选，还包括了平均回报与平均成交量之比——这是一个粗略衡量价格影响的方法）构造了一个年成交量相关的时间序

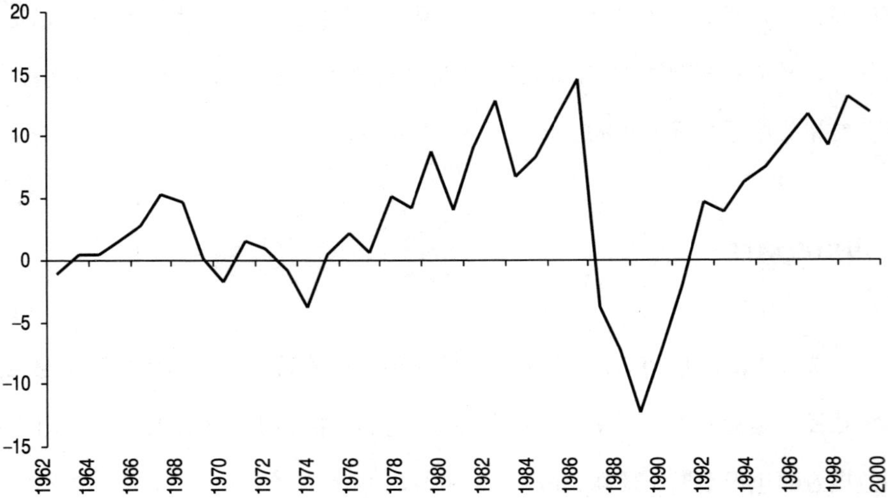

图6.28 作为市场情绪指标的成交量

列。他们使用5年移动平均线来对这个序列去趋势（de-trend）。贝克和斯坦因表示，这种指标在单变量检验和多变量检验中都具有解释能力。在他们的单变量检验中，指标每上升一个标准差（相当于营业额从1932年上升到1998年的水平，即从30%上升到42%），预期收益就会降低大约13%！（见图6.28）

■ 作为临界点的市场危机

从这本书中学到的首要课程是，我们应勇于探究自己狭窄的专业领域外的其他学科。这样做的一个典型例子是，我们可以通过研究心理学来更好地了解金融市场的运作方式。我们还可以用生物模型来探究市场是否存在非理性，或是研究投资方式的生命周期模型。就选择市场时机而言，物理学家们似乎提供了最深刻的见解。

理念的交换使用在物理学中有着悠久的传统。事实上，物理学中最近一些最激动人心的发展都来源于复杂的跨学科研究。在更“软”的科学①中，这种跨学科的交流②有些难以实现。然而，物理学家们最近对金融市场兴趣愈加浓厚，某些特定领域近期出现一些进展，基于的是一个听上去有些无趣的名字——统计力学。

统计力学领域涵盖了从热力学到材料性能学的广泛领域。它与金融市场的分析有关，因为它处理的是描述系统中复杂行为的简单构成，还有简单的相互作用规律。复杂性产生于合作和竞争的基本要素之间的相互作用，它常被认为处于混沌（Chaos）的边缘。彼得斯（Peters，1998，1999）对于混沌理论（Chaos Theory）对投资的应用进行了深入的探究。然而，复杂性仍然是一个发展相对

① 硬和软科学（Hard and Soft Science）是科学领域的学术口头语。用硬表示较科学、严格或准确。自然科学领域常被称为硬科学，而社会科学常被称为软科学。——译者注

② 原文为“cross-fertilization”，直译为“交叉受精”或“异花授粉”，用于比喻学科间的影响。——译者注

较浅的研究领域，它不是处理完全有序或完全混乱的市场情况，而是反映这两种市场结构的影响。

圣达菲研究所（Santa Fe Institute，SFI）已经开展了许多关于复杂性的研究工作。圣达菲研究所的克里斯·兰顿（Chris Langton）将复杂性描述为“从单个组成元素的相互作用……显现出某种整体性质……这是你无法从对单个组成元素的理解中能够预测到的。而这种整体性质，会反过来影响个体行为”。见图6.29。

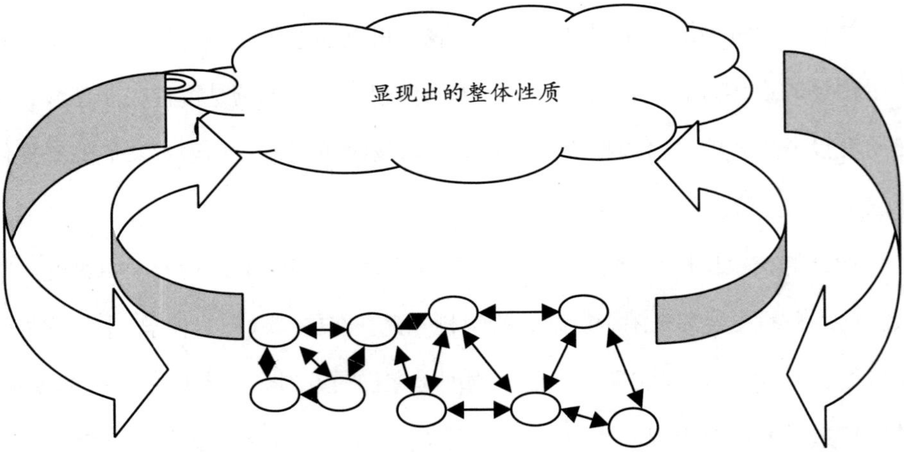

图6.29　兰顿对复杂性看法的图解

如果读者和作者的角度一致的话就会发现，兰顿的描述与股市有着惊人的相似之处。现在我们将注意力转向研究分析复杂适应性系统的工具。

作为离群值的市场危机

物理学家们所做的最重要的贡献之一是分析回报分布。关于这些问题的讨论可详见上一章的内容。众所周知的是，股票的收益分布有“厚尾”（若你更喜欢用统计术语的话也可称之为“尖峰态”)。以道琼斯工业平均指数(DJIA)为例，这相当于每两年发生一次5%的日损失；而根据正态分布(高斯分布，Gaussian distribution)的预测，这种损失每1000年才发生一次！

约翰森和索尔内特(Johansen和Sornette，1999)指出，市场危机可见于以下两种模式：

1. 投资回报分布平稳且可推测到极值分布于厚尾上。这种方法构成了极值理论的基础，现在正普遍应用于风险管理。

2. 市场危机无法通过更小事件分布的极值来推测。实际上市场危机属于另一种机制或分布，所以它们是数据中的离群值。

为了研究这两种对立的解释，有必要研究一下“下落”(draw down)现象。“下落”现象被定义为指数在连续几天内持续的下跌。特别地，约翰森和索尔内特忽略了所有道琼斯工业平均指数上升不到1%的变动。研究结果发现，1990年至1993年的道琼斯工业平均指数的每日下落分布很接近于指数分布。从技术上讲，这个分布的衰减常数是2%，且大于2%变动的概率大约为37%。然而当审视1914年、1929年和1987年这种规模的市场危机时可以发现，一个衰减常数为2%的指数分布意味着这样的市场危机大约每50个世纪才会发生一次，而非在一个世纪里就发生3次。

事实上，一个衰减常数为2%的下落分布只适用于幅度不超过15%的下落现象，超过这个幅度则意味着是一个完全不同的分布。这也就是说，市场危机是离群值。这对我们的分析很重要，因为这意味着我们可以聚焦于分离市场危机时期的技术，而不用考虑整个分布。从风险管理的角度来看，这也应引起重视。因为它说明，即使是通过极值理论等先进的技术分析可能发生市场危机的频率，实际上仍然过于乐观。

复杂适应性系统中的临界点

复杂适应性系统可以发展到一种临界状态的想法，来自帕·巴克（Per Bak，1997）的研究工作。为了描述复杂适应性系统的本质以及它们向自组织临界状态发展的现象，巴克深入浅出地用了一堆沙子做类比：

> 想象一个孩子在沙滩上让沙子慢慢流下来在地上形成一个沙堆的场景。开始时沙堆是平的，每一粒沙子都位于它的落地点附近，它们的运动可以用它们的物理性质来解释。随着沙子继续流下来，沙堆变得更陡，而且会形成小的沙粒滑坡。随着时间推移，沙粒滑坡逐渐变大，最终一些沙粒滑坡甚至可能覆盖整个沙堆。在那个点上这个系统已经不再平衡[①]，且它的现象已经不能再用单个沙粒的运动来理解了。沙粒滑坡形成了自己的运动动力，这只能通过描述沙堆的整体性质来理解，而不能从单个沙粒的原本性质来理解：沙堆是一个复杂系统。

你可能会说，这很有趣，但和市场危机有什么关系呢？好吧，请你继续读下去，我保证你会恍然大悟：复杂自适应系统和自组织临界在地震、太阳耀斑甚至生物灭绝模式等很多领域中都能见到。

自组织临界的实例广泛存在，更令人惊讶的是，它们似乎都有一个共同的基本特征，即在这些系统中，事件发生的概率分布都与幂律相符。

幂律简单来讲就是，某数量N可以表示为另一个数量s的幂：

$$N(s)=s^{-T}$$

举例来讲，其中s可以表示地震释放的能量，$N(s)$ 可以表示地震的次数。我们可以预计小地震发生次数相对多，而大地震发生次数相对少。同理，s可以

① 当沙堆增高到一定程度，落下一粒沙子可能导致整个沙堆发生坍塌。此时沙堆即处于“自组织临界”（self-organized criticality）状态。沙堆达到临界状态时，每粒新落下的沙子都会将碰撞次第传给所有沙粒，导致沙堆发生整体性连锁改变，沙堆变得越来越脆弱，最终坍塌。——译者注

表示股市危机的规模，$N(s)$ 可以表示该规模的股市危机发生的次数。

如果将幂律绘制在双对数曲线图[①]中，会形成一条直线：

$$\log N(s) = -T \log s$$

幂律的指数就是这条直线的倾斜度。上述表现使得尺度不变性这一重要概念更加清晰。无论你看直线上的哪一个点，在全部尺度上都是一样的。所以用这种分析方法来发现市场危机，有时也被称为离散尺度不变性。

经济学家们需要花更多的时间来理解复杂适应性系统和它们遵循的幂律分布。阿尔玛拉尔等人（Armaral等，1996a，1996b）研究了规模为s的公司的增长率波动。增长率波动是通过销售量、员工数量、资产等各种不同指标的标准差来衡量的。他们发现，这些波动符合$s^{-\beta}$且$\beta \approx 0.2$的幂律。这一发现说明，公司可以被建模成复杂适应性系统，微观经济学家们面对的挑战则是搞清楚为什么这些波动会符合幂律。

金融市场和离散尺度不变性

两位将离散尺度分析方法应用于股票市场的先驱是迪迪埃·索尔内特（Didier Sornette）和安德斯·约翰森（Anders Johansen）。索尔内特最初是在研究将自组织临界理论用于预测火箭压力罐的失败时，意识到复合材料结构的断裂可以理解成一个具有特定可检测临界特征的复杂适应性系统。

索尔内特不仅发现了幂律，还发现了数据中的一个对数周期模式。也就是说，当系统越发接近临界点时，我们可以观察到一个周期逐渐缩短的振荡序列。这些振荡序列按照几何级数衰减。

在物理学中，相变的一个标志是同步性的增加。相变发生于系统在不同状

① 双对数（log-log）曲线图，指曲线图的两个坐标轴刻度均为对数刻度，此时指数曲线在双对数曲线图中就会表现为一条直线，指数即为直线的斜率。——译者注

态之间转换时，例如从固态到液态再到气态（典型例子是冰、水和水蒸气），正是这种不断增加的同步性使索尔内特观察到了振荡的模式。

在金融市场中，危机的发生是因为个体市场参与者同步性的增加。在正常市场的情况下，买家和卖家双方数量是大致匹配的，避免了价格的大幅波动。然而在危机期间，卖家数量远大于买家，市场参与者行为之间的同步性越来越强。事实上，市场危机是由投资者之间不断的自我强化模仿造成的。

虽然洪和斯坦因（Hong和Stein，2001）以及德玛佐、瓦亚诺斯和茨维伯尔（DeMarzo、Vayanos和Zwiebel，1999）最近发表的论文已经开始构建关于市场参与者之间相互作用方式和信息在投资者之间传递的模型，但有关现象背后的原因依然需要进一步探究。一个未来的潜在研究领域是进一步研究模因[①]——指可传播的理念——是如何在市场中传播的。林奇（Lynch，1998和2001）提供了关于信念是如何在社会和金融市场中传播的有趣分析。任何模因要取得成功都应具备三个关键因素：传播性、接受性和长寿性。传播性衡量的是从当前宿主传播出去的能力。一个对其信徒承诺能进入来世的宗教就是具有高传播性模因的典型例子。接受性是指人初次听到一个模因时，对其有多相信。世界上所有的传播行为都帮不了一个被人们置若罔闻的观点。一个成功的模因必须听起来是合理的。长寿性指的是一个模因的宿主在自身退出或死亡前能够存续多久。在互联网泡沫的背景下考虑这些因素——金融理念的传播性很高，因为一旦你投资之后，最简单的赚钱方式就是说服别人去投资相同的股票；接受性可能也很高，因为互联网作为一种媒体正在爆炸式发展，且大多数人能看到它在多大程

① 模因（meme）一词最早在理查德·道金斯（Richard Dawkins）所著的《自私的基因》(*The Selfish Gene*)一书中提出。指“文化的基本单位，通过非遗传的方式，特别是模仿而得到传递”(《牛津英语词典》)。该词由希腊字根“mimeme”(模仿)去掉词头“mi”形成，从而读上去与“gene”(基因)一词相似，还很容易使人联想到“memory”(记忆)一词。该词译法众多，包括“摹因”“弥因”“敏因”“觅母”“拟子”“媒密”“媒母”“幂母”“密母”“摹母”“弥母”“米姆”“秘姆”“谜米”“米米”“理念因子”“模仿因子”“文化基因”“思想基因”等。——译者注

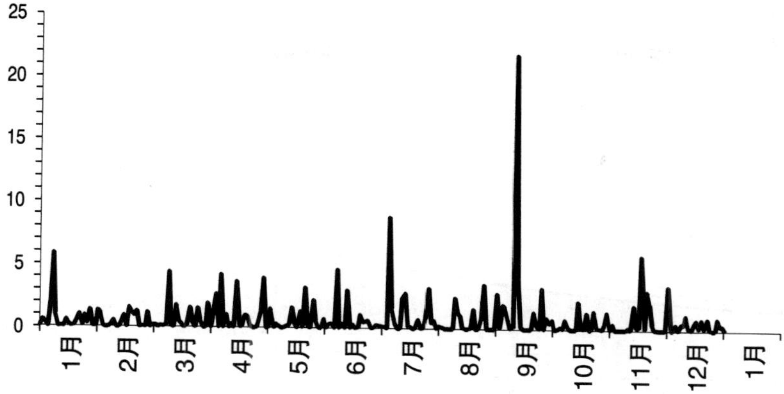

图6.30 1987年前后波动率的聚集

资料来源：汤森数据服务（Thomson Datastream）。

度上改变了人们的日常生活。所以，在互联网泡沫时期，模因成功背后至少有两个因素是明显的。上述理论还有待检验，但未来势必会在这一领域开展更多研究。

正像范德沃勒等（Vandewaller等，1999）陈述的那样，在股票市场上有一种明显趋势，即波动性集中于市场危机前后（见图6.30）。也就是说，在市场危机前后的波动性似乎会增加——很像地震的前震和余震。根据推测，波动性的增加反映了投资者交易策略相关性的增强。距离市场危机越远（就时间而言），市场在买家卖家双方之间就越平衡；然而随着市场危机的接近，越来越多的一次性投资者（卖家）开始出现，最终导致了市场危机的突然发生。因此，我们实际上是在找一种方法，去量化这样一种现象的可能性：一大群代理商同时发出卖出指令，并且他们的订单买卖不均，导致做市商如不大幅改变价格就不能或不愿承受这些订单。

索尔内特、约翰森和范德沃勒率先检验了金融市场出现复杂性的种种迹象。他们的调查研究没有白费，再一次地发现了蕴含着循环频率递增的对数周期振

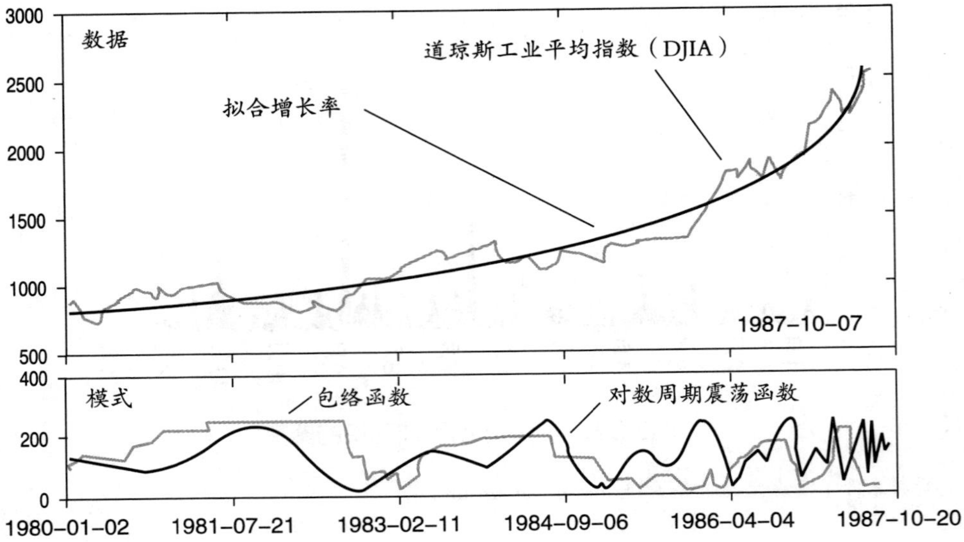

图6.31 对数周期的市场危机检验

资料来源：摘自范德沃勒等人（Vandewaller等，1999）。

荡的幂律。此外，他们还发现了显著的普遍性，即基本尺度比例近似相同且表现出对数周期性的特征。这也就是说，在研究过的股票市场、金融市场等种种市场中，加剧市场危机的周期所遵循的模式几乎是一样的。

图6.31由范德沃勒提供，它通过展示1987年市场危机前的道琼斯指数，清晰地呼应了前面探讨的内容。图的上半部分清晰地展示了市场趋势的加速幂律本质，下半部分形象地显示了我们已经讲过的对数周期振荡。这是一个令人震惊的示意图，它说明周期频率不断加速，使得越来越接近最终的市场危机。

这样的结论也不仅局限于少数的几个市场。对数周期振荡的加速幂律是市场趋势最好的描述方式，这一点已经在市场中被大量印证，如表6.9所示。不但股票市场显示出复杂适应性系统的特征，外汇市场也显示出了同样的模式。

有趣的是，约翰森和索尔内特（Johansen和Sornette，1999，2001b）指出，当

表6.9 对数周期的市场危机临界点

市场	时期
道琼斯工业平均指数（DJIA）/标准普尔500指数（S&P 50）	1929年，1937年早期，1948年中期，1987年，1998年
纳斯达克（NASDAQ）	2000年
恒生指数（Hang Seng Index）	1971年10月，1973年2月，1978年9月，1980年11月，1987年10月，1989年4月，1994年1月，1997年10月
俄罗斯	1998年
阿根廷	1991年，1992年，1994年，1997年
巴西	1997年
智利	1991年，1993年
墨西哥	1994年，1997年
秘鲁	1993年
委内瑞拉	1997年
印度尼西亚	1994年
马来西亚	1994年
菲律宾	1994年
泰国	1994年
日元/欧元	2000年1月
美元/欧元	2000年10月
瑞士法郎/美元	1985年
德国马克/美元	1985年
加拿大元/美元	1998年
美元/日元	1998年

长期市场危机开始构筑底部时，上述模式就会显现。就像慢慢积累起来的乐观投资情绪导致市场在顶部达到自组织临界态，市场底部的一个特征就是举手投降的投资者不断增加。约翰森和索尔内特发现日本的1998年熊市和1980年牛市都存在伴随着对数周期振荡的幂律，这种模式对称地出现在熊市和牛市中说明，搞清楚使长期相关性增加的因素或过程将是近期一个重要的研究领域。

这一研究领域尚处于萌芽阶段。然而我们认为，它能够促使我们深入理解金融市场参与者的行为，取得振奋人心的成果，以至于它必将迅速取得进展，并理应在任何以理解市场本质为目标的研究学说中占据一席之地。

本章小结

我们已经展示了可能改进资产配置决策过程的方法。我们展示了关于使用最简单、最常用的衡量方法（如股息率）问题。我们也提出了一些替代方法，例如简单合理又有效的股权风险溢价模型。也许最有趣的是，我们探索了一些非标准的资产配置工具，其中我们特别建议监测一级市场的活动，作为投资者对股票热情的良好反映。我们还从新兴的金融物理学[①]（你也可能更愿称之为经济物理学）领域引入了一些非常新颖的想法，即寻找进入临界态的复杂适应性系统。目前初步研究结果表明，以上这些可能是选择市场时机的最佳方法。

① 同第5章脚注。——译者注

BEHAVIOURAL FINANCE

第 7 章

公司财务

公司财务可能是最少使用行为金融分析方法的领域。如今很少有人记得，林特纳（Lintner，1956）的一篇关于公司财务的经典实证文献就具有显著的行为分析特征。众所周知，莫迪利亚尼和米勒（Modigliani和Miller）的资本结构理论和股息无关理论，是基于有效市场的前提提出的。但愿我们在前几章已经提供了足够多的证据，可以使读者明白，现实世界的金融形势是难以用有效市场假说来完美解释的。因此，公司财务的理论体系需要从行为分析的角度重新架构。

使用行为金融的方法分析公司财务大致分为两类研究框架。一类是假设公司经理人具有与我们在第1章中指出的相同的心理偏差（即理性的市场，非理性的经理人）。另一类框架是假设公司经理人是理性的，他们可以运用其理性思维发现市场错误定价中蕴含的机会（理性的经理人，非理性的市场）。我们将分别研究这两方面内容，因为它们揭示了公司财务的不同研究方向。

■ 非理性的经理人/理性的市场

经理人最常见的心理偏差是过度乐观和过度自信。温斯坦（Weinstein，1980）认为，当人们认为能够控制自己处理的局面时，其乐观情绪极为高涨。他还发现，当人们将要完成某个项目（即感到前景良好）时会更加乐观。

崔和齐巴特（Choi和Ziebart，2000）在对1993年至1998年期间美国公司经理人的预测样本进行研究时，发现了两种截然不同的表现。经理人在年底前都变得十分悲观——可能是为了降低市场预期。然而，经理人对于8个月以后的预测却坚定地表现出乐观。伊拉尼（Irani，2000）调查了1990年至1995年期间267位美国经理人对公司收入的预测，再一次发现了经理人在预期中表现出明显的过度自信。

希顿（Heaton，1998）探讨了经理人过度乐观对公司财务的影响。他发现通过建立经理人对未来过于乐观的模型，可以解决数个传统分析不能解决的难题。

资本结构的优序融资理论

资本结构的优序融资理论表明公司经理人和股东之间存在信息不对称。这种不对称性将导致公司股票被低估。此时外源融资的吸引力下降，因为信息不对称的程度越深，导致外源融资的价值越被低估（梅叶斯和梅吉拉夫，Myers和Majluf，1984）。因此，只要可行，公司将优先进行内源融资。若被迫进行外源融资，他们则更愿意通过债权融资，其次是可转换债券，最后是股权融资。格雷厄姆和哈维（Graham和Harvey，2001）通过对数个公司CFO（首席财务官）的实证研究，验证了融资选择中的优序融资理论。

如果公司经理人长期保持乐观，他们会认为公司股权的价格被有效市场低估了——何况无效市场呢！例如，杜克大学（Duke University）在2000年第二季

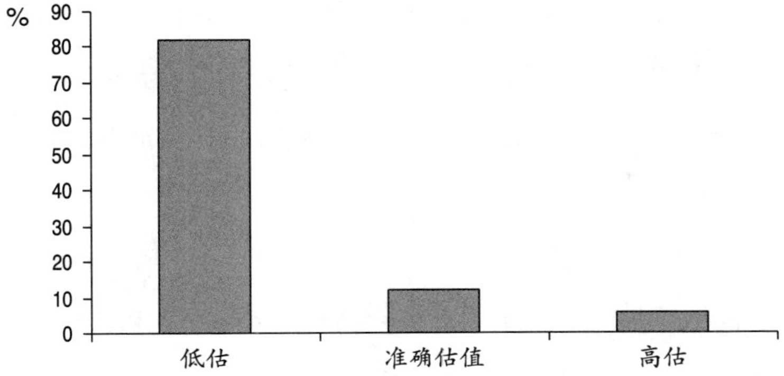

图7.1　FEI调查：2000年第二季度“你认为你的股票价值是被？”

度的FEI调查中发现，不少于82%的财务主管认为股票市场低估了他们的股权！（见图7.1）

现金流和投资

传统的公司财务理论难以解释现金流与投资之间存在的正相关关系。然而，这种关系实际源于上文概述的资本结构偏好中的优序融资理论。如果没有足够的内源融资，管理者将拒绝实施项目——即使项目的净现值为正。因此，当自由现金流很高时，管理者更容易接受项目——从而建立了现金流和投资之间的正相关关系。

自由现金流的潜在危险

据哈福德（Harford，1999）研究，现金充裕的公司每多持有1美元的现金储备，其企业价值就会降低7美分。“多元化”似乎是破坏股东价值的罪魁祸首。多元化在各行各业都被投资者诟病。正如2000年7月25日《金融时报》上的一篇报道所说：“据广泛报道，宝洁公司（Procter and Gamble，P&G）正在考虑收购华纳–兰伯特（Warner–Lambert）[最终华纳–兰伯特被辉瑞公司（Pfizer）收购，从而造就全球市值最高的制药公司]。大型机构投资者指责宝洁公司，且称其正在考虑的多元化将使其股票变得不景气。最终宝洁公司决定不进行多元化。”（见图7.2）。

在美国，可以发现大型企业集团相对于在各个独立市场中运营的、基于缝隙市场①的企业，其交易价格有将近15%的折价。根据林斯和瑟维斯（Lins和Servaes，1999）的研究，日本和英国也有类似的模式。在日本，发现大型企业集团的折价为10%；在英国，这一折价上升至15%（见图7.3）。

这似乎与20世纪80年代流传的投资建议相悖。当时人们热捧大企业，大型企业集团是市场的宠儿。集团设立专门的管理团队，利用其在各业务领域的专业知识证明多元化的优势："多元化可以平滑公司盈利状况的波动，又能降低公司的资本成本"——真是此一时彼一时！

瑟维斯（Servaes，1996）研究了20世纪60年代和70年代多元化企业的定价，以评估市场对待大型企业集团的态度随时间的变化。有趣的是，瑟维斯发现，在20世纪60年代多元化公司的交易折价程度与今天相同，大约为15%。然而，这种折价在20世纪70年代早期和中期缩小到几乎为零。可以看出股票市场一直在引领时代潮流。也许巴伯里斯和施莱弗（Barberis和Shleifer，2001）的生命周期风格投资模型可以用来深究这个问题。

乐观的经理人更倾向于进行多元化并购。由于他们天生乐观和过度自信，管理人员会高估并购带来的未来现金流。事实上，卡普兰和鲁拜克（Kaplan和Ruback，1995）表明，在1983年至1989年的51次高杠杆交易中，实现的一年期和两年期税息折旧及摊销前利润（EBITDA）中位数分别比管理层预测的低3.7%

① 缝隙市场（niche）一词源于法语，指房屋外墙凿出的、用以供放圣母的小神龛。在经济金融领域，该词用以比喻市场中通常被大企业所忽略的某些细分市场，其中小企业根据自身所特有的资源优势，通过针对细分消费群体专业化经营来获取收益。又被译为"利基市场"。——译者注

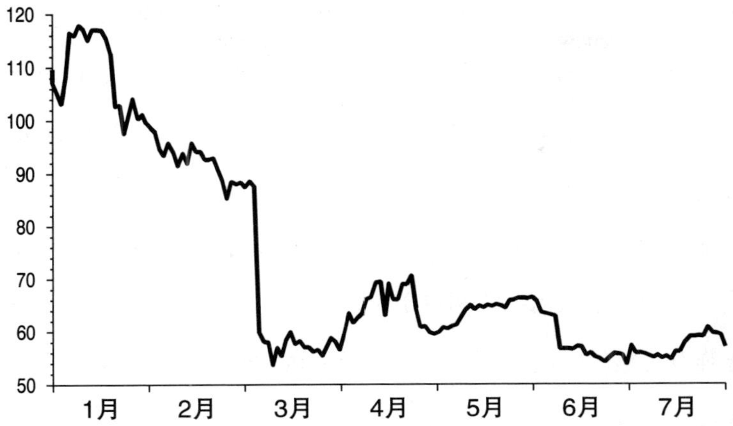

图7.2 宝洁公司（Procter and Gamble）轻率的多元化策略

资料来源：汤森数据服务（Thomson Datastream）。

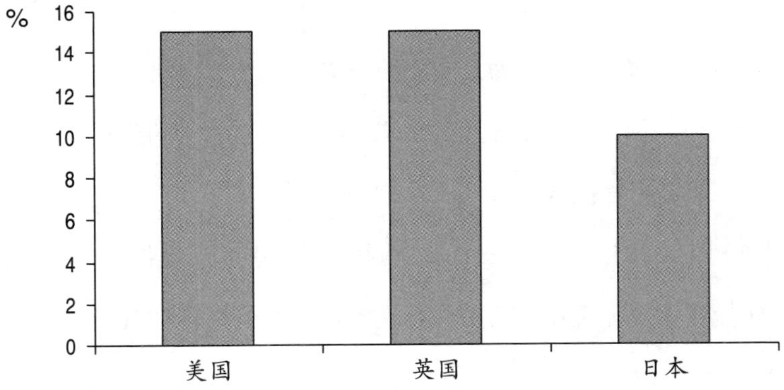

图7.3 多元化企业的折价率

和14.4%。

依赖外源融资可以阻止管理者做出这种愚蠢的行为。然而，当内源融资充足时，没有什么可以阻止过度热情的经理人采取行动。因此，盈余的现金流可能导致企业价值受损。

通常没有理由相信经理人会摒弃过度乐观。卡尼曼和罗瓦洛（Kahneman和Lovallo，1993）表明，学习通常发生在类似情况频繁重复时，此时行动和结果之间存在明确的反馈机制。然而，关于公司结构、收购、股息政策的决策并不常见，反馈通常会延迟且包含噪声。这些因素使得管理者学习的机会大大减少。

当然，在一个有效的（达尔文主义的）市场中，这种行为可以被相对迅速地消除。然而，正如本书的要点所示，市场根本不是有效的。在第2章探讨过，我们很难有足够的时间使双重上市证券（孪生证券）的价格保持一致，更不用说要求收购市场有效了。公司控制权市场存在极高的交易成本，且不论大量的特质风险。

公司治理

卡尼曼和罗瓦洛（Kahneman和Lovallo，1993）认为，控制经理人过度乐观的最好办法是引入外部观点。这为公司治理提供了行为学的理论基础。如果“内部人士”过于乐观，那么为了防止上述的公司价值受损，“外部人”需要在盈余现金被转移之前能够将其提取出来[①]。

麦肯锡季刊（McKinsey Quarterly，2000年第三季度）提供了一个及时的例子，表明机构投资者现在正在广泛关注公司治理。他们对管理资产总值约为3.25万亿美元的200个基金管理公司进行了调查，其中四分之三的受访者表示，在评估公司投资价值时，他们认为公司治理至少与财务表现同等重要。

该调查继续询问，两家公司基本面相近，即在相同的业务范围内具有相同的融资安排，但在公司治理上投入不同，基金经理们愿意为“良好”的公司治理支付多少溢价。

麦肯锡的调查将“良好”的公司治理定义为：大部分外部董事不在公司

① 指发放股息，详见后文。——译者注

担任管理职责，对董事进行正式评估，并且响应投资者关于公司治理信息公开的要求。外部董事还应持有公司的一定股份，其大部分酬劳以股票期权的形式体现。

图7.4至图7.6显示了基金经理愿意为公司治理水平为“良好”的公司支付的溢价。从结果中可以清楚地看出，投资者愿意支付的溢价程度与会计透明度和法律体系强度之间有很强的相关性。委内瑞拉一家治理良好的公司能够获得28%的溢价，而在美国这一数据为18%。

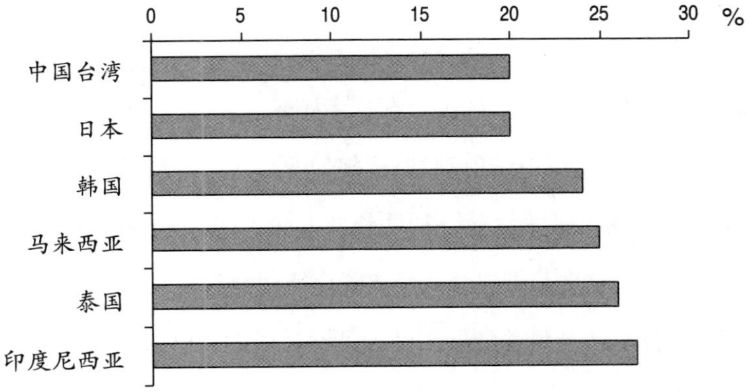

图7.4　公司治理溢价（亚洲）

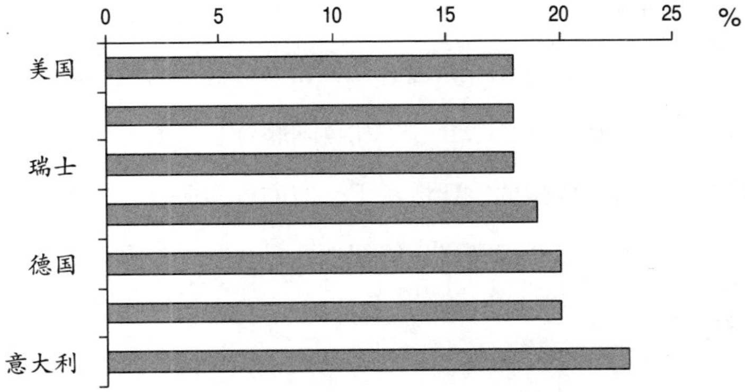

图7.5　公司治理溢价（欧美）

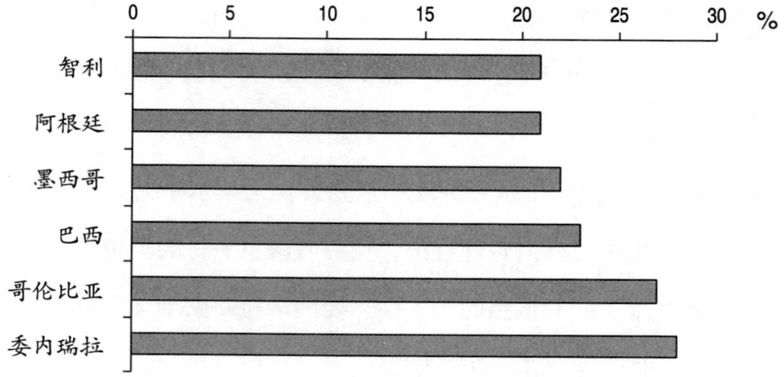

图7.6 公司治理溢价（拉丁美洲）

拉波尔塔（LaPorta）等指出，在许多国家，特定控股股东比其他股东更了解公司。他们将经理人和这些控股股东称为内部人，少数股东为外部人。

公司治理本质上是一套能够帮助外部人防止内部人进行各种形式征收的机制。这里，征收的定义范围包含从简单的窃取现金到转移定价和投资者稀释。

管理者可能会故意构造复杂的结构以实现他们的目标。迈尔（Mayer，1999）用联合利华的案例强调了这一点。联合利华包括荷兰联合利华（Unilever N. V.）和英国联合利华（Unilever PLC）。它们的股票各自作为单一实体进行上市交易。这是通过两家控股公司N. V. Elma和联合控股有限公司（United Holdings Limited）实现的，而这两家控股公司又由联合利华公司持股，两家公司也交叉持股。它们分别持有荷兰联合利华和英国联合利华的特别股份和递延股票。这些特别股份和递延股票的重要性在于，他们可以提名人选成为荷兰联合利华和英国联合利华的董事会成员。也就是说，联合利华董事会的选举由联合利华拥有的两家公司进行！

图7.7显示了一个衡量内部人潜在影响力的标准。它显示了最大投票群体贡献的票数占总票数的百分比。例如，在奥地利，平均最大投票群体票数比例十

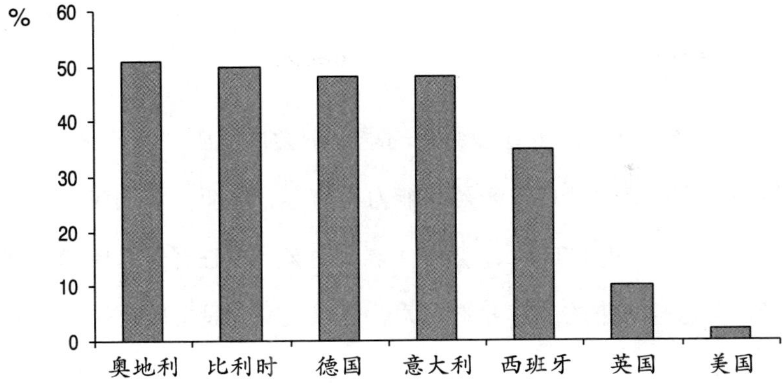

图7.7　最大投票群体票数占比（中位数）

分惊人，达到52%。在英国，这一数字仅为10%，而在美国则是低于5%的最低披露水平。投票集中度越高，公司治理越亟待加强。

冈珀斯、石井和米垂克（Gompers、Ishii和Metrick，2001）建立了覆盖约1500家公司的年度“公司治理指数”，然后研究该指数与20世纪90年代的几项前瞻性市场表现指标之间的关系。他们发现公司治理与股票投资回报之间存在惊人的关系。若购买指数在最低十分位数的公司股票（股东权利最强）并出售指数在最高十分位数（股东权利最弱）的公司股票，这一投资策略将在样本期间每年获得8.5%的异常回报[1]。同时他们也发现，较弱的股东权利与较低的利润、较低的销售增长、较高的资本支出和较高的公司收购金额正相关。

作为提取机制的股息

股息也可以用行为分析的框架解释。早在20世纪50年代末，莫迪利亚尼和米勒（Modigliani和Miller）就证明，在无税的有效市场中，公司的股息政策对投资者来说无关紧要。在有税收的世界中，由于股息收入的征税税率通常高于资

① 使用带有WML因子的FF3模型。

本利得，投资者实际上应该更喜欢资本利得而不是股息分红。那么为什么公司要支付股息呢？

多年来，经济学家提出了许多可能的理论来尝试解决“股息之谜”。许多人认为支付股息象征着对公司未来盈利能力的信心。然而，贝纳茨、米开里和塞勒（Benartzi、Michaely和Thaler，1997）表明，公司会在经过几年的良好增长后增加股息，但这与未来的经营业绩无关。也就是说，股息反映的是过去而不是未来。

在内部人和外部人之间的斗争中，股息可以被视为一种机制，外部人可借此在内部人将盈余现金用于无谓目的之前把它们提取出来。根据传统的代理模型假设，公司的经理人受到建设商业帝国等因素激励，会有意违背股东的最佳利益行事。而在我们的世界观中，我们并不假设经理人会被建设商业帝国的“邪恶”愿望驱动——这种观点几乎没有实证支持。相反，在我们的模型中，经理人只是过于乐观和过度自信——这一事实得到了大量心理学研究的支持。

■ 理性的经理人/非理性的市场

上一节讨论了假设经理人非理性、市场理性的情况。在本节中，我们将颠覆这些假设：假设经理人基本上是理性的生物，但市场是非理性的。我们将探讨企业如何有效地寻求套利以防止其股票在市场上被错误定价。确定这一目的后，我们将关注公司发行股票的决策。因此，兼并、收购、首次公开发行、增发以及股票回购基本上都被视为企业试图利用市场的错误定价进行套利。各种发行股票的行为均是为已经上市的股票创造一个非常接近的（如果不是完美的）替代品。回顾第2章，无法创造相似的替代品对于市场套利者而言是极为困扰的。

兼并与收购

通过收购实现企业增长的全球趋势仍在很大程度上势不可当（见表7.1）。2000年这类交易共发生了25207宗，总价值不低于30620亿美元，数量和金额均大得惊人。

表7.1 美国1973年至1998年兼并收购的模式化现象

	1973–1979年	1980–1989年	1990–1998年
数量	789	1427	2040
全部使用现金	38.3%	45.3%	27.4%
全部使用股权	37.0%	32.9%	57.8%
股权收购	45.1%	45.6%	70.9%
溢价（中位数）	47.2%	37.7%	34.5%
占所在行业比例	29.9%	40.1%	47.8%

资料来源：改编自安德雷德、米切尔和斯塔福德（Andrade、Mitchell和Stafford，2001）。

虽然这种趋势对投资银行来说无疑是个好消息，但它符合公司股东价值最大化的原则吗？关于如何衡量合并和收购等事件对企业长期业绩影响的争论仍然激烈（巴伯和里昂，Barber和Lyon，1999；米切尔和斯塔福德，Mitchell和Stafford，2001）。争论的基础关注点源于对长期异常回报的检验，即对股票市场效率和均衡资产定价模型的联合检验。显然，这不是研究短期回报的问题，因为几乎所有的均衡资产定价模型都预测了1至3天时间范围内股票存在零回报。但是，根据使用的模型不同，估计出的3至5年预期回报可能会有很大差异。由于基准不精确，很难判断异常回报的统计显著性。

然而，鉴于市场有效学派占据主导地位，举证的压力就落在了行为分析学派一方。例如，使用FF3模型+WML因子的资产定价模型作为理性资产定价的基准似乎存在明显不公平，正如我们在第4章中所示，大多数证据表明行为因素能够很好地解释HML因子和WML因子。事实上，洛夫兰和里特尔（Loughran和Ritter，2000）恰当地将这些基准称为市场效率的“一致最小功效检验”①。总的来说，围绕使用“买入并持有”回报的标准似乎正在兴起，因其复制了“真实世界”的投资策略。此外，基于规模和市净率将样本公司与其他公司进行对比的想法也在学术界引起了共鸣。

为了尝试说明行为分析方法的优势，我们将尽可能地使用最严格的标准，用最有利于有效市场假说的方式进行抗辩。例如，表7.2显示了基于米切尔和斯塔福德（Mitchell和Stafford，2001）研究的公司并购后3年的异常回报。

表7.2 并购3年后公司异常回报率（1961–1993年）

投资组合构成	相等权重	市值加权
样本整体	−5.0% **	−1.4%
股权融资	−9.0% **	−4.3%
非股权融资	−1.4%	3.6%
成长型企业	−6.5%	−7.2%
价值型企业	−2.9%	1.1%

** 表示统计的显著性水平为1%。

在考虑相等权重样本（即所有公司权重相等，不论市值）时，数据显示合并行为通常会破坏公司价值，尤其通过股票融资进行合并时。在考虑价值加权样本（即公司权重按市值加权）时，结论方向仍然相同，但在统计上并不显著，

① 原文为“uniformly least powerful test”，这是与“一致最大功效检验”（uniformly most powerful test）对应的自创表述。——译者注

这说明由于公司合并造成的业绩不佳高度集中在小企业股票。

当然，在现实世界的投资中，我们没有余力与具有统计意义的学术细节进行争辩。相对的，我们只能使用现有的最佳证据来提供避免让我们误入歧途的启发（经验法则）①。根据目前的数据，似乎可以得出结论，对于长期投资者而言，并购并不是好消息，尤其是成长型企业进行的股权并购。

经济学家将两种理论的预测结果基本相同的情况称为观察等价。合并和收购领域经常存在观察等价，非理性的经理人/理性的市场和理性的经理人/非理性的市场两种理论都可以解释并购范畴的典型事实。

以上内容已经明确地描述了兼并/收购与多元化风险之间的联系。收购是过度乐观的经理人试图扩展其商业帝国的最明显方式之一。过度乐观和过度自信的经理人可能会相信，他们的能力远胜过其他公司的经理人。但正如我们前面提到的，这些经理人也可能表现出与优序融资理论相符的资本结构偏好。那么高比例的股权融资并购，与过于乐观的经理人习惯性地认为他们的股票被市场低估，这两种事实应当如何调和？

如果管理者具有与优序融资理论相符的资本结构偏好，那么他们将会把股权融资的兼并和收购视为极高价值的行为。这会造成两种情况，一是项目真的非常好，二是管理层认知错误严重并且项目实际上非常糟糕。如果项目实际上是好的，那么管理者应该能够获得其他更好的资金来源，尤其是债务融资。由此可见，由股权融资的收购更有可能是糟糕的交易。

经理人乐观假说预测，对于收购方而言，以股权融资收购的公告日回报应该低于用内部资金或债务融资收购的公告日回报。表7.3再次摘自米切尔和斯塔福德（Mitchell和Stafford，2001），尽可能使用最严格的方法。它证实了方才就融

① 此处作者提到的“启发法”（heuristics）和“经验法则”（rules of thumb）并非指本书的分析存在心理偏差，仅是借用之前的心理学概念来实现诙谐的表达口吻。——译者注

表7.3 公告日异常收益率（美国，1973–1998年）

	股权融资收购	非股权融资收购
目标企业		
（−1，+1）	13.0%	20.1%
（−20，交易结束）	20.8%	27.8%
收购企业		
（−1，+1）	−1.5%	0.4%
（−20，交易结束）	−6.3%	−0.2%

资料来源：米切尔和斯塔福德（Mitchell和Stafford，2001），经芝加哥大学出版社批准转载。

资方式对公告期回报的影响做出的预测。

表中使用了两种不同的方法计算公告期回报。每种情况下的第一行标记为（−1，+1），代表公告日前后共3天的事件窗口。然而，正如我们在第2章中所示，并购套利是一项有风险的业务，因此要完全考虑市场影响，应将时间窗口扩展到从公告前20天到交易结束的时间段。在两组公告回报中，使用股票融资的收购方回报率显著低于非股票融资收购方。

然而，以股票融资的收购长期表现不佳，同样可能是由于理性的公司经理人意识到市场对其股票存在错误定价，进而作出反应并加以利用。大家应该记得，股票融资收购可以视为两个事件的组合，首先是股权发行，然后是购买行为。因此，它可以被看作是企业在其股票估值过高时，试图在股票市场上进行套利。

施莱弗和维什尼（Shleifer和Vishny，2001）提出的模型毫无疑问将成为公司财务行为理论的基石。他们的模型中指出，企业经理人试图在兼并和收购领域利用市场的错误定价。其模型提供了许多有趣的预测，包括：（i）当市场估值较高时，股权收购比例更高；而当市场估值较低时，现金收购比例更高。（ii）现金收购中，被收购方在收购前获得低回报；而股权收购中，收购方获得高回报。（iii）股权收购中收购方的长期回报可能为负，现金收购中收购方的长期回报可能为正。速览上面概述的实证证据，可以证实这些预测与市场中观察到的情况相符。

更具争议的是，施莱弗和维什尼的模型也表明，尽管回报为负，但多元化收购可能符合股东的利益。对于经理人和股东而言最好的策略是，将价值高估的股权作为交易中的货币来购买价值被高估不那么严重（但仍然存在）的公司，从而相对廉价地获得真实资本，如美国在线（AOL）收购时代华纳（Time Warner）。如果不这么做，结果可能更糟糕，因为当市场最终意识到公司的股票被高估时，其股价可能会比进行收购后下跌更严重。当然，这是一个反事实陈述，因此很难检验。但如果我们要更好地了解并购过程，未来的研究一定会向此领域努力。

我们现在转向其他（更明确）的情况，即企业能够在市场上有效地通过它们的股价进行套利。

首次公开发行

IPO，即公司首次在证券交易所公开发行，可能是最透明的股票发行方式。这种发行方式为我们提供了一个理想的跳板，以探索理性的经理人是如何利用市场错误定价获利的。在我们开始这一探索之前，我们还需对“理性的经理人”这一概念做更为深入的了解。通常，文献会假设这些经理人是无所不知的生物，他们能够校准市场直至完美。多年以来，在遇到了大量的公司经理人之后，我必须反驳这种描述。可以说，我遇到的大多数公司经理人都像其他人一样对股票市场感到困惑。

那么当我们谈论理性的经理人时，究竟意指什么？整体来看，这是对公司融资/经纪机构[①]、市场和公司互动的速写。推动IPO的真正引擎是需求方，而不是供应方。投资者对新股的需求促使公司融资机构去寻找需要融资的公司，并将其推向市场。为了方便起见，我们将其称为“理性的经理人方法”。

我们之前已经多次提到，IPO的运行呈现周期性，并且它们倾向于在市场高峰附近集中出现。但在这里，我们将对IPO问题进行更深入的探讨。无论在哪个国家，IPO市场往往具有三个主要特征：

- IPO初始抑价
- IPO热门市场
- IPO长期表现不佳

让我们依次研究这些问题。

IPO初始抑价

IPO的初始回报率很高，是在IPO市场中观察到的、最稳定的模式之一。也就是说，IPO的报价和首日收盘价之间存在很大的价格差距。这代表了投资银行确定的发行价格与股票市场（投资者）愿意出的股票价格之间存在显著差异。如表7.4所示，世界上几乎每个股票市场都表现出这种模式。

IPO初始抑价的程度因市场而异，并且随时间而变化。在美国，1960年至1996年间IPO的平均初始抑价能够带来16%的回报率。1996年至2000年间，平均初始回报率飙升至37%。（见图7.8）

虽然平均而言IPO的初始回报率为正，但个别现象也广泛存在。图7.9显示了美国1990年到1996年IPO首日回报的分布。正如里特尔（Ritter，1998）指出的那样，11个IPO中有1个的初始回报率为负，6个IPO中有1个以初始报价收盘。

投资银行家为确保承销新股能够顺利销售，发行价格往往会低于上市后投

① 此处实际指投资银行。——译者注

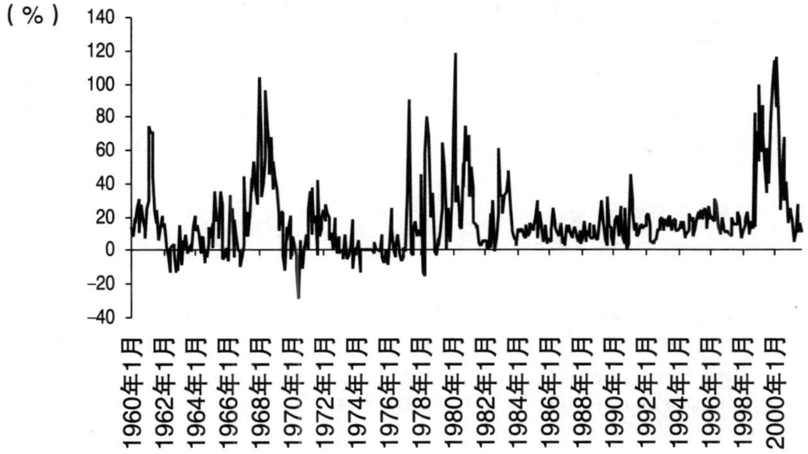

图7.8 美国IPO初始回报率

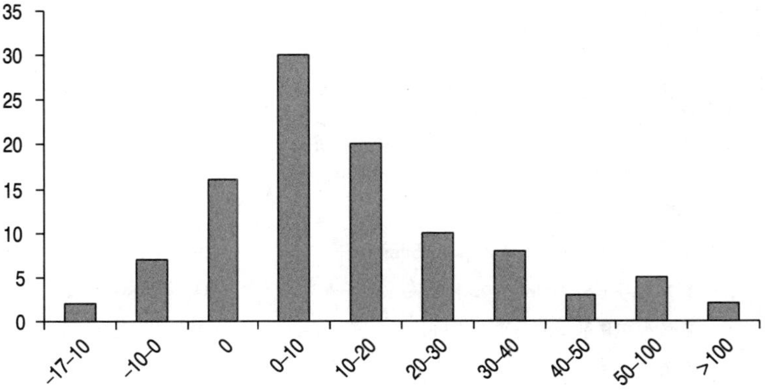

图7.9 美国IPO初始回报率的分布

表7.4 38个国家和地区的平均IPO初始回报率

国家和地区	来源	样本规模	时间区间	平均IPO初始回报率
澳大利亚	李、泰勒和沃尔特（Lee、Taylor和Walter）；吴（Woo）	381	1976–1995	12.1%
奥地利	奥森赛格（Aussenegg）	76	1984–1999	6.5%
比利时	罗格尔斯、马尼加特和奥格（Rogiers、Manigart和Ooghe）；马尼加特（Manigart）	86	1984–1999	14.6%
巴西	阿加瓦尔、莱尔和埃尔南德斯（Aggarwal、Leal和Hernandez）	62	1979–1990	78.5%
加拿大	乔格和莱丁（Jog和Riding）；乔格和斯里瓦斯塔瓦（Jog和Srivastava）；克里扎诺夫斯基和拉基塔（Kryzanowski和Rakita）	500	1971–1999	6.3%
智利	阿加瓦尔、莱尔和埃尔南德斯（Aggarwal、Leal和Hernandez）；塞利斯和马特拉纳（Celis和Maturana）	55	1982–1997	8.8%
中国大陆	达塔尔和毛（Datar和Mao）；顾和秦（A股）（Gu和Qin）	432	1990–2000	256.9%
丹麦	雅各布森和索伦森（Jakobsen和Sorensen）	117	1984–1998	5.4%
芬兰	克洛哈居（Keloharju）；韦斯特霍尔姆（Westerholm）	99	1984–1997	10.1%
法国	胡森和杰奎拉特（Husson和Jacquillat）；勒莱克斯和慕兹卡（Leleux和Muzyka）；帕利亚德和贝莱坦（Paliard和Belletante）；德里恩和沃马克（Derrien和Womack）	448	1983–1998	9.5%
德国	永奎斯特（Ljungqvist）	407	1978–1999	27.7%
希腊	卡赞齐和托马斯（Kazantzis和Thomas）	129	1987–1994	51.7%
中国香港	麦吉尼斯（McGuinness）；赵和吴（Zhao和Wu）	334	1980–1996	15.9%
印度	克里希那穆蒂和库马尔（Krishnamurti和Kumar）	98	1992–1993	35.3%
印度尼西亚	哈纳菲（Hanafi）	106	1989–1994	15.1%
以色列	坎德、萨里格和沃尔（Kande、Sarig和Wohl）	28	1993–1994	4.5%
意大利	阿罗西奥、吉迪奇和帕勒里（Arosio、Giudici和Paleari）	164	1985–2000	23.9%
日本	福田（Fukuda）；道森和平崎（Dawson和Hiraki）；海布纳和平崎（Hebner和Hiraki）；哈茂、帕克和里特尔（Hamao、Packer和Ritter）；金子和佩特维（Kaneko和Pettway）	1542	1970–2000	26.4%
韩国	达、金和林（Dhatt、Kim和Lim）；尹、崔和许（Ihm、Choi和Heo）	477	1980–1996	74.3%
马来西亚	伊萨（Isa）；伊萨和勇（Isa和Yong）	401	1980–1998	104.1%

（续表）

国家和地区	来源	样本规模	时间区间	平均IPO初始回报率
墨西哥	阿加瓦尔、莱尔和埃尔南德斯（Aggarwal、Leal和Hernandez）	37	1987–1990	33.0%
荷兰	韦塞尔斯（Wessels）；艾根惠森和布艾思（Eijgenhuijsen和Buijs）；永奎斯特（Ljungqvist），詹金森和威廉（Jenkinson和Wilhelm）	143	1982–1999	10.2%
新西兰	沃斯和张（Vos和Cheung）；坎普和蒙罗（Camp和Munro）	201	1979–1999	23.0%
尼日利亚	艾科克（Ikoku）	63	1989–1993	19.1%
挪威	艾米尔森、佩德森和赛特特恩（Emilsen、Pedersen和Saettern）	68	1984–1996	12.5%
菲律宾	沙利文和由乃（Sullivan和Unite）	104	1987–1997	22.7%
波兰	奥森赛格（Aussenegg）	149	1991–1998	35.6%
葡萄牙	阿尔梅达和杜克（Almeida和Duque）	21	1992–1998	10.6%
新加坡	李、泰勒和沃尔特（Lee、Taylor和Walter）	128	1973–1992	31.4%
南非	佩奇和雷内克（Page和Reyneke）	118	1980–1991	32.7%
西班牙	安索蒂吉和法布雷加特（Ansotegui和Fabregat）	99	1986–1998	10.7%
瑞典	吕德奎斯特（Rydqvist）	251	1980–1994	34.1%
瑞士	昆茨和阿加瓦尔（Kunz和Aggarwal）	42	1983–1989	35.8%
中国台湾	林和许（Lin和Sheu）；廖、刘和卫（Liaw、Liu和Wei）	293	1986–1998	31.1%
泰国	韦斯特沃恩和库姆史密斯（Wethyavivorn和Koo-smith）；朗卡尼和提拉帕特（Lonkani和Tirapat）	292	1987–1997	46.7%
土耳其	基伊马兹（Kiymaz）	138	1990–1996	13.6%
英国	迪姆松（Dimson）；李维斯（Levis）；永奎斯特（Ljungqvist）	3042	1959–2000	17.5%
美国	伊博森（Ibbotson），辛德拉和里特尔（Sindelar和Ritter）	14760	1960–2000	18.4%

注：更多请参看http://bear.cba.ufl.edu/ritter/interntl.htm。网址列出来自更多作者的信息，并构造了一个组合样本。基于每一只股票的IPO等权重，根据不同的研究用不同方法计算了IPO的初始平均收益率。一般来说，对于发行股票后立即提供发行价格的国家，我们选取IPO的首日收盘价比发行价格作为首日回报率；对于延迟提供市场价格的国家，我们选取数周内经市场调整后的回报。

资料来源：转载自《投资银行和证券发行》，J. 里特尔（J. Ritter，2001），获爱尔维斯科学出版社（Elsevier Science）许可。

资者的购买价格。将IPO的初始回报乘以发行的股票数量，称为“留在桌面上的钱”[①]。里特尔和洛夫兰（Ritter和Loughran，2001）表明，美国的IPO平均“留在桌面上的钱”价值为900万美元。在1990年到1998年间，仅美国的投资银行就在“桌上留下”了惊人的270亿美元。这是这些交易产生的130亿美元费用的两倍多!

我们在英国的研究结果也表现出类似的模式：样本涵盖了1991年至2000年期间英国的IPO事件，其平均初始回报率为28%。将完整样本分成两个子样本后，我们发现1991年至1996年的平均初始回报率相对较低，为7.5%；而1996年后这一平均回报率急剧上升至29%（见图7.10）。

与美国样本一样，英国IPO的初始回报分布很广。图7.11显示了1991年至2000年期间英国IPO初始回报的分布情况。八分之一的首次公开发行存在负回报，九分之一的股票在交易首日以报价收盘，十分之一的初始回报率超过50%。

就“留在桌面上的钱”而言，投资银行家对IPO的估值与股票市场对IPO的估值之间的平均差额为300万英镑。1996年至2000年期间，英国从事IPO承销业务的投资银行共在“桌上留下”了27亿英镑。

为什么IPO会存在初始抑价？这种现象有许多潜在的（非互斥的）解释。

I. 赢者的诅咒

在IPO的问题上，投资者经常处于信息劣势。一些IPO是“柠檬车”[②]，这会产生逆向选择问题。您是在寻找一个好的IPO还是一个糟糕的IPO

① 所谓的“留在桌面上的钱”（the money left on the table）指新股首日收盘价减去发行价（即文中的“IPO初始回报”）乘以该新股发行股数后得出的财富。“把钱留在桌面上”说明承销商对上市公司IPO定价过低，导致上市公司筹资减少。从有效市场假设来看，这笔财富对新股投资者而言是一笔无风险收益，对发行人而言则是一笔发行收入损失。但现实中发行人一般不会为此损失感到不安，因为发行人关心的是公司上市后股东总财富的变化，而不是按抑价水平计算的发行损失。——译者注

② 柠檬车是一个美国习语，指和至少两台正常车辆混在一起的次品车辆，且从外观上无法与正常车辆区别。——译者注

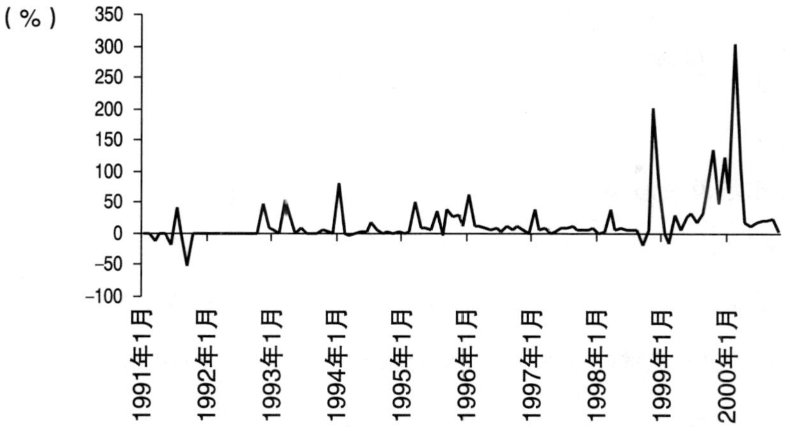

图7.10　英国IPO的初始回报率

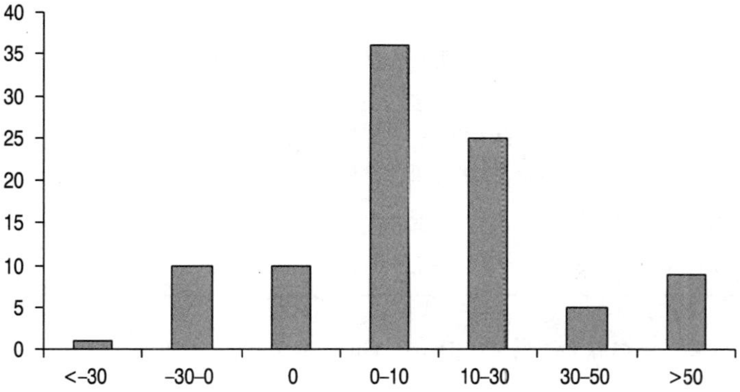

图7.11　英国IPO的初始回报率分布

呢？面对这个问题，投资者一般只会在IPO价格被低估的情况下购买IPO股票，以补偿他们可能会选择糟糕IPO的损失。

另一种选择是，投资者倾向于持有IPO股票，而不是其他股票。为什么在可以购买已经上市交易的股票时，要买入IPO的股票呢？毕竟所有上市公司都已经经历IPO的考验；已经上市的股票有收益和市场表现的历史记录，投资者至少知道他们正在购买什么。IPO的高初始回报率，可能被视为吸引风险厌恶投资者购买未经市场验证的IPO新股，而非已上市股票的补偿金额。

II. 市场反馈假说

当投资银行家簿记建档[①]时，发行抑价可能是用来鼓励投资者在市场运行中披露信息——先低估公司价值，从而诱使投资者明确对公司价值的真实估计。据此能够做出一个可检验的推测：从第一份招股说明书到最后一份，要约价格只会进行部分调整。与初始招股说明书相比，价格向上修正的IPO比价格向下修正的享有更高的首日回报。这种趋势确实出现在美国的IPO数据中（见表7.5）。

表7.5　美国IPO（1990–1996年）

	全部	报价<原始文件中的最低价格	报价在原始文件价格区间内	报价>原始文件中的最高价格
平均IPO初始回报率		3.5%	12%	30%
IPO数量	2861	708	1511	642

资料来源：巴里、吉尔森和里特尔（Barry、Gilson和Ritter，1998）。

III. 潮流假说

如果投资者不仅关注自身对于IPO的需求，还关注其他投资者的需求，那么就可能产生潮流的影响。如果投资者看到一家没有人愿意购买的

① 簿记建档（book building）是一种证券化发行方式。首先由簿记管理人（一般为主承销商）进行预路演，根据预路演获得的市场反馈信息，发行人和簿记管理人将共同确定申购价格区间。然后进入路演阶段，债券发行人与投资者以一对一的方式进行更加深入的沟通，同时，簿记管理人开展簿记建档工作。主承销商在公证机构的监督下，将投资者在每一价格上的累计申购总金额录入电子系统，形成价格需求曲线，并以此为基础，与发行人共同确定最终的发行价格。——译者注

公司，即使他对该公司有良好印象，他也可能决定不投资这个公司。为了消除这种可能性，发行人可能希望自己的公司价值被低估。这可能会鼓励初始投资者购买公司股票，从而产生有利的潮流效应。

IV. 信号假说

投资者喜欢低估的IPO价格，这样能带给投资者一种能在后续IPO中继续叱咤风云的美好愿望。随着投资银行逐渐在IPO市场上建立声誉，IPO定价的最重要方面慢慢变成促成交易即可，驱动因素是收取费用，而不是将费用最大化。换言之，从投资银行的角度来看，IPO是一个二元事件——它既可以存在，也可以不存在。根据投资银行的理念，最好是确保成功率很高的费用X，而不是成功率较低的更高费用。

IPO热门市场

IPO的初始回报和进入市场的IPO数量都呈现出明显的周期性（见图7.12）。IPO的初始回报率上升、交易数量增加的时期被称为IPO热门市场。股市回报率高时，IPO市场似乎也随之热门。正如我们在第5章中所示，这其中产生的信息甚至可能影响资产配置过程。

什么原因导致了IPO的聚集？格雷厄姆和哈维（Graham和Harvey，2001）对美国的公司进行了一次大规模的调查，试图揭示公司财务中存在的诸多谜题。图7.13显示了影响决定股票发行因素的调查结果。在最常被引用的三个因素中，两个与市场水平有关。因此，在某种程度上，我们认为经理人有意试图捕捉市场机会，这也确实可以通过实证证明①。

正如我们在第2章中看到的那样，在限制卖空的市场中，价格是由过度乐观者设定的。IPO市场是这一现象的典型代表。大家应该记得，我们发现IPO

① 原文为“hold water”，原意指容器不漏水，用以比喻理论言之有理。——译者注

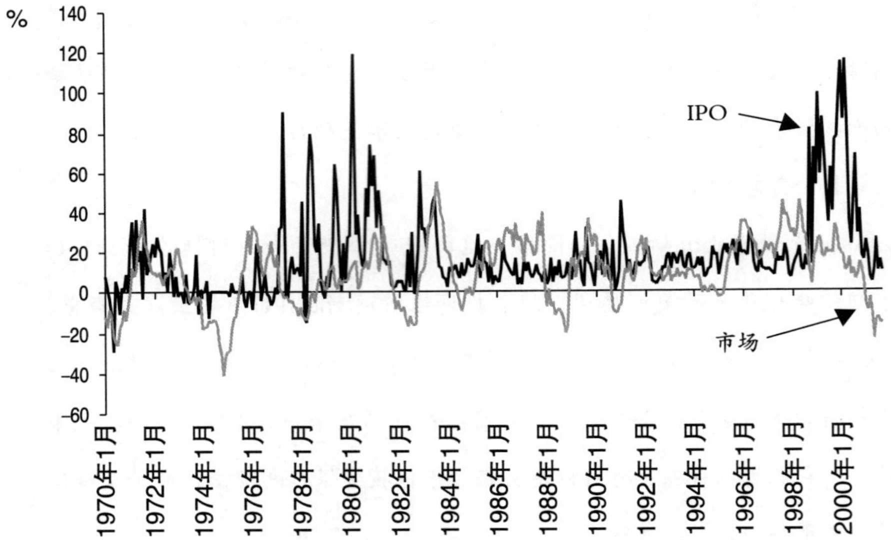

图7.12 美国IPO初始回报率与市场回报率

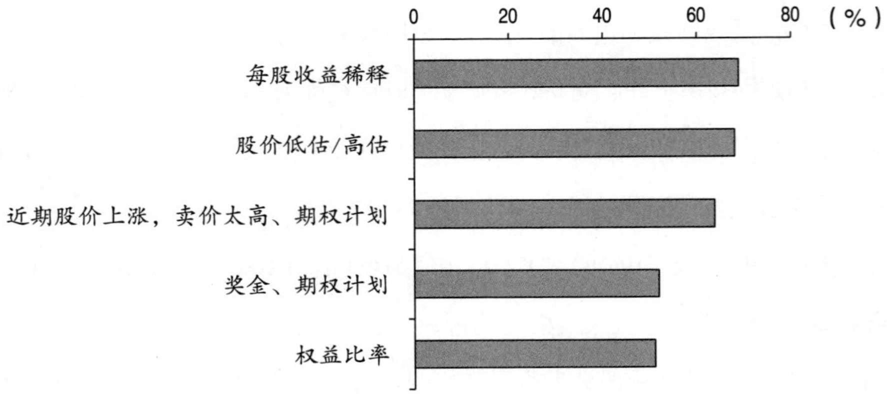

图7.13 影响股票发行的因素

股票在股票借贷市场上是特别“特殊”的。此外，美国全国证券交易商协会（NASD）第3370号规则等要求经纪人在允许客户卖空之前保证交割借入的股票，而且很少有经纪公司或机构投资者将IPO股票出借给卖空者。美国证券交易委员会（SEC）还禁止承销团成员在IPO后30天内借出分配的股票。因此，初始IPO价格可能无法反映最悲观投资者的情绪。

霍格等人（Houge等，2001）研究IPO价格是否真的由乐观主义者决定时，使用了三个指标：开盘买卖差价的百分比、第一笔IPO交易的时间、抛售比率。这些变量描述了广泛的IPO参与者——包括做市商、承销商和机构投资者——所面临的不确定性。霍格等人发现，初始价差较大、开盘交易较晚和/或机构翻转比例较高的IPO，长期回报率较低。这一发现对于分析IPO投资的长期回报非常重要（见下文）。但就目前而言，我们将这一发现作为确凿证据，用以证明IPO的初始回报受投资者对该股票热情程度的支配。

洛瑞（Lowry，2001）研究了IPO数量波动的原因。她发现公司确定上市时间的因素有两个。首先，她发现大部分IPO总数的跨期变化都反映了私有企业对资本需求的变化。当经济状况强劲，且有更多真实的投资机会时，IPO数量会更多。洛瑞认为特别重要的第二个因素，是投资者需求。投资者情绪指标的显著性表明，当市场对公司价值过度高估时，非常多的公司会选择上市。她指出，相对于其他同类型公司而言，在发生大量IPO的时期（IPO热门市场），上市公司本身似乎并未被高估；换句话说，这些公司似乎是在整个板块被高估时上市的。希尔（Schill，2000）发现了类似的结果，但是他指出管理者似乎同时具有市场和行业方面的择时能力。

IPO长期表现不佳

与IPO市场相关的第三个，也是最后一个特征已经在上面提到了，即新发行的股票长期来看是表现不佳的——与交易首日的收盘价比较而言。因为我们将再次探究长期回报问题，因此在兼并与收购小节中讨论过的诸多内容将再次出现。

表7.6展示了美国IPO新股发行后5年内的年度回报，和以市值（规模可比）、市值与市净率结合（风格可比）的基准公司股票的年度回报。由表可知，在发行后的5年内，美国IPO公司的平均每年回报表现落后于同等规模的其他公司3.4%。当使用风格基准（即考虑规模和市净率）时，IPO公司每年的回报表现优于其他公司0.2%。

然而，正如布拉夫、吉齐和冈珀斯（Brav、Geczy和Gompers，2000）所示，大多数IPO公司都属于增长极慢的公司。无论他们是否发行新股，相同风格的公司在过去几十年中都见证了极低的回报。然而，很难想象一旦互联网泡沫被考虑在长期表现的数据中，这一结论仍将继续存在。

在国际数据中也能观察到类似的模式（见表7.7），长期表现不佳似乎是IPO的另一个不变的特征，无论公司处于何地。

表7.6 美国IPO后5年公司回报率（1970—1998年）

	前6个月	后6个月	第一年	第二年	第三年	第四年	第五年	前5年几何平均
IPO公司	6.2	2.6	9.2	8.5	10.4	13.7	12.1	10.7
规模相当的非IPO公司	4.5	5.9	10.8	14.1	14.2	17.2	14.0	14.1
差异	1.7	−3.3	−1.6	−5.6	−3.8	−3.5	−1.9	−3.4
IPO公司	6.8	2.9	10.1	11.5	11.4	12.6	9.7	11.0
风格相当的非IPO公司	2.2	4.4	6.7	12.4	11.2	13.1	10.8	10.8
差异	4.6	−1.5	3.4	−0.9	0.2	−0.5	−1.1	0.2

资料来源：转载自《投资银行和证券发行》，J. 里特尔版权所有（J. Ritter，2001），获爱尔维斯科学出版社（Elsevier Science）许可。

表7.7 全球市场：IPO长期表现不佳

国家	样本规模	时间区间	长期表现不佳比例（%）
澳大利亚	266	1976–1989	−46.5
奥地利	67	1964–1996	−27.3
巴西	62	1979–1990	−47.0
加拿大	258	1971–1992	−17.9
智利	19	1982–1990	−23.7
芬兰	85	1984–1992	−21.1
德国	170	1978–1992	−12.1
日本	975	1970–1996	−27.0
新加坡	128	1973–1992	−9.2
英国	588	1985–1992	−15.0
美国	13,308	1960–1999	−20.0

资料来源：里特尔（Ritter，1998）。

这种IPO长期表现不佳的关键原因，似乎与IPO热门市场存在的原因密切相关。正如我们上面提到的，有大量实证证据表明，公司试图择时发行其股票。如果有一段时期投资者对股票特别乐观（刚经历了大范围的市场高收益时期，且假设投资者是短视的，并将最近的过去作为近期未来预测的指导），那么IPO数量的波动周期可能代表企业尝试利用这种“廉价融资”的来源。

机会窗口假说[①]预测，在发行量最高时期上市的公司可能比其他IPO估值更高。IPO高发行量与其最低长期回报之间应该存在某种相关性。这种现象确实存

① “机会窗口假说”（windows of opportunity hypothesis）又名发行时机选择假说，指新股发行方会选择在公司发展较好的阶段或是投资者对新股的收购热情较高的时候来发行股票，这个时期称为“机会窗口”。利用“机会窗口”来发行股票，会使投资者愿意出比新股实际价值更高的价格来抢购股票，从而形成火爆的发行市场，但随着时间的推移和股票信息的逐渐披露，投资者的投资热情逐渐降温，新股的价格也会随之降低，逐步回落到其真实价值。——译者注

表7.8 美国IPO股票的命运（%）（1975–1995年）

参考点	活跃	合并	换股	清盘	未知
第一年	98.6	0.5	0.1	0.6	0.3
第二年	90.5	3.7	0.3	4.2	1.3
第三年	81.1	7.4	0.5	8.6	2.4
第四年	71.3	11.6	0.7	13.3	3.0
第五年	61.4	15.6	1.0	18.4	3.5

资料来源：摘自伯萨尔特（Bossaerts，2001），普林斯顿大学出版社（Princeton University Press）。

在于几乎所有的数据中（注意这种关系不一定是线性的）。

我们之前已经指出，在限制投资者卖空和投资者信念异质[①]的市场中，决定市场价格的是乐观的投资者（Miller，1977）。随着更多有关公司长期表现的信息可供获取，意见分歧[②]将会减少，边际投资者不再那么过于乐观，最终会导致股票表现调整。

拉詹和瑟维斯（Rajan和Servaes，1997）表明，上述模式确实存在于分析师群体之中。IPO领域的分析师普遍对即将上市公司的未来盈利能力过于乐观。表7.8显示了投资者是多么容易对IPO过于乐观。IPO5年后，平均每年只有61.4%的股票仍处于活跃状态，接近22%的股票已经被清盘或者因不明原因消失。

① “异质信念”（heterogeneous belief）指不同的投资者，在相同的持有期下，对同一股票的未来收益分布有着不同的判断。——译者注

② “意见分歧”（divergence of opinion）假说认为，所有投资者对过去资产价格的认识相同，接收的信息也一致，只是因为心理因素使得投资者对相同的市场信息产生不同意见，进而产生市场波动。这一概念与“异质信念”有很多相似之处，而本书作者也经常将两个概念替换使用。——译者注

关于IPO市场特征的统一理论

我在为本章内容做研究时，发现了一篇新论文，非常适合这里新构建的行为公司财务分析框架：永奎斯特、南达和辛格（Ljungqvist、Nanda和Singh，2001）提出了一个模型，为讨论上述IPO市场的多个特征提供了一个统一框架。他们指出，机会窗口假说和意见分歧模型可以解释IPO市场的所有主要特征，并且还能进行预测（有些未经检验）。意见分歧与IPO长期表现不佳之间的联系已经在上面概述，其间联系也相对显著。而意见分歧与IPO短期抑价之间的联系可能不那么显著。承销商可能会降低发行价格，以便使常规（机构）投资者有机会利用过度乐观的投资者。承销商将发行风险有效地转移给机构投资者，然后机构投资者在售后市场的需求曲线上挑选出非理性投资者。热门市场可能会结束这一风险，初始抑价的产生就是对其的补偿：一旦热门市场结束，机构投资者只能被迫以亏损的方式出售其库存新股。永奎斯特、南达和辛格建立模型的关键预测如下。

预测1：随着理性和非理性投资者之间意见分歧的增加，IPO报价上升，同时IPO抑价水平增加。这与永奎斯特、詹金森和威廉（Ljungqvist、Jenkinson和Wilhelm，2001）展现的证据一致，即抑价水平越高，报价将越会超过原始指示性价格区间的中点。这一事实也有行为学的解释，如上面提到过的市场反馈假说。

预测2：理性和非理性投资者之间的意见分歧越大，IPO长期表现越低迷。使用上面讨论过的霍格等人（Houge等，2001）所选指标可以证明，长期表现不佳与围绕IPO产生的意见分歧显著相关（见表7.9）。

预测3：随着投资者乐观情绪的增加，更多公司将有动力上市。洛瑞和施韦特（Lowry和Schwert，2001）表明，在高度抑价之后，IPO发行数和注册数都会增加。他们还发现已经注册IPO的公司加快了这一进程。

预测4：随着IPO市场升温，低质量的公司也会公开上市，导致发行人的平均质量下降。里特尔指出，在美国上市的公司中，1997年有68%的公司一年12个月都在盈利；而到了1999年，这一比例已经骤降到25%。

预测5：随着IPO市场的升温，公司更有可能出于非投资原因筹集资金，例如为了偿还债务。这个预测尚未经过实证检验。

表7.9 投资者意见分歧指标与IPO表现（美国）

年份	IPO数量	首日回报率	抛售比率	第一笔交易时间	三年期回报率		
					IPO	VW指数[①]	相对财富
1993	513	12.4%	29.3%	10：45am	38.7%	53.8%	0.90
1994	408	11.0%	30.0%	10：52am	70.9%	87.0%	0.91
1995	449	20.6%	28.9%	11：03am	22.6%	87.1%	0.66
1996	655	17.7%	31.1%	11：09am	17.0%	82.9%	0.64
总计	2025	15.7%	29.9%	10：58am	34.6%	77.3%	0.76

资料来源：霍格等（Houge等，2001）。

预测6：承销商对常规（机构）投资者有强烈的偏好。实证证据表明，IPO严重偏向于机构投资者（永奎斯特和威廉，Ljungqvist和Wilhelm，2001）。科内利和戈德赖希（Cornelli和Goldreich，2001）证实，常规（机构）投资者比非常规（散户）投资者更受青睐。安、布劳和永奎斯特（Ang、Brau和Ljungqvist，2001）表明，在承销商向机构投资者和散户投资者推销的过程中，整体客户中散户越多，IPO定价就越高，因此最初抑价就越低。

① 原文为"VW index"，推测作者指的是CRSP（证券价格研究中心，Center for Research in Security Prices）的价值权重指数（value weighted，VW）。——译者注

预测7：承销商将惩罚那些过度抛售的投资者。这确有其事。施韦特（Schwert，2001）表明，尽管利用抛售可以带来明显的经济收益，但投资者不会这样做。该文献显示，在1960年1月的IPO随机样本中投资1000美元，月底全部出售，并在下个月再投资另一个随机样本，每月如此，到2000年12月底将产生127×10^{33}美元的回报。相比之下，在1960年1月投资于证券价格研究中心（CRSP）市值加权指数的1000美元，在2000年年底的价值只有83000美元。因此，如果没有按月抛售，投资者会放弃大量的α。投资者不选择抛售的唯一合理理由，只可能是因为这种策略在现实世界中不可能实现，因为承销商会阻止这样的投资者参与未来的IPO交易。

预测8：随着时间的推移，机构投资者会出售多余的库存新股。因此，新股的所有权将逐渐从机构投资者转移到散户投资者。

预测9：锁定期条款（阻止内部人出售）确保了机构投资者获得了首先利用非理性乐观投资者获利的机会。布拉夫和冈珀斯（Brav和Gompers，2000）以及菲尔德和汉卡（Field和Hanka，2001）表明，在锁定期结束时，股价将会大幅下跌（在菲尔德和汉卡的研究中，股价跌幅达2%）。

预测10：如果非理性投资者对IPO的需求出乎意料地低，承销商可能会参与提价。这显然有利于他们的常规（机构）投资者，从而保护承销商与机构投资者的持续合作关系。

该模型与实证事实非常匹配，并可以提供一个可靠的统一框架用于理解IPO市场的发展。

股权再融资（SEO）

已经公开上市的公司发行新股，称为股权再融资（SEO）。大量研究表明，在美国，SEO的平均公告效应为−3%。前文已经讨论过能够解释这个结果的基本

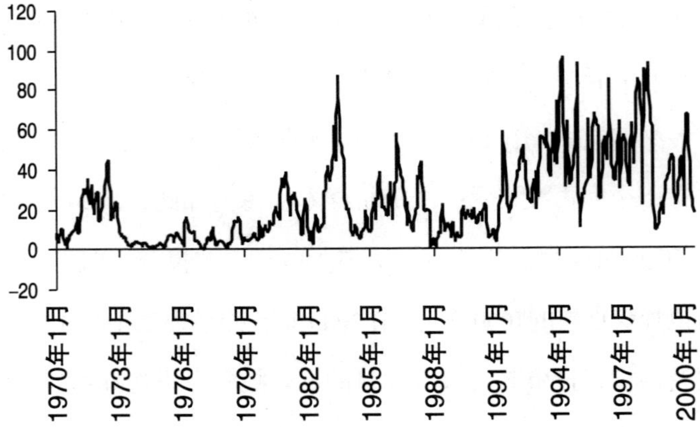

图7.14 股权再融资（SEO）

模型，读者应该已经熟悉。通常假设经理人拥有足够的信息，使其能够确定市场价格是否公平。如果经理人认为股价被高估，那么他将寻求发行新股的机会，从而利用这一良机。一旦市场观察到这一事实，就会将SEO理解为经理人认为自己公司的股票被高估的信号，因此产生负面的公告效应（见图7.14）。

但是，SEO的问题并不止于此。与研究市场对公司事件反应的大部分文献一样，卡迪亚拉和劳（Kadiyala和Rau，2001）发现，市场似乎对最初的事件反应不足。尽管市场对于公司SEO做出负面反应，但数据显示，SEO的公司实际上比市场最初预期的更令人失望。

里特尔和洛夫兰（Ritter和Loughran，1995）发现，参与SEO的公司在发行前一年的平均回报率为72%。然而，在发行后的5年中，故事完全是另一个走向了。表7.10展示了1970年至1998年间进行的7122个SEO的情况：SEO公司后5年的平均年回报率为10.1%。市值可比的、未进行SEO公司的年平均回报率为14.6%，即SEO公司表现劣于未发行的公司4.5%。另见表7.11。

当使用风格基准（与市值和市净率相匹配）时，结果变化很小。在SEO后

表7.10 美国SEO发行后5年公司收益率（1970–1998年）

	前6个月	后6个月	第一年	第二年	第三年	第四年	第五年	5年几何平均
SEO公司	6.8	2.2	9.4	4.3	9.1	13.7	14.4	10.1
规模相当的非SEO公司	6.1	7.0	14.1	13.0	14.2	15.6	16.1	14.6
差异	0.7	−4.8	−4.7	−8.7	−5.1	−1.9	−1.7	−4.5
SEO公司	7.1	2.5	10.0	6.1	10.8	13.1	13.0	10.6
风格相当的非SEO公司	5.4	5.7	11.4	13.6	13.7	16.9	15.4	14.2
差异	1.7	−3.2	−1.4	−7.5	−2.9	−3.8	−2.4	−3.6

资料来源：转载自《投资银行和证券发行》，J. 里特尔（J. Ritter，2001）版权所有，获爱尔维斯科学出版社（Elsevier Science）许可。

的5年内，使用风格基准进行比较，SEO表现的低迷程度略微下降，至每年3.6%。杰格蒂什（Jegadeesh，2001）更进一步，加入一个动量组合［第4章中称为赢家减输家（WML）组合］，但这并没有改变上述结果，因此表现不佳并非只是由于动量效应导致的。

杰格蒂什（Jegadeesh，2001）以及丹尼斯和沙林（Denis和Sarin，2001）均表明投资者对SEO公司的收益报告感到失望。他们发现，在SEO之后的第二季度一直到第三年，公司都会遭受显著的负盈余公告效应。

德肖、赫顿和斯隆（DeChow、Hutton和Sloan，1999）表明，分析师对SEO公司的盈利能力过于乐观。他们发现承销商分析师的过度乐观程度最明显，这也是我们意料之中的。蒂欧、韦尔奇和王（Teoh、Welch和Wong，1998a，1998b）表明，在SEO之前积极使用应计科目来增加报表收益的公司，其SEO后续的表现最差。这表明，公司经理人可能试图故意操纵收益，因为他们知道市场往往对

表7.11　SEO长期表现不佳的研究

研究文献	时间跨度，加权方式	样本区间	SEO回报率与匹配的基准回报率之差（%，每年）
美国			
米切尔和斯塔福德（Mitchell和Stafford）	3年，等权	1961–1993	−2.7
埃克博、马苏利斯和诺利（Eckbo、Masulis和Norli）	5年，等权	1964–1995	−4.8
杰格蒂什（Jegadeesh）	5年，等权	1970–1993	−4.9
阿弗莱克-格雷夫斯和施皮斯（Affleck-Graves和Spiess）	5年，等权	1975–1989	−6.1
布拉夫、吉齐和冈珀斯（Brav、Geczy和Gompers）	5年，等权	1975–1992	−3.9
米切尔和斯塔福德（Mitchell和Stafford）	3年，市值加权	1961–1993	−1.1
埃克博、马苏利斯和诺利（Eckbo、Masulis和Norli）	5年，市值加权	1964–1995	−2.2
布拉夫、吉齐和冈珀斯（Brav、Geczy和Gompers）	5年，市值加权	1975–1992	−3.4
日本			
蔡和洛夫兰（Cai和Loughran）	5年，等权	1971–1991	−3.5

资料来源：转载自《投资银行和证券发行》，J. 里特尔（J. Ritter，2001）版权所有，获爱尔维斯科学出版社（Elsevier Science）许可。

公司公告的收益存在框架依赖，而不是通过现金流来评判公司。

金德拉（Jindra，2001）使用三种股票公允价值模型说明，在市场对股价的高估正好达到顶峰时，公司倾向于进行SEO。这表明SEO的择时性因素很强（见图7.15）。SEO长期表现不佳的证据也不仅仅局限于美国的数据。康、金和斯图尔兹（Kang、Kim和Stulz，1999）表明，在20世纪80年代的日本，SEO公司的平均年

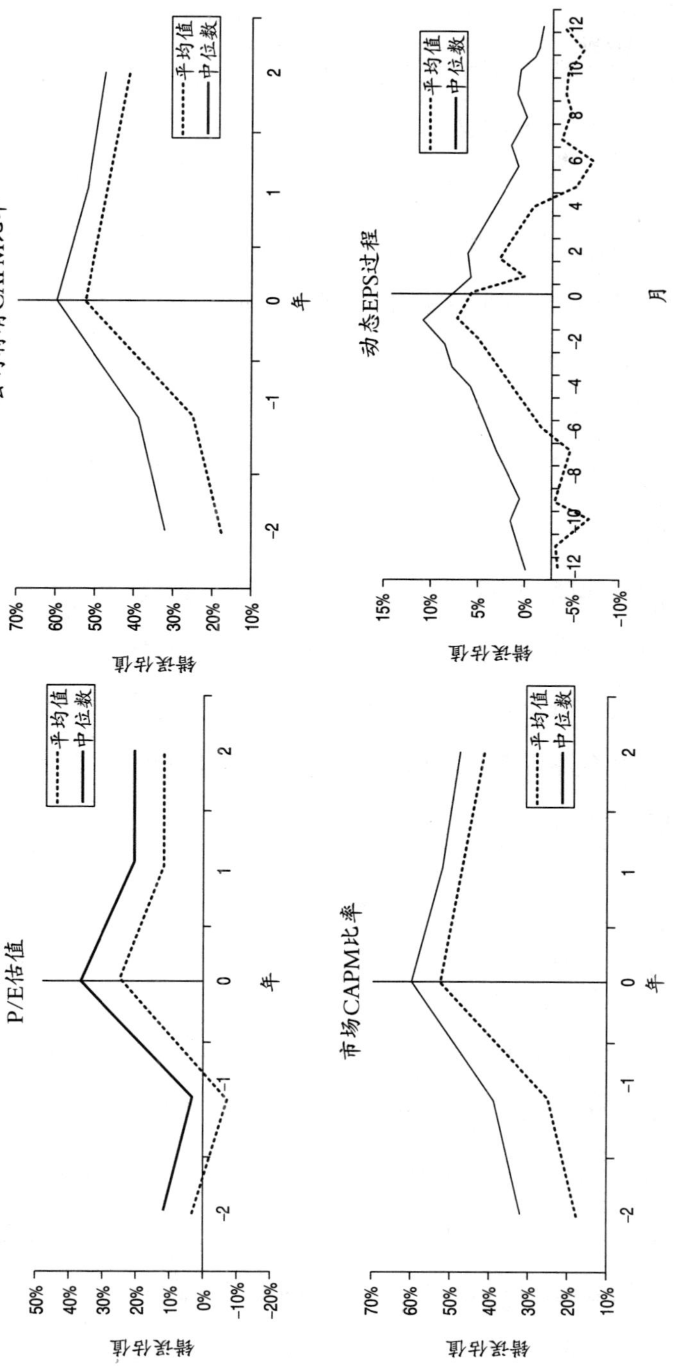

图7.15 SEO和市场择时

化收益率要低9.8%。福斯特和卡罗利（Foerster和Karolyi，2000）表明，在1982年至1996年的样本期间，美国存托凭证（ADR，在美国双重上市的外国上市公司）的年化表现也要低3.2%左右。

在许多方面，我们可能需要综合非理性的经理人/理性的市场和理性的经理人/非理性的市场两种理论，以便充分理解SEO市场。正如我们前面提到的那样，过于乐观的经理人在认为他们手头有一个好项目时可能会发行股票，尽管事实上项目可能并不好。“理性”的市场可能会认识到这一点，从而产生负面的公告效应。

理性的经理人观点认为，公司的内部人意识到公司股价被高估，因而通过SEO发出这一信号，市场获知后就会纠正其错误定价，因此产生负面的公告回报。

如果我们结合非理性的经理人和非理性的视角来看，就会更接近实证事实。非理性的经理人可能会发行股票，为市场评价不好的项目融资，从而产生负面的公告效应。然而，市场未能正确估计这些项目的糟糕程度，可能是因为分析师与公司经理人的预测一致，认为项目会有合理的盈利增长。只有当公司报告的收益持续低于预期时，市场才会被迫认识到对公司项目盈利能力的评估过于乐观。

股票回购

上述情况的另一面是股票回购，这是一种经理人认为公司股票被严重低估的信号。卡迪亚拉和劳（Kadiyala和Rau，2001）发现，进行股票回购的公司在回购公告前180天内平均异常收益率为-11.3%。伊肯伯里、拉孔尼修克和费尔马伦（Ikenberry、Lakonishok和Vermaelen，2000）在加拿大的公司数据中发现了类似的现象，进行回购的公司存在平均每月-0.35%的异常表现。

表7.12显示了许多关于股票回购决策股票市场如何反应的研究文献。可以

表7.12 回购

研究文献	样本区间	公告效应	年化长期表现
美国的研究			
盖伊和哈福德（Guay和Harford）	1981—1993	+2.1%	n.a.
伊肯伯里、拉孔尼修克和费尔马伦（Ikenberry、Lakonishok和Vermaelen）	1980—1990	+3.5%	2.9%
	价值型股票	n.a.	6.4%
米切尔和斯塔福德（Mitchell和Stafford）	1961—1993	n.a.	3.4%
卡迪亚拉和劳（Kadiyala和Rau）	1984—1994	2%	2.2%
加拿大的研究			
伊肯伯里、拉孔尼修克和费尔马伦（Ikenberry、Lakonishok和Vermaelen）	1989—1997	0.93%	7.08%
	价值型股票	n.a.	9.12%
	成长型股票	n.a.	3.36%

看出，股票回购的公告效应似乎接近2%。然而，这仅代表对市场基于股票回购决策的部分调整，股票回购决策的长期影响是巨大的：3%的年化长期收益，即在三年内9%的异常表现。股票市场再次表现出对公司公告中内在信息的反应不足。

有趣的是，伊肯伯里、拉孔尼修克和费尔马伦（Ikenberry、Lakonishok和Vermaelen，1995，2000）认为，股票回购的价值型股票和成长型股票之间存在明显的业绩差异。相比于进行股票回购的成长型股票而言，进行股票回购的价值型股票的长期表现更好。这很可能是由于股票回购决策背后的动机不同。在回购决策时，价值型股票更有可能表现不佳［事实上，伊肯伯里、拉孔尼修克和费尔马伦（2000）发现，在回购决策时，价值型股票的每月回报率为−0.91%］，这表明股价被低估是一个推动回购决策的因素。

然而，伊肯伯里、拉孔尼修克和费尔马伦（Ikenberry、Lakonishok和Vermaelen，2000）的研究表明，成长型股票在股票回购之前的每月回报率为0.51%。这表明成长型公司回购股票的决策并不一定是被股价低估推动的。相反，这可能与股票期权的稀释效应有关。

分拆上市和公司分立

分拆上市和公司分立都可以被视为公司经理人在利用市场的非理性需求。如果资本市场非理性或者效率低下，那么公司经理人可以将投资者更重视的公

表7.13 分拆上市

研究来源	时间区间	事件窗口	异常回报率
美国的研究			
维杰（Vijh）	1964–1990	−1，0	2.9%
戴利、麦罗特拉和西瓦库马（Daley、Mehrotra和Sivakumar）	1975–1991	−1，0	3.4%
克里斯纳斯瓦米和苏布拉马尼亚姆（Krishnaswami和Subramaniam）	1978–1993	−1，0	3.15%
		−1，+1	3.28%
马尔赫林和布恩（Mulherin和Boone）	1990–1998	−1，+1	4.51%
英国的研究			
默里（Murray）	1992–1998	−1，0	1.65%
欧洲的研究			
韦尔德和韦尔德–梅尔库洛瓦（Veld和Veld–Merkoulova）	1987–2000	−1，+1	2.59%
基尔迈耶（Kirchmaier）	??	−1，+1	5.5%
世界范围的研究			
詹森–德–沃姆和范–弗雷德里克斯科斯特（Janssens de Vroom和Van Frederikslust）	1990–1998	−1，+1	2.54%

司要素分割出来。分拆上市的公告效应普遍为正，通常在2%至4%的范围内（见表7.13）。在许多方面，这与前文提到的企业集团情况非常相似，只是此处涉及增加公司关注度的交易。维杰（Vijh，2001）证实，公告效应似乎与增加公司关注度的措施正相关，而不是用通常的信息不对称理论解释。

维杰（Vijh，1999）研究了美国1981年至1995年间的628个分拆上市案例。与其他股票发行人形成鲜明对比，子公司新发行的股票并未跑输大盘。有趣的是，德赛和杰恩（Desa和Jain，1999）将剥离的案例分为增加企业关注度的和不增加企业关注度的，发现这两组之间存在巨大差异（见图7.16）。

基尔迈耶（Kirchmaier，2000）研究了欧洲的38个分拆后公司的长期表现。他发现，在分拆后的3年内，分拆出的子公司平均回报超过市场约17%。相比之下，分拆后的母公司在同一时间范围内表现落后于市场约6%（见图7.17）。

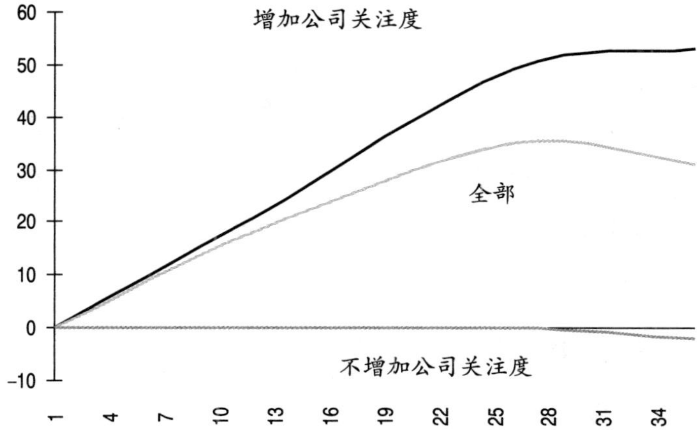

图7.16 增加公司关注度的分拆上市将得到回报

资料来源：转载于《金融经济期刊》(*Journal of Financial Economics*)，54（1），《公司业绩和关注：分拆上市后股票长期表现》(*Firm performance and focus: Long run stock market performance following spinoffs*)，第75-107页，H. 德赛和P. 杰恩（H. Desai and P. Jain，1999）版权所有，获得爱尔维斯科学出版社（Elsevier Science）许可。

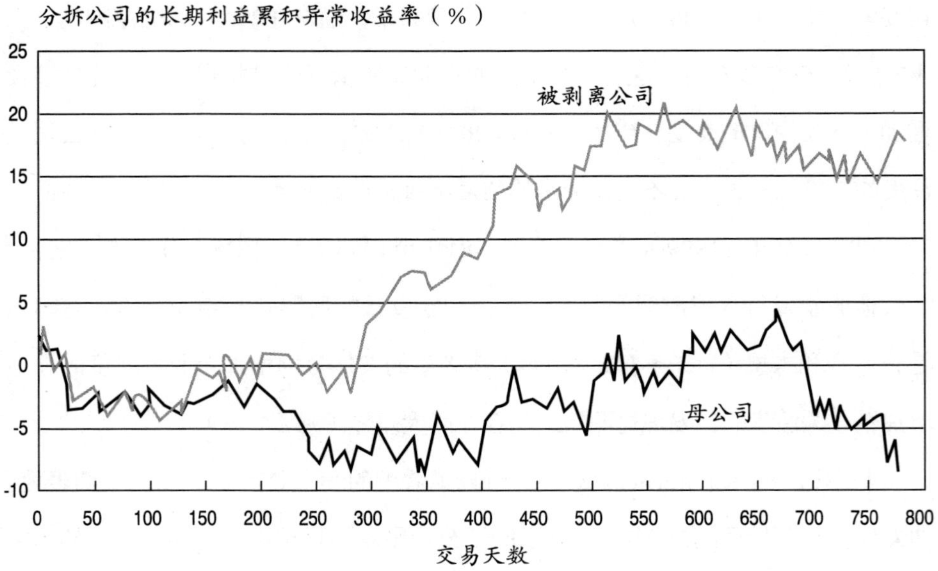

图7.17　欧洲的公司剥离

资料来源：基尔迈耶（Kirchmaier，2000）。

同时，他发现公司规模也有显著影响。大型母公司在分拆后3年内的表现落后于市场16%，而大型分拆出的子公司的表现3年内超过市场约8%。小型母公司在分拆后的表现优于市场9%，与此同时，小型分拆出的子公司3年内平均实现27%的正常回报。

这些市场变化的时间特征也很有趣。大部分价值创造集中发生在公司分拆后的第二年。似乎被分拆的子公司需要一年左右的时间，把自己改造成能够为股东创造价值的工具，或者需要一年左右的时间来让投资者最终意识到，提高公司关注度的举措对业绩的影响程度。

追踪股

追踪股为管理者提供了一种利用对某些业务元素的非理性需求更直接的方式。发行此类股票可以赋予股票所有者获得多部门公司某一项业务现金流的权利。因此，如果公司的一个业务品种受到高度重视，为了利用投资者对这个业务品种的热情，公司经理人可能会发行追踪股。美国电话电报公司（AT&T）、迪士尼（Disney）、通用汽车（General Motors，GM）、Sprint公司、美国西部（US West）等备受瞩目的公司均已发行追踪股。

发行追踪股的公告效应与上文所述的剥离非常相似。通常，对于一年前后的事件窗口，发行追踪股的公告效应为3%（参见例如比利特和莫尔，Billet和Mauer，2000，以及狄索莎和雅各布，D'Souza和Jacobs，2000）。

然而，追踪股的长期表现与剥离交易相差甚远。比利特和维杰（Billet and Vijh，2001）研究了美国1984年至2000年期间的追踪股表现，他们发现追踪股在发行后的3年内的表现跑输市场40.5%，跑输行业28.4%。在追踪股发行后的3年内，与同规模的公司相比表现落后23.76%。

这再一次表明，公司经理人善于利用股票市场过度乐观的情绪。比利特和维杰（Billet and Vijh，2001）也指出，盈利报告通常能检验投资者是否过度热情。三分之一的追踪股表现不佳发生在3年以来季度收益公告的3天事件窗口中。

可转债

在理性的经理人/非理性的市场这一理论框架下，只要资本成本低，企业就会寻求筹集资金。如果公司希望发行债券，但同时发行股票也很便宜，他们可能会选择将高估的看涨期权附加到普通债券上，将其变成可转换债券（见表7.14）。因此，就像股权再融资（SEO）一样，发行可转债的决策可视作一个向市场发出的信号，即公司经理人认为公司的股票价格被高估了。

表7.14 可转债

研究来源	样本区间	公告日效应	年化长期表现
金和斯图尔兹（Kim和Stulz）	1970−1987	1.7%	n.a.
李和洛夫兰（Lee和Loughran）	1975−1990	n.a.	3.9%
投资级		n.a.	2.3%
投机级		n.a.	5.2%
埃克博、马苏利斯和诺利（Eckbo、Masulis和Norli）	1964−1995	n.a.	2.8%
麦克劳林等（McLaughlin等）	1980−1993	n.a.	3.1%

因此，我们再次看到了负的公告效应。同时我们可以观察到，至今为止市场通常对此反应不足，发行可转换债券的公司长期表现不及可比公司，年回报低于可比公司3%−4%，并持续3到5年。李和洛夫兰（Lee和Loughran，1998）表明，在发行可转换债券之后，公司的经营业绩将急剧恶化，这或许表明发行可转债的决策是公司经理人的过度乐观在起作用。

阿弗莱克−格雷夫斯和施皮斯（Affleck−Graves和Spiess，1999）发现，发行可转换债券公司的股票表现实际上比发行普通债券公司的更糟糕。可转债发行人股票的5年异常回报率中位数为−25%，而普通债券发行人股票的5年中位数异常收益率为−14%。这表明，公司经理人确实在利用可转债中隐含的潜在高估的看涨期权。

但是，这种解释与现实调查并不一致。根据格雷厄姆和哈维（Graham and Harvey，2001）的调查，公司经理人普遍将可转债看作是发行“延迟”股票的廉价方式（见图7.18），或者他们确实因为认为股票价值被低估而发行了可转债！因此，管理人过度乐观，可能是解释可转债发行原因的更好框架。这就要求我们再一次引入非理性的经理人/理性的市场这一理论范式。发行可转债是经理人

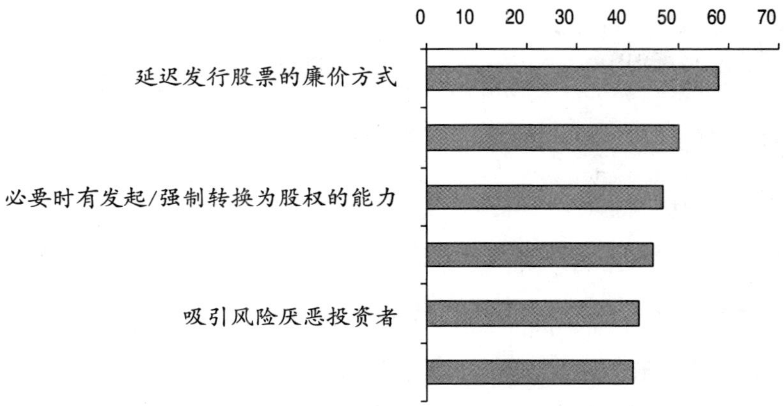

图7.18 影响发行可转换债券决策的因素

认为其公司股票被低估的信号，然而市场反应像是股价被高估的信号。实际上市场的反应是不足的，因为在发行可转债后不久，公司的运营表现急剧下降，将再次导致公司股价长期表现不佳。

本章小结

本章试图探讨公司财务领域中的诸多话题。为了做到这一点，我们应用了两种理论框架，第一种涉及非理性的经理人和理性的市场，第二种涉及理性的经理人和非理性的市场。我们在本章中多次提到，未来的研究工作需要结合这些范式，同时研究非理性的经理人与非理性的市场之间潜在的相互作用。

我们需要重新思考最优资本结构的经济理论。事实上，上述所有证据都表明了公司经理人（及其顾问）在决定股票发行时会选择更有利的市场时机。贝克、格林伍德和沃格勒（Baker、Greenwood和Wurgler，2001）表明，这种择时行为不仅限于股票市场，在考虑债券发行时公司经理人也似乎试图通过收益率曲线择时。如果公司经理人确实在试图择时，那么最优资本结构的概念就失去了意义。贝克和沃格勒（Baker和Wurgler，2001）表明，资本结构反映了过去市场择时尝试的结果。他们发现，即使是暂时的市场错误定价也会导致资本结构发生永久性的转变。

有一点非常清楚，投资者应该对任何寻求在市场上筹集资金的公司保持谨慎态度。无论是IPO、SEO、可转债，还是股权融资并购，对投资者来说都是不利的。在面对用好故事来换取进一步融资的公司股票时，投资者宜三思！

BEHAVIOURAL FINANCE

第 8 章

指标

> 知行需合一。
>
> ——亨利·米勒（Henry Miller）

本书的核心，是将行为金融的概念、思想和理论转化为可衡量的变量和实用的建议。鉴于行为金融的特性，大部分现有研究都是基于横截面数据，而不是时间序列数据。因此，大多数指标最适用于量化筛选，例如第3章中提及的指标。但是，也有一些指标更适用于以时间序列为重点的研究。

行为分析方法主要应用于以市场为核心的研究分析。我们在本书其他地方谈到的大部分内容都是关于市场定价的内容。在本章中，我们将速览一些从行为角度对分析市场状况有帮助的指标——有关这些指标的更多细节大多可以在相关章节中找到。本章可以视为快速参考指南。

■ 流动性衡量指标

I. 债券市场

新发行债券与旧发行债券的收益率价差

商业票据（公司债券）与政府债券的收益率价差

掉期利率–政府债券收益率：用于衡量金融风险

II. 股票市场

股票买卖差价

市场成交量

绝对价格变动/交易量

■ 情绪衡量指标

- 调查——美林（Merrill Lynch）II调查（针对美国专业人士），AAII调查（针对美国个人）
- 通过分析师对证券评级的升级/降级比率来衡量乐观程度
- 通过分析师预测的标准差来衡量不确定性（意见的异质性）
- 看跌期权成交量/看涨期权成交量
- 封闭式基金的资产净值（NAV）折价
- ln（VIX/ σ ）可以用于测量预期波动率，其中VIX是交易期权波动率，σ 是已实现的历史波动率
- 隐含股权风险溢价

▪ 资产配置衡量指标

- 首次公开发行/股票发行的信息
- 并购融资方式
- 对数周期特征
- 内幕交易活动
- 成交量
- 股息支付率

▪ 收益衡量指标

常用的盈余管理技术有两类，收入平滑和隐藏公司的真实业绩，两种方式都需要涉及应计项目，如下所示：

应计项目 =（流动资产变动−现金及现金等价物的变动）

−（流动负债的变动 − 包括流动负债的总债务变动

− 应付所得税的变动）− 折旧及摊销

现金流 = 盈利−应计项目利润

收入平滑

I. 根据经营性现金流的变化来衡量报告的经营收入的变化，取其比率（衡量相对于总资产的变化）。较低的比率说明平滑报告收益的过程较为谨慎。

II. 应计项目与经营现金流之间的同期关联（跨企业衡量）。较大的负相关系数意味着使用应计科目来缓冲现金流冲击的过程较为谨慎［使用斯皮尔曼等级相关系数（Spearman's rank correlation）]。

报告中的收益/应计项目规模谨慎性

I. 绝对应计项目/绝对现金流量。

II. 避免微小损失。衡量小额利润的发生率（相对于资产总额）与小额损失的发生率（相对于资产总额）。较高的比率表明损失规避活动更多，也意味着盈余管理更明显。

■ 技术指标

阿姆式指标（ARMS）:（上涨家数/上涨金额）/（下跌家数/下跌金额）

高/低（HI/LO）: 达到新高的股票数量/达到新低的股票数量

当达到新高的股票数量逐渐减少时，市场经常出现分歧，表明市场情绪逐渐消退，疲软和脆弱趋势抬头。

■ 其他

共同基金的现金流入

共同基金的现金水平

羊群效应[①]：基于第6章中关于市场自我模仿的讨论，我们可以测量投资者的羊群效应。我们建议使用德米雷尔和利恩（Demirer和Lien，2001）提出的方法：

① “羊群效应”（Herding）指根据他人而做出的行为和信念的改变。——译者注

$$\mathrm{SD}_i=\sqrt{\frac{\sum_{j=1}^{n}\left[\frac{(r_{j,t}-\bar{r}_t)}{r_t}\right]^2}{n-1}}$$

其中，n是市场组合中的公司数量，$r_{j,t}$是第t天公司j的股票收益率，$\bar{r}_t$是第t天投资组合中n个收益率的横截面平均值。

BEHAVIOURAL FINANCE

结 语

在理解金融市场和参与者的行为方面，充分融合心理学视角和有效套利假设的分析方法会更有收获。金融学正处于从统治了学术界30年之久的有效市场分析框架，过渡到能够更客观反映市场现实方法的过程中。

行为金融学领域的发展日新月异，使我难以决定何时停笔。每天都会有新的前沿成果发表，使得相关研究更进一步。本书试图向读者展示足够的内容，但很难断言是否真的是“足够”了。在此，我再次强调行为金融学是一门不断发展的学科，对此感兴趣的读者应该继续探索其中的奥妙。

综观全书，我尝试从行为金融领域的实际应用入手，清晰解读交易理念，例如看多高现金流企业的股票、看空应计项目过多企业的股票，或是应用量化筛选帮助矫正投资过程偏差。基于有效市场视角，大量的现实金融市场事件都将无法得到解释。在进行本书前期草稿的审阅时，一位审阅人建议我增加关于有效市场观点的篇幅。当然，这位审阅人是学术界的一位坚信行为金融的专家。之所以有效市场理论最终没有在本书中占据过多篇幅，是因为这是一本实践者写给其他实践者读的书。如果仍然有一部分目标读者坚信市场是有效的，恐怕他们多半需要去另寻工作了！

行为金融理论对个人投资者帮助更大，这可能是我从机构投资者那里听到的最多的反驳。然而，我希望自己已经成功说明了机构投资者也不能完全符合理性投资者的标准。由于金融机构在参与市场时存在某些特定限制，事实上会进一步放大行为偏差。有鉴于此，机构投资者需要关注不断发展的行为金融学，更不用说它们可以运用行为金融学方法、利用某些市场信息获取更高额的利润（例如资产配置）。

由于本书集中于行为金融学的实践方面，该领域部分重要内容并未在书中完全展现。例如，行为金融学的“真正”含义是什么。作为经济学家，我曾学习过，市场是资本配置的最有效手段。但如果市场是无效的，那么会达到预想的配置效果吗？如果投资者都将资金投向热门的互联网股票，抬高股票价格，市场或经济中一些更需要融资的部门就无法获得所需的资源。尽管本书没有涉及这些内容，但这些问题是至关重要的。

认识到我们自身存在启发法驱动的认知偏差和框架依赖问题，是本书中最有价值的课程。我也意识到自己也会受到这些情绪偏差的影响，同样，这些偏差也会影响到我们每一个人。我对于行为金融学价值的论证可能存在过度乐观和过度自信之处。但这就留给未来的研究者们评判功过了。

致 谢

如果没有行为假设做支撑，就说经济学是一门科学，是不公正的。从14岁开始学习经济学起，我便接触到了经济人（HE）这一概念（也称为“理性人”，如果你更喜欢这样表述）。经济人的能力很强，能够理解极为复杂的问题，也能够在一瞬间完成最优化决策。

当经济学家与其他社会科学界同侪交流时，往往怀着傲慢之情，因为经济学家认为对人本身的研究是浪费时间。作为一名年轻的经济学者，我也曾被这种信念洗脑。我是带着对理性深厚的，甚至是热忱的信念离开大学的。

然而，我的导师们并非如此，其中很多人都因我对经济人过度痴迷而表示失望。当时，我对理性假设下的数学审美就像遇到美人一样如痴如醉。然而，一位演讲者成功说服我去考虑部分理性的可能性，并使得我离场后立刻去阅读理查德·塞勒（Richard Thaler）发表于《经济展望期刊》的研究。

与此同时，我父亲，一名财务顾问，总是激动地强调在股票市场中做主动管理是有意义的。而我，一名年轻、冲动、过度自信的经济学者，坚持用有效市场的观点审视整个金融世界。现在想来，不知道我应该对谁更为愧疚：是我的父亲，不得不听我持续发表垃圾观点？还是我的母亲，苦于忍受我和父亲无休止的辩论？

然而，在把人生中最美好的十年用于对金融市场的研究后，我得出了一个无法逃避的结论——金融市场绝对不是有效的。回首往事，作为一名刚刚被克莱沃特·本森证券（Kleinwort Benson Securities）聘任的年轻经济学者，我写下的第一份笔记，为之后十年的学习定下了基调。我怀疑甚至没人读过这份笔记，就这件事我也没什么好抱怨的——这是少有的包含矩阵代数的随笔。不过笔记的主题是关于检验利率期限结构假说，即长期国债收益率相当于在该期限内预期出现的所有短期利率的平均水平，但我的研究发现，这一假说由于长期债券价格太不稳定而存在严重缺陷。

行为金融学领域的前辈们已经充分论证了情感对于驱动市场的作用。归功于经济学家和心理学家的研究，如阿莫斯·特沃斯基（Amos Tversky）、丹尼尔·卡尼曼（Daniel Kahneman）、理查德·塞勒（Richard Thaler）、迈尔·斯塔特曼（Meir Statman）、赫什·舍夫林（Hersh Shefrin）、罗伯特·席勒（Robert Shiller）和安德鲁·施莱弗（Andrei Shleifer）等，将其他社会科学的洞见融入经济学中，引导我们获得了一个能够替代有效市场假说的金融学范式。同时，这一学科的发展也离不开受到学科先驱启发的、年青一代的行为经济学者的努力，这些努力使我们终于能够量化情感对于市场的影响。正如牛顿所说，“如果我比别人看得远些，那是因为我站在巨人们的肩上”。

本书以机构投资者为主要受众，并试图以我自身运用行为金融学的经验，对分析市场进行指导。我在这里要感谢我的众多同事们——包括过去的和现在的——感谢他们对我的启发，特别是埃德蒙·华纳（Edmond Warner，感谢他持续要求我牢记从商业的角度思考，并教我如何写作）、阿尔伯特·爱德华兹（Albert Edwards，他使我将兴趣从投资策略转移至经济学）、里奥·道尔（Leo

Doyle）和大卫·欧文（David Owen）——他们对经济学的热情总能够感染他人。

本书的创作离不开我的同事们对这一领域的深厚兴趣。本书的一部分来源于近两年来我对机构客户和学术听众所举办的一系列讲座。他们提出的妙趣横生又充满见解的问题，在本书的撰写过程中发挥了重要作用，在此我表示由衷感谢。特别是亨德森公司（Hendersons）的鲁伯特·卡尼（Rupert Cargnie）、凯蒂·派巴斯（Katie Pybus）、史蒂夫·丹比（Steve Danby）和全球保险公司（Aegon）的阿里斯泰尔·拜恩（Alistair Bryne）以及DAM公司的史蒂芬·巴罗（Stephen Barrow）——感谢你们。特别感谢克里斯蒂安·埃斯马克（Christian Elsmark）和理查德·塔夫勒（Richard Taffler），他们提供了对本书初期草稿的有用建议。此外，感谢安妮（Anne）在本书撰写中对我提供的支持、容忍和谅解。

最后，我想感谢萨曼莎·惠特克（Samantha Whittaker，出版编辑）和出版集团的卡罗拉·米尔特（Carole Millett）为本项目实施提供的帮助。一如既往，本书创作中获得了上述各位以及其他没有提到名字的朋友的支持与帮助，但对于书中的错误，作者负有全责。本书作者以及John Wiley & Sons公司已在他们掌握的知识范围内，运用经版权许可的资料，完成了本书的编写工作。